本书获暨南大学华文学院出版基金资助

语篇互文结构的形式与功能研究

邵长超 著

暨南大学出版社
JINAN UNIVERSITY PRESS

中国·广州

图书在版编目（CIP）数据

语篇互文结构的形式与功能研究/邵长超著. —广州：暨南大学出版社，2024.10
ISBN 978 – 7 – 5668 – 3881 – 0

Ⅰ. ①语… Ⅱ. ①邵… Ⅲ. ①修辞学—研究 Ⅳ. ①H05

中国国家版本馆 CIP 数据核字（2024）第 040638 号

语篇互文结构的形式与功能研究
YUPIAN HUWEN JIEGOU DE XINGSHI YU GONGNENG YANJIU
著　者：邵长超
···

出 版 人：阳　翼
统　　筹：黄文科
责任编辑：陈绪泉
责任校对：孙劭贤
责任印制：周一丹　郑玉婷

出版发行：暨南大学出版社（511434）
电　　话：总编室（8620）31105261
　　　　　营销部（8620）37331682　37331689
传　　真：（8620）31105289（办公室）　37331684（营销部）
网　　址：http://www.jnupress.com
排　　版：广州良弓广告有限公司
印　　刷：广州市友盛彩印有限公司
开　　本：787mm×960mm　1/16
印　　张：15
字　　数：250 千
版　　次：2024 年 10 月第 1 版
印　　次：2024 年 10 月第 1 次
定　　价：69.80 元

序 言

互文理论（Intertextuality Theory）是一个跨域文学和语言学的概念，最早由法国符号学家克里斯蒂娃（Julia Kristeva）在 1969 年提出。该理论主张，任何文本都不是孤立存在的，而是与其他文本相互关联、相互渗透、相互影响的，文本的意义不仅仅由文本自身决定，还受到其他文本的影响和制约。

互文理论强调文本之间的互动和关联性，认为文本之间的引用、改写、模仿、暗示等关系构成了文本意义的重要部分。这种关联性不仅存在于文学作品中，也存在于各种文化符号、社会实践和历史背景中。互文理论对文学批评、文化研究和语言学等领域产生了深远的影响。它提醒人们，在阅读和理解文本时，需要注意文本与其他文本之间的关系，以及这些关系如何影响文本的意义。同时，互文理论也强调了文学作品的多元性和开放性，认为文学作品的意义是不断被读者、批评家和研究者发掘和构建的。

语篇分析同样关注文本之间的关联或影响，二者在研究领域上具有一定的重合性。从当前研究来看，语篇分析已经取得了丰富的研究成果，涉及多个领域和不同的研究方法。

从多元化角度来看，语篇分析已经广泛应用于语言学、文学、教育学、心理学等多个领域。在语言学领域，语篇分析关注文本的结构、语义、语用等方面，揭示文本内部和文本之间的关联性和互动性；在文学领域，语篇分析被用于解读文学作品的意义和价值，探讨作者的创作意图和读者的接受过程；在教育学领域，语篇分析被用于外语教学和二语习得研究，帮助学生提高阅读能力和语言运用能力；在心理学领域，语篇分析被用于研究语言与认知、情感、社会交往等方面的关系。

从深化角度来看，语篇分析的研究方法和技术也在不断发展和完善。传统的语言学方法逐渐被引入更多的跨学科视角和方法，如认知心理学、社会学、人类学等。同时，随着技术的发展，语篇分析也开始应用计算机技术和语料库等工具，实现自动化和大规模的数据处理和分析。

然而，语篇分析仍存在一些不足，如理论创新性不足、宏观结构与微观结构研究割裂、语言形式与功能研究较少、语篇类型或语篇适应性的对比研究不足、定性与定量分析不能有效结合，以及多关注英语研究而汉语研究相对匮乏等。这些不足表明，语篇分析仍有较大的研究空间。因此，我们需要保持开放和灵活的心态，不断学习和探索新的知识和方法。

随着技术的发展，语篇分析需要引入更多的创新工具和方法。例如，基于深度学习和自然语言处理技术的算法可以用于自动化地分析大规模的语料库，提取有用的信息和模式；需要更加注重宏观结构与微观结构的结合研究，以更好地理解文本的整体意义和局部特征。这种结合将有助于克服当前研究中宏观结构与微观结构割裂的问题；需要更加注重语言形式与功能的并重研究，以揭示文本的语言特征和功能特点；需要更加广泛地应用于语言学、文学、教育学、心理学、人工智能等领域。这种跨学科的应用将有助于推动语篇分析的研究深入和拓展。

语篇分析和互文理论分别属于不同的学科领域，将两者结合可以促进不同学科之间的交流和合作。这种交流和合作有助于产生新的研究视角和方法，推动相关领域的研究发展。

互文理论突破了单一语篇的局限，强调文本之间的关联性和互动性。互文理论与语篇分析结合时，这种关联性和互动性能够帮助我们更全面地理解文本，挖掘出隐藏在文本背后的深层含义和作者的真实意图。它关注文本之间的互文性，这种关注使得我们能够从更广阔的视角去解读文本，理解文本与其他文本之间的关系，从而深化对文本的解读。互文理论还注重文本之间的精细关联和差异对比，这有助于提高我们对文本的分析精度。当与语篇分析结合时，我们可以更准确地把握文本的结构特点和意义内涵，提高分析的准确性和有效性。

互文理论将某一文本与其他文本联系起来，构成一个文本系统，试图完整而准确地理解文本的意义，在语言研究方面产生了重要影响，但互文理论定义的宽泛性为学界不断解读和随意发挥提供了空间。这导致互文概念并没有在语言学理论上明确下来。

作为语言学研究的一种方法和理论，互文理论的研究核心不仅要发掘语篇关联以及这种语篇关联背后的语篇功能，更要通过语篇形式标记使这种关联性得到进一步明确和固定。语篇互文的形式与功能研究，就是在将互文理论语言学化的基础上，坚持语篇分析的形式与意义相互验证的原则，厘清语篇之间的互文关联。

语篇研究关注句子之间的关联，关注语篇的整体结构，关注语言使用者的交际意图以及语境对语篇形式和结构的影响。互文理论适应了语篇研究发展的基本诉求：将语篇置于动态性的语境中，依据语言的表达形式和意义之间的关联，对语言做出较为系统、动态的分析，从而全面和深入地了解语篇结构与意义。

互文理论与语篇分析结合，为我们突破传统语篇研究和将互文理论语言学化提供了契机。互文理论的价值已被认识到，但观念的引入需要经过消化整合，并且确立一套语言学的互文分析体系。我们将西方文本分析的互文理论应用于汉语语篇分析的实际，因此本书研究过程本身就是理论和方法论的创新，同时又能与当前研究保持良好的衔接。

当前的语篇研究，在诸多方面存在不平衡现象。较多关注互文对语篇的作用，而较少具体分析。语篇形式、语义和功能相当复杂，语篇的互文形式和功能之间的关联到底如何实现？这些问题的探索，需要在比较互文材料的基础上，寻找与互文形式和功能相对应的限制条件与形式标志，以做出更加科学合理的论证。这一研究扩大了当前语篇的研究范围，能够更好地解释语篇现象，推动语篇分析进一步走向深入。语篇互文形式与功能结合的分析方法对语篇关联的发掘、意义的理解具有现实的社会价值和实践意义。

本书基于互文理论以及语篇的关联特性，演绎出了一组用于语篇分析的基本概念，使得互文分析的概念层级体系得以建立；讨论了语篇互文的类型；重点论证了语言形式互文的研究内容；对语言形式互文的类型、关联成分、互文方式以及实现互文的形式标记进行了梳理。

语篇互文关系的研究归根结底表现为研究一个语篇是如何与其他语篇关联起来的。以语篇的"关联"为基本变量，根据语篇的阅读现场和时空关系，我们就可以推演出语篇之间的所有相关关系。据此，语篇互文主要表现为以下三种结构类型：

篇内互文：指向语篇内部话语的互文形式，具有内部话语调控的功能。

篇外互文：指向语篇外部话语的互文形式，具有吸纳外部语篇的功能。

篇际互文：指向语篇之间话语的互文形式，具有语篇相互指涉的功能。

这就是"三位一体"的语篇互文形式与功能研究体系，围绕这三种类型进行研究，关注语篇互文的意义功能的同时，可找出能够控制这些关系或变化的各种各样的语言形式。

因此语篇互文形式与功能的研究，实质就是在互文理论语言学化的基础上，坚持语篇分析的形式与意义相互验证的原则，厘清语篇之间的互文关系，将互文理论改造成符合语言学研究特征的对象，切实推动语篇语言学分析方法的创新。本书的研究价值及其必要性也由此衍生。

目　录

第一章　语篇互文研究的现状与问题

第一节　互文理论的缘起与流变

"互文"这一概念首先由法国符号学家、女权主义批评家朱丽娅·克里斯蒂娃（Julia Kristeva）在其《符号学》（1969）一书中提出。她指出，每一文本都是对其他文本的吸收与转化，她将文本看作一个彼此关联的系统。之后，许多著名的文本理论家都对其进行了阐释与拓展。互文概念的发展与演变主要涉及朱丽娅·克里斯蒂娃、巴赫金（Bakhtine）、罗兰·巴特（Roland Barthes）、里法特尔（Michael Riffaterre）、吉拉尔·热奈特（Gerard Genette）、安东尼·孔帕尼翁（Antoine Compagnon）、洛朗·坚尼（Laurent Jenny）、米歇尔·施耐德（Michel Schneider）、罗伯特·布格兰德和德雷斯勒（De Beaugrande & Dresslor）、蒂费纳·萨莫瓦约（Tiphaine Samoyault）、韩礼德（Halliday）、诺曼·费尔克拉夫（Norman Fairclough）等人对互文理论的阐释或研究，我们将对其观点进行深入阐释。

一、互文理论的提出和阐释

20世纪60年代，文学界产生了诸如"结构主义""解构主义""能指关系"等大量理论，试图在专门的语言基础之上建立科学性的文学。在此背景下，巴赫金在研究小说时，为了阐明文体的兼容性以及社会、文化、语言分化的可能性，提出可以通过词语来承担多重言语的思想，即通过言语片段的重新组配与转换，在原有文本的基础上，产生新的文本，"在任何一篇文本中，都是由词语引发该文与其他文本的对话"①。巴赫金提到：

---

① 钱中文. 巴赫金全集·诗学与访谈：第五卷［M］. 白春仁，顾亚铃，译. 石家庄：河北教育出版社，1998：21.

任何一个文本的写成，都如同一幅语录彩图的拼成，任何一篇文本都吸收和转换了别的文本。① 这就是他后来提出的"文本对话"理论。其主要目的是解释不同文本或声音之间的对话关系。在质疑索绪尔的结构主义提出的语言是"静态自足的符号系统"观点的基础上，巴赫金认为语言符号的意义存在于符号与符号之间的动态对话过程中，语言符号间的相互关系构成了语义网络，任何一个符号文本都不是静态和孤立的，它的存在都会与其他文本符号发生关联，形成互动和指涉关系。

法国符号学家朱丽娅·克里斯蒂娃在对"文本对话"理论充分阐释的基础上，于 1966 年在《词、对话、小说》中指出："任何作品的文本都是像许多行文的镶嵌品那样构成的，任何文本都是其他文本的吸收和转化。它们相互参照，彼此牵连，形成一个潜力无限、开放的动态网络，并且不断地衍生和再衍生出以结点为纽带的文本系统，以此构成文本过去、现在、将来的巨大开放体系和文学符号学的演变。"②

在文学研究范围内，巴赫金的对话理论主要停留在文本现象和风格分析层面，而克里斯蒂娃则进入了文本与语义的深层空间。克里斯蒂娃所论证的互文理论具有相当的复杂性，语篇之间的关系可以表现为由一个语篇转变为另一个或多个语篇，也可以由多个语篇转变为一个语篇。转变形式主要有媒介的变化（如由文字变成声音或图画）、语言的变化（如由汉语变成英语）、体裁的变化（如由小说变成电影）等。实现这种变化的方式主要有增添、缩减及排列组合。

克里斯蒂娃把互文看作一个指涉体系，各种关系的实现是通过符号互动完成的。研究步骤可从词、词组、分句、句群到文本、话语。她的互文思想可以从其用来描述文本之间相互关系的一些关键词反映出来，即"镶嵌、吸收、转换、嵌入"等，通过这些关键词，她指出互文是一个文本跟与之联想到的文本之间的关系，即一切文本皆互文。然而，这一概念所指过于宽泛与模糊，使得具有各种学科背景的理论家纷纷进行了阐释，并按照自身需要不断进行调整和修正。

巴赫金在克里斯蒂娃"互文"定义的基础上，指出"既然文本之间普

---

① 蒂费纳·萨莫瓦约. 互文性研究［M］. 邵炜，译. 天津：天津人民出版社，2003：6.

② Kristeva J. *Word*，*Dialogue and Novel*［M］. Oxford：Blackwell Publisher Ltd.，1986：p. 36.

遍存在互文关系，问题的关键不在于识别哪一类互文现象，而是衡量由词、文、言语片段引入对话的分量"，并且认为"小说的语言就是一个通过对话实现相互明确的语言系统"。①

法国著名评论家菲利普·索莱尔斯也曾对互文思想进行过积极的宣传和阐释，他的互文观点可概括为："每一篇文本都联系着若干篇文本，并且对这些文本起着复读、强调、浓缩、转移和深化的作用。"② 其目的在于将互文研究与传统的考据研究区分开来，用联系的系统或体系来取代实证或独立的隐喻。

罗兰·巴特在《大百科全书》"文本理论"的词条中，开篇便提及了互文："每一篇文本都是在重新组织和引用已有的言辞，不能仅仅把互文归结为起源或影响，互文是这样一些内容构成的普遍范畴：无从查考出自何人所言的套式，下意识引用的和未加标注的参考资料。"③ 在《文本意趣》④ 中他又把互文和阅读法相联系，考虑了写作和阅读对文学的接受性。在里法特尔看来，互文成为一种有别于线性阅读的阅读模式。在他看来，读者对作品的延续构成了互文的一个重要层面，它是读者的记忆，是无时序性的。只要能促进能指性的产生，它就对阅读起作用，因此互文被定义为"读者对一部作品与其他作品关系的领会，无论其他作品是先于还是后于该作品"⑤。

罗兰·巴特和里法特尔考虑到互文对文学理论与文学批评的作用，将互文变成了阅读文学作品的重要内容。这些看法和观点促使我们重新思考互文的具体类型与形式特征，以及文本之间由于互文而产生的文本关系。里法特尔则是把互文看作文学材料中其他文本对本体文本所起的参考作用。他认为互文还体现在读者对作品的延续上，体现为读者的记忆和联想，因此互文对阅读起着重要作用。一个文本与外在的文本或语境有着显性或隐性的关联，可以通过互文来更好地解读当前文本。例如，读者需要

① 米哈伊尔·巴赫金. 小说的美学和理论［M］. 巴黎：伽利玛出版社，1978：115.
② 菲利普·索莱尔斯. 理论全览［M］. 巴黎：塞伊出版社，1971：79.
③ 罗兰·巴特. 罗兰·巴特随笔选［M］. 怀宇，译，天津：百花文艺出版社，2005：159.
④ Roland Barthes, Richard Miller. *The Pleasure of the Text*［M］. Oxford：Blackwell, 1990：p. 59.
⑤ 蒂费纳·萨莫瓦约. 互文性研究［M］. 邵炜，译. 天津：天津人民出版社，2003：17.

参考被模仿文本才能正确解读当前模仿文本。这也使我们认识到具有互文关系的文本之间存在时间或空间差异。

二、互文理论的发展与框架的确立

1982 年，热拉尔·热奈特的《隐迹稿本》将"跨文本性"作为文学创作的对象，将其按照文本类属关系划分为互文性（intertextuality）、副文本性（paratextuality）、元文本性（metatextuality）、超文本性（hypertextuality）和统文本性（architextuality）五种类别，并区分五类文本之间的跨越关系（relations transtextuelles）。其将互文又定义为"一篇文本在另一篇文本中切实地出现"，副文本性是指"文本本身和各种副文本（如标题、序）的关系"，元文本性是指"一篇文本和它所评论文本之间的关系"，超文本性是指"一篇文本从另一篇已然存在的文本中被派生出来的关系"，统文本性则是指文本同属一类的情况。其又认为文本之间的这五类互文关系主要是由"出现"（一个文本切实地在另一个文本出现）和"派生"（一个文本从已经存在的文本中派生出来）两种方式实现的，并将"出现"关系界定为"互文性"，将"派生"关系界定为"超文本性"。①

热奈特在对"互文性"下定义的同时，解决了互文相关概念不清的问题，强调互文的联系和转换功能，并放在不同类别中予以讨论，使得互文的概念更加具体。热奈特在互文中强调文本之间联系的功能，在超文本性里讨论文本转换的动态效果，分清了过去被混淆的两种关系，划分的依据就是互文表示两篇文本共存，甲文和乙文同时出现在乙文中。而超文本性则是指一篇文本的派生，乙文从甲文派生出来，但是甲文并不在乙文中出现。对此热奈特还指出了几种具体形式：首先是逐字逐句地引用的形式，一般添加引号标记。其次是抄袭的形式。抄袭一般不做标记或说明，可以是逐字逐句，也可以是片段的方式。最后是暗示的形式。读者必须掌握当前文本与另一文本之间的转换关系，否则当前文本很难被接受，如暗示、反语、双关、模糊语等。

热奈特认为互文表现为横向地将文献罗列在一个文本中。而超文本性对文献的体现却是纵向的。与克里斯蒂娃的广义互文不同的是，热奈特的

---

① 热奈特. 隐迹稿本·二级文学［M］. 巴黎：塞伊出版社，1982：9.

互文和超文本性是明确可识别的，并最大程度形式化，这使得互文的概念更加具体，更加具有可操作性。但不足之处在于互文被限定在了一个非常狭窄的范围之内，以致不能发现更多的互文现象。

而安东尼·孔帕尼翁则在此基础上进一步调整。他不单单从形式上描述互文，而且将互文应用到文本考察中，并系统研究了文本的引用手法，建构引用的技术与心理基础，重点分析一段表述或文本被插入新的文本后通过何种方式来发挥自己的价值以及对新文本的结构产生何种影响。这种研究思路表明，互文理论已经被用于语篇结构的研究中。通过一个文本与发送互文关系的另一文本之间的共有成分——引语，来研究文本嵌入对语篇结构的影响，这使得互文理论的研究更加深入。

洛朗·坚尼则强调一方面要赋予互文更多的意义，另一方面又要对互文概念做出限定："只有当人们能够在一篇文本的言辞之外认出业已成型的表达成分时，无论这种定型到了何种程度，我们才能认同互文性的存在。这种现象是同文本中的简单的暗示和重现是有区别的，也就是说，每次当有一段借用的文字从原文中被抽出来，而后被作为范式照搬到一段新的文字中去的时候，才发生了互文性。"① 洛朗·坚尼的互文分析立足于不同文本间的关联性，不再局限于考察心理或社会的条件，而是针对文本的形式、文本之间的相互关联与转换的程度来精确考察一篇文本如何嵌入另一篇文本中。这种转换或嵌入的方式主要有谐音、省略、发挥（通过增加词义）、夸张（即夸大语言形式）、音序倒置（颠倒被重复或引用的成分）、析取词义（如仅保留字面）等。从文本关联和转换的程度的角度，考察一个文本在另一文本的重现，并对文本形式按照修辞格和意义形态进行分类。

米歇尔·施奈德认为一篇文本无法单独存在，总是有意无意地包含着他人的词语和思想。"文本从何而来？原有的片段、个人的组合、参考资料、突发事件、留存的记忆和有意识的借用。"②

总的来说，互文理论发展的历程虽短，但经历各种矛盾，曲折发展。一方面互文的定义受到愈发严格的限定；另一方面又被灵活广泛地运用，

---

① 蒂费纳·萨莫瓦约. 互文性研究 [M]. 邵炜，译. 天津：天津人民出版社，2003：28-29.
② 蒂费纳·萨莫瓦约. 互文性研究 [M]. 邵炜，译. 天津：天津人民出版社，2003：30.

释义不断变化以适应具体分析手法的要求。这致使互文产生了两个不同的发展方向：一是以克里斯蒂娃、罗兰·巴特等为代表，趋向于对互文概念做出宽泛而模糊的解释，关心如何通过互文摆脱原有的结构和认识范式，使文本的解读脱离线性，走向立体扩散；二是以热奈特为代表，研究思路有悖于克里斯蒂娃最初的意识形态批判的意图，趋向于对互文概念做精确的界定，将其看作一个可操作的描述工具。

三、互文理论的广泛推介

20 世纪 80 年代之后，互文理论和方法的引入和推介，开始广泛地运用于各种文化批评理论与言语实践中，由只关注作者与作品关系的传统批评方法，转向一种泛语境下的跨文本的文化研究。

罗伯特·布格兰德和沃尔夫冈·德雷斯勒（1981）提出并详细论述篇章性的七个标准，即衔接性（cohesion）、连贯性（coherence）、意图性（intentionality）、可接受性（acceptability）、信息性（informativity）、情境性（situationality）、互文（intertextuality）。他们将互文定义为：一个语篇的使用依赖于使用者对其他语篇的知识，每一个语篇都是对其他语篇吸收和转换的结果。他们认为互文是一个语篇对之前语篇在内容和形式上的继承和发展，语篇的使用依赖于对先前相关语篇的认知，这一论断成为语篇分析重要的指导思想。

互文理论还引起了韩礼德、卡颇、海兰德、威廉姆斯等一批学者的关注，他们分别从文本分析、语言认知、语域等多角度展开互文研究。如韩礼德指出：任何语篇的部分环境是某些先前的语篇等。他们都强调在一个文本系统中发掘文本间的关联性，注重其他文本对当前文本的影响，进而获得针对当前语篇的系统全面的认识与解读。①

诺曼·费尔克拉夫（1992）从三个向度——文本、话语实践与社会实践对互文进行了阐述，对后来文本的互文分析影响较大。他认为互文是文本所具有的属性。即一个文本吸收了其他文本的某些片段，这些片段可以被明确地区分或是融合于当前文本，互文的研究视野有助于我们探索相对

---

① Haliday M. A. K. & Hasan R. *Language, Context and Text: Aspects of Language in a Social-Semiotic Perspective* [M]. Oxford: Oxford University Press, 1989: p. 47.

稳定的文本网络，以及依靠这种稳定性来考察文本从一个类型到另一个类型的转变。如政治语言经常被转变为新闻报道。通过互文的建构，我们就能经历并预测这种文本形式的转换。与克里斯蒂娃不同的是，费尔克拉夫主张研究语言符号系统的内部特征，而不考虑语言以外的如图像和舞蹈等其他符号体系。他指出互文形式可以分为两大类：一类是有界限标记的，另一类是没有界限标记的。有界限标记的表现形式主要有三种：直接引语、间接引语、个别词语的引用。无界限标记的表现形式主要有四种：预设、否定、元话语、反语。另外，如模仿、重复、双关、外指照应、翻译、改编等对互文的产生也有着不可忽视的作用。同时，费尔克拉夫还提出并定义了"明确的互文"概念："其他文本明显地出现在正被分析的那个文本里；它们被'明确地'标示出来，或者由文本表面上的特性所暗示出来，诸如引文所标示的那样。不过，请注意，一个文本可能在另一个文本未被明确暗示出来的情况下，'结合'另一个文本：例如，人们可以通过用语词表达他自己的文本的方式来回应另一个文本。"① 他同时考察了明确的互文的三种类型：序列互文（多个话语类型或文本出现在一个文本）、嵌入型互文（一个文本或话语类型被明确地包含于另一个文本或话语类型的母体之中）、混合的互文（文本或是话语类型以一种更加复杂的不容易分开的方式融合起来）。费尔克拉夫的研究思路和方法已经和克里斯蒂娃等人的互文研究有了很大的不同，更加注重从形式上将互文的内在关系厘清，并且通过互文来探讨语篇之间的直接关联，以及这种互文关联对语篇结构造成的影响。

钱德勒（2003）对语篇互文的区别性特征进行考察，并为语篇互文的识别研究指明了方向，如通过对当前正在阅读的主文本与源文本的比较来考察文本的改变程度，考察当前阅读主文本中提及其他文本的比例是多少。但是对某些因素的分析带有一定的主观性，如阅读者对当前文本的理解和接受程度等很难被考察。

---

① 诺曼·费尔克拉夫. 话语与社会变迁［M］. 殷晓蓉，译. 北京：华夏出版社，2003：95.

第二节　互文理论的核心观点

互文理论将文本放入文本系统，从系统论的角度出发，探讨文本的意义，是文学批评分析领域的一次重大变革，"互文"已经成为文学研究领域的基本理论和重要方法。互文理论的价值在于它涵盖了作品之间彼此交错、互相依赖的各种表现形式。同时在互文研究中，引语、暗示以及模仿、转写等手段，使得互文概念有了具体的内容，但遗憾的是互文并没有在理论上明确下来，反而由于被不断定义或被赋予新的意义，互文成为一个模糊不清的概念。这一原因在于互文的含义出现了截然不同的两种界定，"一是作为文体学甚至语言学的一种工具，指所有表述（基质，substrat）中携带的所有的前人的言语及其涵盖的意义；二是作为一个文学概念，仅仅指对于某些文学表述被重复（reprises）（通过引用、隐射和迁回等手法）所进行的相关分析"①。

通过对互文基本思想的梳理，我们发现：互文最初被用作表现两个或两个以上文本间发生的互文关系。这体现在两个方面：一是某一文本和其他与之相关文本之间的关系，一切文本皆存在互文关系；二是某一文本通过引用、模仿、转写等方式，致使这一文本与其他文本发生关系，互文关系的建立需要一定的形式链接。正是这种不断区分和阐释致使互文产生了两个不同的发展方向。前者趋向于对互文概念做出宽泛而模糊的解释，关心如何通过互文摆脱原有的结构和认识范式，使文本的解读脱离线性，走向立体扩散。这一方向以克里斯蒂娃、德里达为代表。后者则有悖于克里斯蒂娃最初的意识形态批判的意图，趋向对互文概念做出精确界定，将其作为一个可操作的描述工具。这一研究方向以热奈特为代表。

尽管互文理论在研究中被不断修正、定义，但我们无法否认的是，无论是涉及文本的产生还是对文本的接受，我们能够明显感受到不同文本之间存在着程度不等的联系，文本之间的交互作用相当复杂。互文作为一种文本理论，同时也是一种语篇分析的方法。通过互文，我们能够识别语篇

---

① 蒂费纳·萨莫瓦约. 互文性研究［M］. 邵炜，译. 天津：天津人民出版社，2003：1.

中不连贯的现象和语篇互异的成分，能够明确各种类型的上下文标志及其组合形式，有利于我们对文本之间的联系展开具体的技术操作，探求语篇之间由于互文关系而产生的各种语篇功能与表达效果。

通过对互文发展历程的梳理和核心观点归纳，我们可以得出关于互文的一个基本观点：不论是文本的镶嵌，还是文本的转化，抑或是文本之间的关联，都是一个文本在另一个文本中切实地出现。一个文本关联着其他文本，并对文本的结构产生着影响。将文本放在一个文本系统中可以更好地解读当前文本。互文研究方法突破语篇或文本之间的线性规约，契合人类发散思维本质，适应了文本分析发展的需要。

互文作为一种新兴的文本理论，继承了结构主义的思想，强调文本的系统性、关联性，符合现代文本理论的发展趋向。互文理论突破了传统理论研究和文学批评的研究范围，注重将外在的语境或影响因素文本化，一切语境或因素，无论是历史的、社会的、心理的，都变成了文本的一部分，这样一来，互文取代了传统，文本性代替了文学。同时互文理论将其他理论的合理因素吸纳，使得互文在自身阐释上具有了多维度的可能。文学研究层面的互文理论主要是从三个层面进行：文本的对话、主体的对话和文化的对话。而"以语篇研究的角度视之，互文理论的精髓在于它另辟蹊径，以全新的理论向度构筑了文本网络世界，用'互文'这个命题极其准确地提炼出并摹写出文本网络世界中文本间最普遍、最核心的空间结构和互动关系，概括了文本新向度的指向功能，揭示出人类关于文本写作与阅读认知过程的普遍规律，开启了语篇研究的新论域"①。

将互文理论引导到语篇语言学中来，能由此生发很多有价值的研究领域，对语篇语言学中的回指、衔接手段等研究都有较好的推动作用。互文的研究方法不仅能从本体上揭示语篇结构规律，而且能对语言运用，特别是现代科技条件下涌现的语言现象，给予透彻的理论分析和充分的结构阐释。因此，我们不仅要将互文概念引入篇章语言学研究中来，更要将其发展成为语言理论的有机组成部分，这将是语言学，特别是关注语言意图与语言形式变化的修辞学的一个新的学科生长点。

---

① 祝克懿. 互文：语篇研究的新论域 [J]. 当代修辞学，2010（5）：1－12.

第三节　当前我国语篇互文研究的现状

　　1994 年，殷企平在《外国文学评论》发表了《谈"互文性"》① 一文，引入互文的概念并探讨了其具体表现形式，如文本的改写、完成和阐释等，认为互文是将一个文本放在更大的文本系统和关联体中考察，即使是两个文本之间是无意识的关联，那么当前文本也会受到环境、社会等因素的影响，体现出一种间接的互文，最后指出互文的不足在于过度关注文本外部，而忽视了文本自身。1996 年程锡麟在《外国文学》发表了《互文性理论概述》②，对互文进行了狭义和广义的两种界定：狭义的互文定义以热奈特为代表，指一个文本与可以论证存在于此文本中的其他文本之间的关系。广义互文以罗兰·巴特和克里斯蒂娃为代表，指任何文本与赋予该文本意义的知识、代码和表意实践之总和的关系，并形成一个潜力无限的网络。他们同时指出互文理论的不足之处主要在于忽略了作者的作用，同时在作品的阐释问题上走向了相对主义，某些极端的主张甚至走向了不可知论。

　　之后，随着国内文学理论界对互文理论和分析方法的不断引入和推介，互文概念开始被广泛地运用于各种文化批评理论与言语实践中，主要集中在叙事学、话语批评、文学理论等领域，研究内容主要为互文在文本间的作用，微观方面研究引文出处、文学典故、惯用语、文本改写与诠释等，宏观方面主要研究语类、话题、结构之间的互文关系。

　　秦海鹰（2004）梳理了互文理论的渊源与流变，指出若将互文从过于宽泛模糊的理论话语变成一种切实可行的研究方法，我们不仅有必要把一些属于传统修辞学领域的现象吸收进来，作为互文写作的具体形式加以分类考察，而且有必要对容易造成模糊认识的基本问题给予更细微的辨析和界定。她将互文定义为：一个文本（主文本）把其他文本（互文本）纳入自身的现象，是一个文本与其他文本之间发生关系的特性。这种关系可以

---

① 殷企平. 谈"互文性"［J］. 外国文学评论，1994（2）：39 – 46.
② 程锡麟. 互文性理论概述［J］. 外国文学，1996（1）：72 – 78.

通过明引、暗引、粘贴、模仿、重写、戏拟、改编、套用等互文写作手法来建立，也可以在文本的阅读过程中通过读者的主观联想、研究者的实证研究和互文分析等互文阅读方法来建立。其他文本可以是前人的文学作品、文类范畴或整个文学遗产，也可以是后人的文学作品，还可以泛指社会历史文本。

互文理论的强大解释力，引起了语言学界对互文的关注。互文理论对语篇分析、语用分析、话语分析以及功能语言学研究都产生了重要影响。具体表现在以下几个方面。

一、基于互文理论的话语分析

基于互文理论的话语分析旨在深入探究文本、话语与社会、文化、权力等复杂关系之间的互文现象。这种结合不仅有助于我们更全面地理解话语的意义和功能，还能揭示话语背后的社会、文化和政治因素。

互文理论为话语分析提供了重要的理论支撑。互文性强调任何文本都是对其他文本的吸收与转化，彼此牵连，形成一个潜力无限的开放网络。在批评话语分析和话语分析中，这种互文性观念使我们能够关注到文本、话语之间的互文手法，以及它们是如何在相互参照和影响中构建意义的。话语分析则更侧重于对具体话语的详细解读，包括话语的结构、功能、语境等因素。话语分析通过对话语进行解构和重构，揭示出其中隐藏的互文关系和深层意义。这种分析方式有助于我们更深入地理解话语是如何在特定的社会、文化和历史背景下产生和传播的。

通过互文理论的视角，我们可以识别出话语中的互文现象，如引用、隐喻、暗示等，并探究它们是如何构建话语的意义和功能的。我们可以进一步揭示这些互文现象背后的社会、文化和政治因素，以及它们是如何被用来传递特定的意识形态和价值观的。

刘承宇（2002）按照韩礼德对互文的划分，从语篇的经验特征、逻辑序列类型、人际特征和固定表达法四个方面对语篇之间的风格、结构层次、话题推进、使用手法等进行互文关联分析，以此揭示英汉民族思维模式、文化特征、语言特征等方面的异同。赖彦（2009）对新闻标题进行了互文研究，指出语言本质上的对话属性使得新闻标题的话语互文有了客观存在与被理解的基础，互文的主体观注重多重主体的交融，它体现在作者、读者、解释者的关系当中。话语实践中新闻标题的话语互文具有社会意识形态意义的介入成分，话语生产者和接受者可能会自觉或不自觉地、直接或间接地受到其互文的影响和制约。娄开阳、徐赳赳（2010）以平行报道和延展报道为材料，认为平行报道的互文在时间上是封闭的，而延展报道在时间上是开放的；平行报道在内容互文上尽管有事件的简单或详细的报道，还可能有背景知识、评论等内容出现，但都是围绕"核心事件"的，而延展报道随着核心事件的发展，在报道上也是不断推进的，新信息不断出现。文章还分析了形式互文和指称的关系，作者和读者对互文关系不同理解的各种情况。

二、基于互文理论的系统功能分析

基于互文理论的系统功能分析旨在深入探究文本或话语中互文现象与其在特定社会和文化语境中实现的系统功能之间的关系。这种分析方式不仅关注文本或话语的互文性，即它们如何与其他文本或话语相互关联、相互影响，还强调这些互文现象如何共同构建和传达特定的意义和功能。

同时互文理论为系统功能分析提供了重要的理论框架。互文性强调任何文本或话语都是对其他文本或话语的吸收与转化，它们彼此关联，形成一个开放的网络。在系统功能分析中，这种互文性观念使我们能够关注到文本或话语如何与其他文本或话语产生关联，并共同构建特定的意义和功能。

系统功能语言学强调语言的社会性和功能性，认为语言是人们在社会活动中进行交际和表达意义的工具。基于互文理论的系统功能分析将这一观点与互文性相结合，探究文本或话语中的互文现象是如何在特定的社会和文化语境中实现其社会功能的。例如，在政治演讲中，演讲者可能通过引用历史事件、名人名言或文化符号来构建自己的权威性和可信度，从而影响听众的态度和行为。此外，基于互文理论的系统功能分析还关注文本或话语中互文现象的动态性和系统性。动态性意味着互文现象是随着时间和语境的变化而不断演变的，而系统性则强调文本或话语是一个复杂的系统，其中的互文现象相互关联、相互影响。因此，这种分析方式需要综合考虑文本或话语的整体结构和局部特征，以及它们与特定社会和文化语境之间的互动关系。

在具体分析过程中，基于互文理论的系统功能分析可以采用多种方法和技术。例如，可以通过文本对比和引用分析来揭示文本或话语中的互文现象；通过话语分析和语境分析来探究这些互文现象是如何在特定语境中实现其社会功能的；通过语料库分析和统计方法来量化分析互文现象在文本或话语中的分布和频率。

朱永生（2005）则在其专著《动态语境论》中单独列出一个章节研究互文与语境的关系，并指出互文研究中需要注意以下问题：第一，互文通常出现在同一社会活动中功能相关的两个或两个以上的组成部分之间，如同一个故事的开头、中间及结尾。第二，互文可以出现在同一社会活动同一组成部分的不同方式之间。如同一个故事不同的结尾方式。第三，互文也可以出现在两个或两个以上具有相同或类似主题的语篇之间，如莎士比亚的原著和改编的电影之间的关系。并指出互文的本质要求人们把互文从根本上看作一种互相扩展的意义关系，即一个语篇中的某个意义与另一个语篇中的某个意义彼此一致或是重叠的关系，因此不能判定不同的语篇中使用了一些相同的词语或结构便具有互文关系。如果两个语篇所表现的主题有所关联，即使彼此只出现了同义词或比喻形式，也有可能具有互文关系。也就是说，意义上的联系远比形式上的挪用更重要。另外，互文关系不仅受到情景语境的制约，而且在更大程度上受文化语境即人们赖以生存的社会生活模式的左右。这就要求我们在研究语篇互文的过程中，要注意语篇中哪些声音在说话，来自何处，他们之间有哪些历时文化和社会根源，以及他们在语篇中如何得到体现。

郑庆君（2011）认为仿拟辞格利用旧有的模式创造新的语义内容，那么在旧、新之间便建立对话关系，探讨和验证互文特征与部分汉语修辞格的对应关系假设。认为互文的典型特征对应典型的互文辞格，互文的非典型特征对应着非典型性的互文辞格。夏家驷、时汶（2003）认为：对先期文本互文关系的分析可加深我们对翻译过程的理解，想象与联想的方式对文本重构有着特殊的意义。找寻互文语篇之间的形式标记有利于发掘文本间的关联，对理解当前文本有着促进作用，但是文章并没有指出具体的方法和研究路径，至于联想和想象的方式更是由于阅读者知识背景的差异而难以落到实处。

三、基于互文理论的语言学化探索

研究者们接受了巴赫金的对话理论，使得互文性的研究超越了文学领域，进入语言学的研究范畴，这为我们理解语言中的对话性和交流性提供了理论基础。

互文理论的语言学化改造主要体现在将互文性概念引入语言学研究，从而深化对语言现象的理解。这种改造不仅拓宽了语言学的研究视野，还提供了更全面的方法来分析和解释语言文本。在互文理论的语言学化探索过程中，研究者们开始关注文本之间的互文关系，以及这些关系如何影响语言的意义和功能。这种改造强调了语言文本之间的相互影响和交织，使得语言不再是孤立的存在，而是与其他文本形成互动的网络。

在语言学中，互文性被看作是不同语篇之间形成的意义关系，但更深入地，它被视为一个语言、社会、评价与认知的多维互动过程。这意味着互文性不仅仅是文本之间的简单引用或模仿，而是涉及更广泛的社会、文化和认知背景。但是语言学研究下的互文关系，又必须找到相应的形式手段来凸显或固化互文的语篇分析和语言研究的功能。因此，互文的形式和功能的研究得到更多关注。

武建国、秦秀白（2006）指出篇际互文（interdiscursivity）是指特定语篇中不同体裁、话语或风格的混合与交融。将篇际互文和顺应性结合，并从语境关系顺应、结构实体顺应、顺应的动态性和顺应过程的意识程度四个方面入手。文章对顺应性研究有了具体的依托，但是各种体裁内容融合下的互文现象，单纯依靠顺应理论很难解释清楚，而且理论本身具有很强的主观性，语篇语义的分析得不到形式标记的验证。辛斌、赖彦（2010）从语言学角度探讨了语篇互文分析的理论基础、目标与原则、方法及应用价值，并评析了三种方法：一是社会符号学分析方法，可以从互文资源的改变程度、互文参照的明示程度、对读者理解的重要程度、使用其他文本的比例、结构的无边界性等几个方面来研究。指出不管是否意识到互文在意义生成中的作用，对语篇的分析必须明确互文关系可能产生的意指。二是批评语言学分析方法。考察互文与意识形态（ideology）和霸权（hegemony）斗争等之间的话语权力关系，揭示社会意识形态成分介入文本的形式特性及其有助于维持或重建话语权力关系的功能，进行建构话语的互文关系的"话语秩序"的分析。三是认知语言学分析方法，如概念整合理论对互文语篇分析的作用等。文章对互文理论的研究方法进行多角度的思考，注重形式的分析，避免互文研究走向空泛。祝克懿（2010）指出源文本与当下文本产生互涉关系，是由多种交际动因决定的，如社会文明的程度、风俗时尚、感性思维的习惯、知识结构、语言素养、兴趣爱好等都可能任意组合交叉，形成不同的映射因素。而只有映射因素制约下的文本互涉产生，对应的互文关系形成，互文本才有可能转化为现实性。并把互文关系理解为一种函数关系，展现语篇的生成是一个立体动态过程。互文载体形式可能是词语、句子、语篇等口头、书面的文本结构，也可能是图片、音像制品、网页等超文本，这种看法突破了传统互文研究仅关注语言文字形式的局限。文章认为人们大脑中的共同知识、话语主体生存的社会文化背景这种难以直接描述的信息板块、记忆单位都参与到互文关系的建构中，它们之前存在于 Y 文本集合这个可能世界里，这些形式不管是实是虚、是文字还是音像图形，它们都必须由一定的交际动因所激发，并与当下文本确立一种互涉的函数关系，才能成为 X 文本集合中的互文成分。马国彦（2010）首先指出互文不仅存在于语篇之间，而且存在语篇之内，即自互文现象。这突破了传统互文理论的看法和认识，讨论了元话语标记作为主文本，接纳发话者自己的话语为互文本的自互文结构，并结合具体语例分析了自互文结构的三种类型：明示主观情态自互文、明示人际互动自互文和明示话语组织方式自互文。通过元话语标记发掘来研究互文语篇结构，推动了互文理论的研究走向深入。但是文章对三种类型的划分标准并不清晰，导致部分元话语标记归类不清，而且元话语标记的语篇意义以及在语篇结构中的层次性没有得到论证。

徐赳赳（2010）从篇章互文研究中的引语、元话语等方面展开，对互文理论的语言学研究框架进行探讨。作者强调互文作为语篇分析的一种重要方法和手段，对语篇结构和语篇意义的建构有重要的影响，但是并没有提出一套可以操作的互文语篇分析的具体方法。如文章将引语分为直接引语、间接引语、直接引语与间接引语的套用等，对引语的形式类别进行了详细的划分，但是对引语究竟是如何影响语篇结构的，引语的实现方式以及引语如何从其他语篇中被嵌入当前语篇都没有涉及。而相对来讲，单纯对话形式的引语，对互文语篇结构的意义并不显著。邓隽（2011）归纳了三种依次包孕的互文类型，分别是心理联想互文、文本印迹互文、语言形式互文。认为语言学研究需要的是语言形式的互文，并探讨了互文发生的两种语言形式，区分了内入式互文和外接式互文，以及各自的互文标记。并结合具体的主报道新闻语篇和解读报道新闻语篇及其链接二者的功能标签进行互文分析，具有了现实的可操作性。但是作者在对互文形式进行分类时，文本印迹互文和语言形式互文并没有明确的界限区分，这可能会导致研究范围的模糊。

四、基于互文理论的多模态研究

基于互文理论的多模态研究是一种综合性的研究方法，旨在探讨不同模态（如文字、图像、声音等）之间的互文关系以及它们如何共同构建意义。这种研究方法结合了互文理论的优势和多模态分析的特点，为我们理解文本、图像、声音等多媒体元素之间的关系提供了新的视角。

基于互文理论的多模态研究关注不同模态之间的引用、模仿、改编等互文关系。这些关系不仅存在于同一模态内部，也跨越不同模态之间。例如，在广告中，文字描述可能与图像内容形成互文关系，共同传达产品的特点和优势。这种跨模态的互文关系有助于我们理解多媒体文本的整体意义。

多模态研究还关注不同模态在构建意义时的相互作用和协同作用。不同模态之间可能存在互补、强化或对比等关系，这些关系共同影响着文本的意义表达。例如，在电影中，画面、音效、文字等多种模态相互交织，共同营造氛围，推动情节发展。通过对这些模态的互文关系进行分析，我们可以更深入地理解电影的叙事策略和表达效果。

基于互文理论的多模态研究还关注媒体文本与社会、文化、历史背景之间的互文关系。媒体文本作为社会文化的产物，必然受到特定社会、文化和历史背景的影响。通过分析媒体文本中的互文现象，我们可以揭示其背后的社会、文化和历史因素，进而理解媒体文本如何反映和塑造社会现实。在具体的研究方法上，基于互文理论的多模态研究可以采用定性和定量相结合的方法。定性方法可以通过深入分析具体案例来揭示不同模态之间的互文关系和意义的构建过程；定量方法则可以通过统计和比较大量数据来揭示互文现象的分布和特征。这些方法相互补充，有助于我们更全面地理解多模态文本中的互文现象。

　　朱全国（2013）从传统诗画关系出发，指出文字符号与语象之间处于不同的层次。语象和图像都具有通过隐喻的方式表达意义的功能，语象和图像可以深化或提示对方表达不足的方面，从而形成互提的实质。聂绛雯（2014）指出图像与语言文字之间在表达上具有互文关系，图像与文本具有语言指引标记、记号指引标记、图像说明三种互文形式标记，为图像与文本的分析建立了可操作的分析关系。周毅、王建华（2016）指出政务新媒体多模态话语"图－语"互文的"图"具有标识性、人像化和低信息值特点，"语"有锚固和补全图像意义的功能。王莹、辛斌（2016）选取德国《明镜》周刊的封面语篇作为研究对象，首先探讨分析这类语篇的互文性的理论路径，而后结合实例，说明如何考察这类语篇在形式和意义生成方面的特点。侯建波（2019）结合多模态和互文性理论提出适合网页新闻漫画的多模态互文性资源系统，分析凤凰网《大鱼漫画》栏目涉及美国议题的网页新闻漫画，指出多模态文本间互动构建了网页新闻漫画的功能，形成人际关系构建、评价网页新闻、故事化新闻情节和调侃新闻人物的功能。邓谊、冯德正（2021）结合体裁分析和多模态话语分析构建了多维度框架，对新冠疫情期间企业微信推文的话语类型、语步、交际目的和多模态符号资源进行质性和量化分析。张德禄、张珂（2022）发展了一个把多模态批评话语分析理论和多模态积极话语分析理论融为一体的多模态批评（积极）话语综合分析框架，并通过对两个多模态语篇的实例分析做了说明。姚远（2023）考察了综合运用文、图、影、声等多模态的多元立体开放式结构，归纳其特具的"精""畅""感""联"四大特征，建构在线语篇生成与评判规范标准。王海峰、郑琪（2024）结合多模态分析手段，试图从表意系统互文、中外文化域互文和联想互文三个层面对梁思成《图像中国建筑史》中的建筑术语翻译进行研究分析，并探讨多模态建筑术语互文在术语概念、文本意义和文化价值层面形成的语用功能与时代价值。

第四节　当前语篇互文研究的趋向与问题

　　克里斯蒂娃和罗兰·巴特将文本之间的关系阐释为：任何文本都是互

文本。这是基于对文学文本和文化文本的基本特征的高度概括，是典型的广义互文。这种比较模糊与宽泛的互文定义，为学界不断解读和随意发挥提供了空间。随后，互文被大量使用、定义以及被赋予不同的意义，互文理论应用的广泛性在于它囊括了文本间彼此依赖联系的各种表现形式。在互文文本分析中，诸如引用、暗示以及各种照搬仿写等手段，使得互文研究有了具体的寄托。

互文理论对于语篇研究、话语分析乃至语言研究都具有重要的理论意义。它使我们能够在某一语篇或是其他语篇的相互关系中分析和评价该语篇结构的功能以及整个语篇的意义和价值，将语篇放在一个更大的语言和文化背景中进行考察，组构成一个文本系统，从而更加完整而准确地理解语篇的意义。

互文理论的强大解释力逐渐为学界所意识到，并被运用到语篇、语用、话语分析等学科研究当中。但遗憾的是，互文研究并没有在理论上明确下来，在此过程中，也出现一些问题。

问题主要表现为互文研究主要还是集中在观念阐释阶段，用文学批评或是文化理论的思维方式来思考、处理语言学的问题，没有形成一套系统的互文语篇分析的方法与模式。目前所关注的语言现象局限于互文理论已经注意到的引用、仿拟、讽喻、改写或是各种副文本上，在当前各种新型言语实践条件下，缺乏对新的语篇形式或现象的关注与研究。如缺乏对包含文字、音乐、图像、动画等多种表意媒体信息集合的超文本语篇或网络语篇等新的语篇现象的研究。

如程锡麟（1996）在梳理克里斯蒂娃、巴特、德里达、热奈特和里法特尔等互文理论的基础上，把互文分为广义互文和狭义互文。陈永国（2003）对互文的理论渊源和发展历程进行了梳理，认为互文包括两个方面：一是指"两个具体或特殊文本之间的关系"，二是指"某一文本通过记忆、重复、修正，向其他文本产生的扩散性影响"。秦海鹰（2004）结合前人对互文的研究成果，指出互文分为广义互文和狭义互文，但是他认为广义互文指"文学文本和社会历史（文本）的互动作用"，狭义互文指"一个具体文本与其他具体文本之间的关系"。三位学者对互文的研究都是在文学领域里展开的，狭义互文与广义互文的提法，可以促使我们在更大的语篇范围中解读和理解当前具体的语篇。但是，这种梳理和分析仍缺乏系统性和可操作性。因为根本就没有明确提出一套互文分析的方法，而是把互文理论看作可以直接分析的现成理论，忽视了互文关系建立的过程与方式及其对语篇结构的影响这些重要方面。

辛斌（2001，2008）对互文概念进行了介绍与梳理，认为语篇互文体现在两个方面：一是阅读方式，语篇意义是在阅读中建构的，读者阅读语篇是利用之前阅读活动中已有背景知识进行的无意识的意义创造；二是作者生成，互文是作者生成语篇时对先前语篇的指涉，是作者有意识使用的一种修辞手段和语用策略。辛斌虽然系统推介了互文，但是分析方法缺少可操作性。徐盛桓（2005）、武建国和秦秀白（2006）等虽探讨了互文理论对于语篇分析的作用，但在语篇分析的过程中多注重功能的解释而缺乏形式标记的验证。朱永生（2005）在专著中有专门章节讨论动态语境与互文问题，虽详细介绍了互文的研究框架（如引语、模仿、改写等），但遗憾的是都没有在理论上将其明确下来，或是建立一套语篇分析的模式。郑庆君（2006）分析了仿拟辞格的互文规律，提出了部分辞格与互文的对应假设，开拓了新的研究思路，但两者之间是否存在对应关系仍值得商榷。祝克懿（2010）等从互文概念语言学化的角度，探讨如何促进篇章分析走向深入，并将互文关系形式化为函数表达式，这虽然推动了语篇互文分析的形式化研究，但是函数关系中又包含着大量的交际动因，使得分析方法存在某些主观因素。徐赳赳（2010）认为互文是"篇章的内容互用现象"，其虽论证了互文理论对语篇研究的作用，指出了互文涉及的语言问题（如引语等），却没有从形式和意义两方面展开对语篇关联性的分析。除了国内学者之外，互文理论还引起了韩礼德、卡颇、海兰德、威廉姆斯等一批外国学者的关注，他们分别从语域、语言认知、文本分析等角度展开研究。如韩礼德指出：任何语篇的部分环境是某些先前的语篇等。虽注重其他文本对当前文本的影响，但都没有确立具体的分析框架和研究模式。

概括来讲，当前的互文研究注重将语篇放在一个文本系统中进行考察，有利于更加完整而准确地理解语篇的意义，但也存在两个方面的问题：一方面缺少系统的语言学的方法对这些互文现象做进一步分析，没有致力于将互文理论改造成语言学自身必不可少的理论组成；另一方面较难发现更多的互文现象，继而推动语言学研究走向深入。

因此，我们不仅要将互文概念引入语言学研究中来，引导学界对语篇系统性的关注，而且要对互文现象做进一步的语言学化的分析，致力于将互文理论改造成语言学自身必不可少的理论组成，并结合新时代出现的多样化的语篇形式，构建语篇互文研究新范式，对各类语篇现象予以透彻的理论分析和充分的结构阐释，推动篇章语言学研究走向深入。

第二章　语篇互文分析的语言学化

第一节　语篇研究方法与互文理论

受到索绪尔结构主义语言学思想观的影响与启示，语言学家逐渐认识到：语言学应当成为一门严谨的、系统的、重形式的科学。语言研究的根本问题是探索语言由哪些要素构成，语言机制如何运转。因此有必要运用适当的技术来研究和描写当前的语言现实，并就语言本身的形式要素对语言进行分析。当然，语言研究的对象既不是语言哲学，也不是语言形式的演变，而是注重语言的内在现实，即语言学研究的对象终究回归语言本身。

"一方面现代语言学的发展促进了人们对语言本质的认识，作为对索绪尔的一种反动，社会语言学、话语语言学、文化语言学等的出现都促进了人们语言观的更新；另一方面现代科学的发展，也促使人们重新认识语言，特别是信息论、控制论、系统论……更直接影响了人们的语言观的更新；加上实际语言生活的变化，也促使了人们对语言本质的思考。"①

对语言和言语的区分以及重新认识是发掘语言本质的重要突破点，现代语言学认为语言具有系统性、规则性、静态性，而言语则具有过程性、动态性、语境性。针对语言和言语的特性，语言学家采用多种方法来探究语言本质，其中使用描写的手段，具备整体系统的意识，能够将分析推进到语言研究的基本单位，选择出明确的操作程序，这些步骤和方法都是现代语言学的研究特点。现代语言学的一个根本原则就是"语言构成一个系统（système）。……从语音到最为复杂的表达形式，语言都是各部分的系统性配置。它由根据某些结构（structure）原则连结为各式组合的形式要

---

① 王希杰. 显性语言与潜性语言 [M]. 北京：商务印书馆，2013：147.

素组成。……这里的结构首先说的是语言系统的结构……一种语言从来只包含一些数目有限的基本要素，但这些基本要素尽管其本身数量并不多，却可以产生大量的组合"①。语言材料可被孤立考察的观念已被我们所抛弃。

形式和功能研究相结合的原则是语言研究的基本方法论。语言符号是形式和功能的结合体，在语言使用的过程中，形式一般是相对固定的，而意义或功能则随着交际语境而变化，语篇分析的实质就是研究语言的表达形式与意义功能之间的关系。语篇语言学是 20 世纪 60 年代迅速发展起来的一门语言学分支学科，一般来说，它将大于句子的结构单位"语篇"作为研究对象，并结合心理、认知、语法等学科的研究成果，对语篇的功能结构和语言形式进行多方位、多角度的研究。语篇研究的跨学科性质使其各个内在流派在研究范围、角度、方法等方面都有所不同，但是从研究的目标来看都是关注语篇的生产和解读的过程，注重语篇语言的衔接连贯，注重语篇体裁或组织形式的比较分析。从语篇语法、语篇语义到语篇认知，语篇研究已经从一个语篇内现象考察跨越到语篇间分析。语篇研究逐步完善，经历了从形式衔接到语义连贯、从静态描述到动态分析、从单一维度到多维度发展的阶段。

当前语篇语言学的研究出现了四大明显发展趋向。一是基于语料库语言学的语篇语法研究，当然这种研究是从静态角度出发，探索相对静止的语篇内部的语法结构，主要考察语法结构特点的篇章分布与篇章功能。如基于语料库对口语语法的研究，另外如对新兴的网络语言或超文本的研究也属于此类。二是语篇的批评性话语分析，主要利用一些批评理论和方法分析政治语篇、新闻语篇，发掘语篇的意识形态，探讨语篇中的话语角色或话语关系等。代表人物有国外的费尔克拉夫等和国内的辛斌等学者。三是基于认知语言学或是认知科学的语篇分析，主要表现为利用当前认知科学领域内的成果对语篇进行分析，如兰盖克等人对话语空间推进模式的研究等。四是探索语篇发展的新现象、新规律，主要引进新的理论和方法对语篇的研究范式进行革新。如刘大为、祝克懿、马国彦、邓隽等学者，从

---

① 埃米尔·本维尼斯特. 普通语言学问题（选译本）［M］. 王东亮，等译. 北京：生活·读书·新知三联书店，2008：7.

语篇发展的动态视角，将互文理论语言学化，研究语篇之间的互文关联及其对语篇结构的影响，扩大了传统语篇研究的范围，并革新了语篇结构分析方法。

语篇语言学的根本任务是超越孤立的句子研究，从结构和功能来研究交际活动中的语篇。与传统语言学最大的不同之处在于，语篇研究关注句子之间的关联，关注篇章的整体结构，关注语言使用者的交际意图以及语境对语篇形式和结构的影响。互文理论刚好能够适应语篇研究的这一基本诉求。语篇发展如火如荼，在这一过程中，互文理论能够也应当扮演推动语篇深入发展的主要角色。互文理论在关注语篇系统性的同时，又能够将语篇置于动态性的语境中，依据语言的表达形式和意义功能之间的关联，对语言做出较为系统、动态的分析，能够使我们全面和深入地了解语篇的形式结构及功能意义。

作为一种文学分析或文本分析的理论，互文理论主张从整体系统的视角来看待某一文本，但并不落实在语言形式与功能的关联上。而语言学则相反，语言的形式要素都与一定的语言功能相关联。语言学研究强调任何一个表义单位都必须是形义的结合。语言学视角下的互文理论研究与文学视角下的互文研究有着本质的差别。

第二节　语篇研究引入互文理论的出发点

互文概念的引入将是语言学，特别是关注语言意图与语言形式变化的语篇语言学、修辞学的一个新的学科生长点。互文研究的形式化能够为语篇研究发掘出新的内容，将互文理论的思想引导到篇章语言学中来，能由此生发很多有价值的研究领域。具体表现在：

（1）互文理论将语篇放在一个更大的语言和文化背景中进行考察，组构成一个语篇系统，从而更加完整而准确地理解语篇的功能与意义。决定语篇结构的因素有很多，每一种因素都有可能从某一个方面决定篇章的结构面貌。更重要的是，篇章现象从本质上说是不可能只在孤立的篇章中得到阐明和解释的，语篇总是在与其他语篇的关系中形成并实现其功能，互文语篇的研究能够发掘出新的语篇现象并涵盖所有已有的语篇现象。互文理论在这一点上为篇章语言学开拓了一个新的疆域。

（2）使用中的话语存在三种关系：一是话语本身与话语外被表述对象的关系；二是话语内部的不同单位间的关系；三是话语与其他话语的关系。前两种关系目前已经在语义学、语法学（广义，包括一般的篇章关系）中得到研究，最后一种关系却没有在语言学中得到系统的关注。互文理论可以引导语言学者对话语与其他话语这一系统关系的关注，从而发展出语言学的一个新的研究领域。互文的创意在于：它的引入使得一个语篇与其他语篇发生关系。从语篇之间动态的角度发掘语言事实，能够更好地揭示语篇间的关联。

（3）就学科发展而言，引入其他学科的理论是学科创新的重要途径之一。借鉴其他学科有价值的理论，经过本学科的消化和改造，能够水乳交融地成为本学科内在的理论方法的一部分。这不仅有助于本学科已有问题的解决，而且能帮助本学科发现更多问题，甚至促成学科或学科某一部分在解释层面上的整体化。就局部而言，如化学的配价对于语法学中的动词配价理论；就全局而言，如生物发展演变的谱系学说对于历史比较语言学中的谱系理论，莫不如此。

以往的语篇研究大都从单个文本的指称、衔接、连贯、结构等方面着手，缺乏对文本间的系统的、综合的研究，语篇功能的分析缺乏形式上的链接。互文研究要求语篇分析时回答：一个语篇以何种方式与另一语篇建立了互文关系？互文标记在文本间所起的关联作用是什么？对于这两个问题的回答将勾勒出语篇关系的概貌，并以明确的形式描述出语篇互文的结构线索。

当前互文研究的现状以及大量出现的新语篇现象，为我们突破传统和互文语言学化提供了契机。互文理论的价值已被认识到，关键在于找出一条适合自己发展的语言学化道路。因此本书研究的过程本身就是理论和方法论的创新，更能对语言运用，特别是现代科技条件下涌现的语言现象（如新闻解读、网络抄袭等）给予透彻的理论分析和充分的结构阐释。

第三节　互文理论语言学化的基本原则

互文理论作为一种文本理论，并不关注语言形式本身，以语言为载体的文本只是进行文学评价分析与批评研究的工具与手段。而语言学视角下的互文研究则有完全不同的要求。

一、互文理论语言学化视角下互文概念的重新界定与变量阐释

在当前研究中，互文被如此多地使用、定义，甚至被赋予不同的意义，以致它成了一个含混不清的概念。互文被如此多地使用的原因在于它概括了文本之间互相依赖的关系。互文概念要想真正为语言研究所用，必须从互文理论的基本内涵出发，在遵循其基本原理的前提下，进行语言学化的改造。首先需要明确互文在语言学研究中的基本概念，明确互文的语言学研究对象和研究过程中所涉及的基本变量，以及变量之间的结构关系，并且通过这些变量的结构有效演绎出一套能够解释语言现象的理论或方法，解释的深度和效果要强于现有的语言学理论。

二、坚持形式意义相互验证的原则，解决语言学研究的基本诉求

传统互文研究主要探讨互文在文本间的作用，把互文看作一个指涉体系，各种关系的实现是通过符号互动完成的。研究步骤可从词、词组、分句、句群，到文本、话语和语类。研究重点在微观方面放在引文出处、文学典故、惯用语、文本改写与诠释等，宏观方面主要研究话题、结构之间的互文关系。整体来讲，研究内容多局限在西方文学理论的范围内，注重材料的列举，更多是主观感悟性分析。

而将互文理论改造成语言学研究对象，坚持形式和意义相结合的原则是语言研究的普遍原则和基本方法论。语篇互文的形式、语义和功能相当复杂，互文形式和意义之间的关联到底如何实现？这些问题的解决，需要

在比较互文本材料基础上，寻找与语篇意义相对应的限制条件与形式标志，以做出更有概括性的归纳。研究语篇现象不可能仅仅孤立地从某一语篇内部进行研究，因为语篇是在与其他语篇的关联中不断实现其意义延展的。通过借助上下文标记及其组合形式，我们能够对这种关联进行技术层面的操作，从而使语篇分析走出考据批评的范畴，摆脱单纯分析某单一语篇模式的束缚，进而以跨语篇的视域研究语篇意义的动态效果。

语篇形式与意义分析的结合需要分析语篇结构形式和语篇意义两个层面。我们可以从语篇形式的分析推进到语篇整体结构或意义，也可以从语篇结构或语篇意义推进到语篇形式，进而发现形式和意义的对应关系，从而相互验证。例如，互文本质上是一种语篇间互相扩展的意义关系，也就是一个语篇中的意义与其他语篇中的某个意义彼此相关。但是我们不能因为两个不同的语篇中使用了一些相同的词语或结构等形式因素便判断文本间具有互文关系。如果出现在当前阅读现场的两个语篇所表现的主题相互关联，即使没有出现相同词语或结构，我们也可以认定它们具有互文关系，当然我们可以发掘出相关的形式标记或语义关联，如使用近义词或是语义方式嵌入。因此，形式标准和意义标准都是互文研究的有效手段。

第四节　语篇互文分析的目标

总的来说，就是在保持互文理论基本内涵的前提下将互文理论语言学化，使其成为篇章语言学理论的有机构成，既能涵盖传统互文语篇研究，又能对新的语篇现象进行合理阐释，从而从一个侧面推动语篇语言学在适应现代语言生活的情况下深入发展。

具体来说，就是坚持形式和意义相互验证的原则，发掘语篇的互文关联，以及这种关联在语篇组织和结构上的功能，进而建立语篇互文分析的研究范式。这主要涉及对以下三个方面问题的解答：

（1）语篇之间借助哪些形式手段或标记实现了互文关系？

（2）语篇互文关系的类型有哪些？如何确立划分标准？

（3）语篇互文形式和功能存在何种对应关系？

针对上述研究目标，我们主要从以下三个方面展开：

一、明确互文基本概念，建立语篇互文分析的理论系统

为了完成这一核心任务，必须从两个方面展开：一是对互文理论做深入的语言学角度的理解和阐释，为本书提供坚实的理论基础；二是论证和建立一套完整的术语，为理论解释和方法操作的顺利展开准备一套行之有效的工具。这套理论和术语既是创新的，又能与篇章语言学的研究传统保持一个衔接承继的关系，并且能为互文理论扩展到词汇、语法及语义、修辞研究提供一个平台。主要包括：

（1）明确基本的语篇互文概念：语篇、文本、互文、互文本、主文本、源文本等。语篇或文本的范围要包含文字、图像、音乐等多种媒介载体。

（2）揭示语篇互文结构存在的不同层次与时空关系。

（3）发掘指称在语篇互文关系建构中所起到的作用。

如指称是建立语篇互文关系的主要手段，但不是所有的指称都能建立起互文关系。能够建立互文关系的指称可以分为两种类型：一是对文本的指称，即通过指称将一文本嵌入主文本中；二是对文本外对象的共指关系，即两个文本共同对同一对象进行指称、表述。前者定会造成互文关系，后者则要借助一定条件，这个条件就是二者必须在同一时空的框架下进行。

二、提取互文理论语言学研究的核心观点，建立语篇互文分析框架

互文理论带给语言学研究的启示在于：它强调文本之间的关联性和相互依赖性，以及这种关系如何影响我们对语言的理解和使用。这些文本间的关联可以表现为引用、模仿、重构等多种语言形式，这些形式不仅存在于同一文本内部，也跨越不同的文本和媒体形式。基于这一核心观点，我们可以建立一个语篇互文分析框架。该框架主要包括以下几个步骤。

识别互文元素：首先，我们需要识别文本中的互文元素。这些元素可能是对其他文本的引用、模仿或重构，也可能是与其他文本共享的意象、主题或结构。

分析互文关系：其次，我们需要分析这些互文元素之间的关系。这可能包括分析它们是如何在文本中形成互文链的，以及这些互文链如何影响文本的整体意义。同时，我们还需要考虑这些互文关系是如何反映作者的观点、态度和意图的。

探索互文功能：再次，我们需要探究这些互文元素和互文形式在文本中的功能。它们如何增强文本的说服力、构建特定的情感氛围、反映社会文化背景，或是实现其他交际目的。

跨模态分析：最后，如果文本涉及多种模态（如文字、图像、声音等），我们还需要进行跨模态的互文分析。这包括分析不同模态之间的互文关系，以及它们是如何共同构建文本的意义的。

通过这个分析框架，我们可以更深入地理解文本中的互文现象，揭示它们是如何影响我们对语言的理解和使用的。同时，这个框架也可以帮助我们更好地欣赏和评价各种语言作品，理解它们在社会、文化和认知层面上的价值和意义。

需要指出的是，这个分析框架并不是固定的，而是需要根据具体的文本和研究问题进行调整和扩展。同时，由于互文理论本身也在不断发展中，因此这个分析框架也需要随着理论的发展而不断更新和完善。

以篇际互文为例，篇际互文主要包含词语形式篇际互文（形式标记表现为相同关键词）、话题形式篇际互文（形式标记可以表现为新闻追踪、专刊、专栏等）和多模态语篇篇际互文。多模态语篇篇际互文中值得关注的是目前大量涌现的语言—图像的篇际互文形式。图文关系建立的形式标记可以是"见上表、见下图、图1"等。语言文字和图表之间的结构关系，可以是先图后语或是先语后图，或是交叉论证。这种语图互文形式带来了语篇结构与功能的新变化。

三、选择并发掘典型而有理论价值或社会价值的语篇互文现象作为分析框架实施的具体项目

首先，研究对象包括一些现有研究已经关注到的现象，它们一旦进入我们的分析框架，将会呈现出新的面貌，包括在以往的研究中难以注意到的性质。例如，引语是语篇研究的重要内容，传统语篇研究只涉及引语的

一种表现形式——语言形式的引语。但是，如音乐、图像、动画等多模态文本也可以作为引语被嵌入其他语篇中，参与语篇结构的建构，如生物课本中的动植物插图、地理书刊中的山川河流等。因此，传统引语研究难以涵盖和解释当前信息技术发展情况下出现的新的语篇现象，诸如多媒体和博客等语篇的引语形式。同时，引语的语言表现形式也有了新变化，如引语内容前面加上引导词"什么""怎么就"等表示听话人对说话人话语内容的引用，但这种引语的意义和功能相较于普通引语已经发生较大变化。

其次，研究项目一定要有新的发现，在通常的语言使用过程中，我们观察到以往被忽视的互文现象以及以往的语篇研究在诸多方面存在不平衡现象。篇章互文的形式、语义和功能相当复杂，需要在对比互文语篇材料基础上，寻找与篇章意义相对应的限制条件与形式标志，进而发掘出新的互文现象。如一个语篇与其他语篇实现关联的方式是语篇的嵌入，不仅两个或多个语篇之间可以互相嵌入，一个语篇由于内部话语层次的不同也可以将自身的一部分或整体嵌入自身。

再次，要涉及当前由于交际媒介（如网络、电视等）和交际理念等的变化而出现的新现象。特别是在当前多种媒介融合背景下，传递的信息已不再由单一媒介组成，而是文字、数据、图像和声音等融为一体的超文本语篇。与传统语篇相比，网络大发展时代的语篇现象表现出了新的特点和规律，是多种媒体技术的综合体。语言文字（字体、种类、颜色等）、非语言符号（表情符号、标识等）、图片、视频、音频等，它们都可以作为意义的载体，执行着信息传递的功能。全方位调动视听符号成为当前叙事语篇的一大亮点。因此，有必要从语言理论高度探讨和解释新的语篇现象。如对超文本语篇及网络语篇的分析，以及对融合了语言和图像等多种媒介的广告语篇的互文分析，等等。当然，所有的这些分析必须在语言学化的框架下进行。

最后，建立统一的理论与方法将互文现象的分析贯穿起来。通过对互文语篇分析理论系统和研究框架的建构，并结合对传统语篇现象和新出现语篇形式的分析，我们最终会确立一个统一的理论和方法，将这些互文现象全部贯穿起来，建立科学系统的语篇互文分析范式，有效指导语篇教学以及语篇互文结构的分析。

第五节　互文理论语言学化的价值和意义

一、新视角推动语篇研究走向深入

1. 揭示语篇结构本质，发掘语篇研究新视角

当前篇章语言学相对薄弱，亟须新的研究思路和学科观念。传统篇章语言学在微观上主要研究衔接连贯，在中观上研究话题及话题推进，在宏观上则主要研究不同的言语行为类型，如论证、叙事等决定的结构框架。但篇章与语法等相比是一个极其复杂的现象，决定篇章结构的因素有很多，每一种因素都有可能从某一个方面决定篇章的结构面貌。更重要的是，篇章现象从本质上说是不可能只在孤立的篇章中得到阐明和解释的，语篇总是在与其他语篇的关系中形成和实现它的功能。本书恰恰可在这一点上为篇章语言学打开一个新的视角，特别是在当前各种语言实践以及网络技术发展条件下，一方面使缺少互文观念的这些语言现象得到合理的分析，另一方面也亟须有一个统一的理论将我们对篇章的整体探究整合起来。

2. 构建科学新型语篇分析模式

当前语篇研究功能分析有余，而形式手段的发掘不足。我们深入理解互文理论的核心概念，包括文本间的引用、模仿、重构等互文关系，以及这些关系如何影响文本的意义生成和理解。在此基础上，我们构建一个以互文性为核心的理论框架，用于指导新型的语篇分析模式。具体而言，我们需要关注文本与其他文本之间的关联和互动，包括文本的来源、引用关系、主题共享等方面。这有助于我们更全面地理解文本的意义和背景。

随着多媒体技术的发展，越来越多的文本以多种形式呈现，如文字、图像、声音等。因此，新型的语篇分析模式需要引入跨模态分析，探讨不同模态之间的互文关系。互文关系是一个动态和交互的过程，而非静态的。因此，新型的语篇分析模式需要强调这种动态性和交互性。我们需要关注文本在传播和接受过程中的变化和发展，以及读者与文本之间的互动和对话。

为了验证和完善新型的语篇分析模式，我们需要进行大量的实例分析。通过选取具有代表性的文本，运用该模式进行分析，并与传统模式进行对比，我们可以评估其有效性和实用性。同时，我们还可以根据分析结果对模式进行必要的调整和优化。

综上所述，借助互文理论构建新型的语篇分析模式是一个复杂而富有挑战性的任务。我们需要从多个方面入手，不断拓展和完善分析框架和方法，以适应不断变化的语言现象和文本形态。

3. 强调认知的系统性，提升语篇理解与语篇教学质量

如果一个语篇在对某一个对象进行叙述、描写或评论等形式的表述时，存在另外一个语篇也对同一对象进行指称和表述，那么这两个语篇就具备互文关系的可能性。如果两个语篇又出现在同一次言语活动中，那么它们就具备了互文关系，读者在阅读过程中就可以互相参照。互文研究强调语篇的这种关联性，将语篇放在一个系统中全面考察。在语篇理解或教学中，通过相关背景材料的介绍，关联语篇的对比，或多媒体课件的展示，都可以有效发掘语篇的结构或主题，加深对当前语篇的理解等。特别是在信息技术条件下，可充分利用图像、文字、声音、多媒体等，调动学生的多模态认知，主动培养学生的理解能力。因此，将互文研究的成果应用在语言教学上，能够有效推动语言教学的发展。

二、推动相关学科解释和发掘更多的语言现象

互文理论的核心观点是任何文本都是对其他文本的吸收与转化，彼此关联，形成一个潜力无限的开放网络。这一观点打破了传统语言学对文本孤立性的理解，使得学者们开始关注文本之间的互文关系，进而发现更多的语言现象。这也推动了语言学研究方法的创新。传统的语言学研究往往关注文本的内部结构和功能，而互文理论则引导学者们从文本间的关系出发，探讨文本意义的生成与理解。这种新的研究视角和方法有助于揭示更多的语言现象，深化我们对语言本质的认识。

互文理论还激发了学者们对语言现象的新思考。通过对文本间互文关系的分析，我们可以发现语言中的隐喻、象征、引用等修辞手法，以及这些手法如何影响文本的意义和读者的理解。这些新的发现不仅丰富了语言学的研究内容，也为我们理解人类语言和文化提供了新的视角。

　　因此，互文理论在推动相关学科解释和发掘更多的语言现象方面发挥了重要的作用。它不仅改变了我们对文本的理解方式，也促进了多学科的合作与交流，推动了语言学研究方法的创新。具体表现在以下方面：

　　1. 推动语义学中语义关联性的研究

　　现代语义学研究注重系统性的语义板块的研究，并将话语发生的时间、空间、指称等内容看作语义研究的重要内容。语篇互文的形式与功能研究强调语篇之间的关联，这种关联可以表现为同一词语在不同语篇的复现，如通过词语引用的方式实现互文关联。但是，某一词语同时在两个语篇中出现并不必然构成互文关系，也有可能是词语的重复现象或是同形异指的关系。例如，一个文本中出现了"张三"一词，另一个文本也出现了"张三"字眼，语篇之间并不一定具备互文关联。任何文本只要有这种表达需要，便可以使用这一词语进行指称和表述。

　　如果两个语篇同时出现在同一阅读时空现场，共同解读同一事件，则语义自然也被关联起来。如一个语篇通过引语，将另一语篇引用到当前语篇中来。引语所在的语篇本不在当前时空现场中，而是被当前语篇从其他时空以复本的形式借用到当前阅读现场。引语进入当前阅读语篇中，在语义上可能会保持原有的独立性，也可能被当前语篇的语境消解，被赋予临时意义或是比喻意义；引语嵌入当前语篇后，其话语意义和功能也会发生相应的变化。

　　同时具有互文关系的语篇之间的关联不是杂乱无章的，语篇和其他语篇之间存在各种各样的语义关系。绝大部分的语义关系或结构层次是不对称的，这就涉及结构语义。一般来讲，语义关系、内部结构越复杂，层次就越多。这种结构的意义，不仅仅体现在词语之间、句子之间的结构意义，而且是语篇之间的一种结构意义。另外，元语言为语篇结构的层级性划分提供了条件，语篇内部成分嵌入语篇内部的重要手段就是使用元语言成分，而元语言本身就是语义学的重要研究内容。

　　2. 推动修辞学研究方法与研究对象的创新

　　从历史发展来看，修辞学关注语言的结构和表达，关注语言使用者的意图，注重素材的选择和表达方式差异的研究，从这一点上可以确认修辞学与语篇研究存在渊源关联。修辞和语篇研究都是从整体语篇的角度来考察单个语言单位和具体表达方式的，如研究语境对语言表达方式的影响，语篇结构和交际目的之间的关联，语篇结构与情景语境之间的关联，等等。语篇之间的关系还涉及多方面因素的影响，如语言的表达方式、话题、语篇推进结构、语篇的衔接连贯等。具有互文关系的语篇之间通过何种成分衔接，多个语篇之间的叙述语境是否一致等，都能够为研究语言变异与主观动因的修辞学研究带来新的研究领域。

3. 利于语法、词汇等方向研究词句在语篇系统的转换与变异

语法研究虽然研究的基本单位是句子，探讨句子与短语的语法特点和信息分布情况，但是语法目标已经扩展到对整个语篇的语法结构分析，了解整个语篇的发展和信息传递情况，并不断发展出适合语篇研究的语法，如语篇语法对语法研究的推动。在进行语篇分析时，又要以语法研究为基础。韩礼德（1994）指出："没有语法分析的语篇分析不是语篇分析，只能称作是一系列的话语评论。"① 虽然这种表述主要是针对功能语言学而言的，但这从一个侧面说明了语言形式特征的语法分析对语篇研究的意义。

互文理论要求我们关注语篇系统，这种关注的立脚点就是语篇之间的互文关联与形式链接，具体表现为某一句法成分或词句。一个语篇的何种成分以何种方式与另一个语篇关联起来？互文标记在语篇间起到何种互文作用？语篇互文涉及语篇之间的词语关联成分，以及具体的句型或话语表达方式。语篇互文发生时，语篇中的词语或句式会发生一定程度的改变，如各种形式的引语（直接引语、间接引语等）。语篇互文的这些研究内容都与语法研究有着密切的联系。

语法对于引语的研究大多从静态角度来确定引语形式与类型，原因在于从静态角度更易分析出引语的句法特征。而互文理论则是强调语篇的关联和系统，如将引语看作语篇互文的行为，能够为引语的语法研究带来新的视角。马国艳（2015）的引语介体的研究，便是从互文理论的视角对引语进行创新性思考。互文的研究视角有利于我们在动态语境下更好地把握语法、词汇的特点，能够更加系统全面地考察词语或句式的语法特征。

一种新的理论从其他学科借鉴过来，必然要经过本学科的消化吸收，唯有如此才能更好地解决某一学科问题，发掘新现象，进而促进学科发

---

① Halliday, M. A. K. *Introduction to Functional Grammar* [M]. London: Edward Arnold, 1994: p. 15.

展。互文理论较早应用于文学领域的文本分析，它注重文本之间的关联，却缺乏形式的链接。语言学的研究方法要求形式的验证和意义的分析相结合。因此，有必要对互文理论加以改造、创新。我们首先对语言学、语篇学的研究对象和研究方法进行了论证，指出互文理论适应了现代语言学系统观的发展方向，从形式和功能两个方面来研究交际活动中的语篇。语篇研究关注句子之间的关联，关注语篇的整体结构，关注语言使用者的交际意图以及语境对语篇形式和结构的影响。互文理论适应了语篇研究发展的基本诉求：将语篇置于动态性的语境中，依据语言的表达形式和意义之间的关联，对语言做出较为系统、动态的分析，能够使我们全面和深入地了解语篇的结构及其意义。

当前互文研究的现状以及大量出现的新语篇现象，为我们突破传统和互文语言学化提供了发展契机，互文理论的语言学价值已被认识，关键在于找出一条适合自己发展的语言学化道路。在这个意义上讲，互文理论语言学化的研究过程本身就是理论和方法论的创新，更能对语言运用，特别是新的语言现象给予更加充分科学的解释。互文理论对语义研究、修辞研究、语法研究都有着较好的推动作用。互文理论语言学化的最终目的是在保持互文理论基本含义的基础上使其成为语篇分析理论的有机组成部分，它既能涵盖传统互文语篇研究，又能对新的语篇现象进行科学解释，进而从一个方面推动语篇语言学在适应现代语言生活的情况下深入发展。

第三章 语篇互文分析理论系统的建立

一个语篇有着自己的个性，但同时又和其他语篇具有一定的共性。语篇的语言、结构脉络并非单一，而是错综复杂的。如果希望借助互文理论清晰梳理出语篇之间的复杂关系，首先需要对互文理论做深入的语言学角度的理解和阐释，明确基本的互文相关概念，为互文研究提供坚实的理论基础；其次是论证和建立一套完整的术语，确定一系列基本的研究变量，为理论解释和方法操作的顺利展开准备一套行之有效的工具。同时，创新的术语和变量的设立应当与研究传统保持一种衔接承继的关系。

在当前语篇研究中，互文被如此多地使用、定义，甚至被赋予不同的意义，以至于它成了一个含混不清的概念。互文被如此多使用的原因在于它概括了语篇之间互相依赖的关系。但在相当长一段时间里，互文理论没有得到语言学研究的足够重视，而是被文本理论、叙事学领域的研究广泛应用。

互文概念要想真正为语言研究所用，必须从互文理论的基本内涵出发，在遵循其基本原理的前提下，进行语言学化的改造。由前文的分析我们知道，互文语言研究的核心就是研究一个语篇如何借助关联成分建立与其他语篇的关联。因此，我们只有明确互文的基本概念，明确互文的研究对象和研究过程中所涉及的基本关系，才能为后续研究打下坚实的理论基础。下面我们将重点探讨影响互文关系的几组基本概念。基于语篇的形式和意义的关联，我们就可以演绎出用于语篇互文分析的一组基本概念与一个层次系统。

第一节　互文语篇研究中的基本概念

一、语篇与文本

"语篇"，英文术语 text，汉语一般将其翻译为"篇章""语篇"或"文本"，且常常与另一术语 discourse（"话语"）混用。作为一种实际使用的语言单位，语篇是交流过程中一系列连续语段或是句子构成的语言整体，语篇一般具有形式衔接、语义连贯等特征。随着语篇研究的发展，语篇的含义有狭义和广义之分。

狭义的"语篇"是指具有独立交际功能的篇章，如一篇新闻报道、一首诗歌等，相当于传统意义的"篇章"。如黄国文先生的《语篇分析概要》（1988）、刘辰诞先生的《教学篇章语言学》（1999）以及郑贵友先生的《汉语篇章语言学》（2002）都倾向于此种定义。

而广义的"语篇"不仅包含具有独立交际功能的完整的篇章，还可以是一个篇章内部相对独立的语言单位。它既包含"篇章"又包含"话语"，甚至可以是一个词或是一个短语。根据系统功能语法的观点，语篇是一个语言使用的单位和语义单位，它不是一个比句子大的语法单位，或者说二者并不存在范围大小关系。如王宗炎的《英汉应用语言学词典》（1988）对篇章和语篇的界定是："口头或是书面语的一个单位，或长或短，一个语篇可以是一个词，如书写在出口处的'Exit'，也可以是很长的一段话或者文字，如一次布道、一本小说或一场辩论。"哈里斯在其 *Discourse Analysis*（1952）一文中也持此类观点。胡壮麟在其《语篇的衔接与连贯》（1994）一书中指出：他所采用的语篇概念是广义的"语篇"，统指"话语"（discourse）和"篇章"（text）。

本书的"语篇"采用广义语篇的概念。原因在于：从微观入手界定语篇有助于深入研究语篇材料，更好地发掘语篇新现象或是在传统语篇中找出创新点。如对网络语篇、超文本语篇，或是对独白、引语等语篇形式的研究。不仅语篇之间存在互文关系，而且由于话语层次关系的不同，在同一语篇内部也存在互文关系，会话语篇中普遍存在这种现象。从语篇的微观研究层面来着手，能够深入分析篇章内部不同语言结构的对话关系。而且在当前多媒体语言大发展的形势下，语篇的表现形式也突破了语言文字的单一性而走向多元化，传递的信息已不再由单一媒介组成，而是文字、数据、图像和声音等融为一体的超文本语篇。与传统语篇相比，网络大发展时代的语篇现象表现出了新的特点和规律：语言文字、非语言符号（表情符号、标识等）、图片、视频、音频等，它们都可以作为意义的载体，执行着信息传递的功能。全方位调动视听符号成为当前叙事语篇的一大亮点。因此，语篇研究范围还包括了图像、音乐、符号等多种媒介载体。

"文本"一词同样是源自英文，即 text，还可以表述为"本文""正文""语篇"等。目前，它被较为活跃地使用于文学理论与文学批评中，也常被用于语言学或是文体学中。其含义的丰富性以及不确定性，给实际的理解和区分带来一定困难。一般来说，文本是指有待读者阅读的，由一定的语言衔接或语义连贯的规则而组成的语句或语句系统。

本书的核心概念是语篇，研究对象是语篇中的互文现象。我们知道，互文理论在文学理论或批评中得到广泛研究，文本的概念又被大量涉及和广泛使用，因此，为了保持承继性而继续保留这一广泛使用的概念，以避免概念的混乱。"文本"的概念和本书研究"语篇"的概念基本一致。在论及文学理论方面的相关观点时，为保留原有话语特征或引用规范，本书使用"文本"的概念。

二、互文本、主文本、源文本

克里斯蒂娃认为，每个文本都是对其他文本的吸收和转化。但互文不能被理解为摘抄、粘贴或仿效的过程，而是指文本中吸纳的语义成分总是超越当前文本的范围而指向其他先前文本，从而将当前话语置入更大的社会文本中。在克里斯蒂娃看来，互文既不是某一类文本的文类特征，也不是具有某种文类特征的文本，而是一切文本的基本特征。克里斯蒂娃虽然首创"互文"这一术语，但是她并没有使用过"互文本"这一概念。在她的互文体系中，互文是指来自其他文本的语句在当前文本中被重置、被打乱、被重新分配的动态过程。"文本"概念本身也是一个动态过程，而并非一个实体。这也导致她不关心如何从文本中识别和提取另一个文本的成分的问题。

　　后来的研究者在互文研究中派生出了"互文本"。文本和文本之间的转化吸收的关系是互文，而具有互文关系的文本自然而然就成了"互文本"。克里斯蒂娃认为一切文本都具有互文，因此罗兰·巴特便顺理成章地认为：任何文本都是互文本。即在一个文本之中，可以不同程度形式地辨认出存在着其他文本，一切文本都是互文本。

　　实际上，互文的概念一产生就出现了如何定义"互文本"的问题。20世纪70年代，西方文学理论界就展开了讨论，分歧的焦点在于："互文本"是指文本本身还是指嵌入一个文本中的另一个文本？

　　有的学者把吸收了其他文本的文本叫作"互文本"，也有的把"互文本"当作一个集合来使用，它是"处在互文关系中的各种文本的总和"。还有一部分学者为了区分"互文本"和"源文本"的关系，认为"互文本"不是一个实体，而是一个文本与另一个文本之间的"活动空间"。也就是说，一个文本和另一个文本发生的关联体才叫"互文本"。经过互文理论的不断发展，文学理论领域的互文研究一般都认同：被当下文本所吸收的其他文本叫作"互文本"。

　　对于语言学角度的互文研究来讲，将"互文本"定义为被当前文本所吸收的其他文本，并不能科学反映文本之间的关系，难以建立语篇互文关系的概念层级系统。究其原因，可从以下几个方面探究。

　　首先，语言学的互文研究需要对文本的关系和文本的层次进行有效区分，需要对语言研究中所涉及的所有变量明确化才能展开进一步的研究。文本之间的关系复杂，如果将被当下主文本吸收的文本称为"互文本"，那么"互文本"和具有互文关系的文本还需要做进一步的界定和说明。因此，将吸收了其他文本的文本称为"互文本"，难以明确反映文本之间的关系，不能突出文本之间的差异性。

　　其次，将具有互文关系的文本都作为"互文本"，则是从克里斯蒂娃、罗兰·巴特对互文概念的界定出发的。"互文本"的概念能够限定研究对象的范围，进一步厘清文本间的关系。当然，语言学研究意义上的互文本和克里斯蒂娃的互文本有所不同，语言学互文本的范围更小，研究对象由于结合形式链接和意义分析而更加明确。

　　最后，如果将具有互文关系的文本作为"互文本"，那么互文本内部必须进一步下位划分，才能建立一套文本之间明确的层次关系体系。即把被吸纳的文本称为"源文本"，而"主文本"就是当下阅读现场正在进行或正在分析的文本，是吸纳了"源文本"的文本。这样文本间的关系便明确下来，有利于我们将这种关系提取出来加以形式化，进而开展相关的语言学角度的研究。

因此，根据上述分析，结合从语篇语言学角度研究互文的需要，同时保持与文学理论术语系统的一致性，我们可以对语篇互文分析所涉及的相关概念做出界定：

> 互文是语篇之间关联、转化的一种性质或是动态的关系。
> 互文本则是具备互文关系的实体化的所有语篇。
> 主文本是当前正在解读的关联了其他语篇的现场语篇。
> 源文本则是被主文本关联的非现场语篇。

第二节　互文语篇的层次关系

根据上述对语篇互文概念系统的界定，我们可以梳理出具有互文关联的语篇之间的层次关系：

首先，具有互文关系的文本被统称为"互文本"。因此，互文本是一个整体性的概念，涉及具有互文关系的所有语篇。

其次，"互文本"内部由于文本之间的吸纳嵌入或是来源的不同，便区分出"主文本""源文本"。主文本是吸纳嵌入了其他文本的文本，稳定处于当前阅读者所处时空；"源文本"则是被嵌入"主文本"的文本，是被"主文本"从其他时空吸纳到当前时空的文本。在当前的言语活动中，源文本需要依附于主文本而不能独立存在。因此，源文本包含于主文本中，主文本可以嵌入一个或多个源文本。

再次，相互独立的主文本之间也可以构成互文关系，主要通过相关话题语义或是关键词等形式链接，共同解读当前语篇。

最后，"主文本"与"源文本"都可以根据语篇特点进一步划分下位小类。"主文本"可以根据语篇的重要性进行划分。如一本书中出现的序、跋、摘要、正文、附录等都作为主文本，但它们之间的地位和作用并不相同。我们一般把正文划分为核心主文本，可将其他部分可称为非核心主文本或副文本。源文本也可以根据关联标记的形式或功能差异做进一步划分。

至此，我们可以根据分析将具有互文关系的文本层次关系通过图 3 - 1 展示出来。

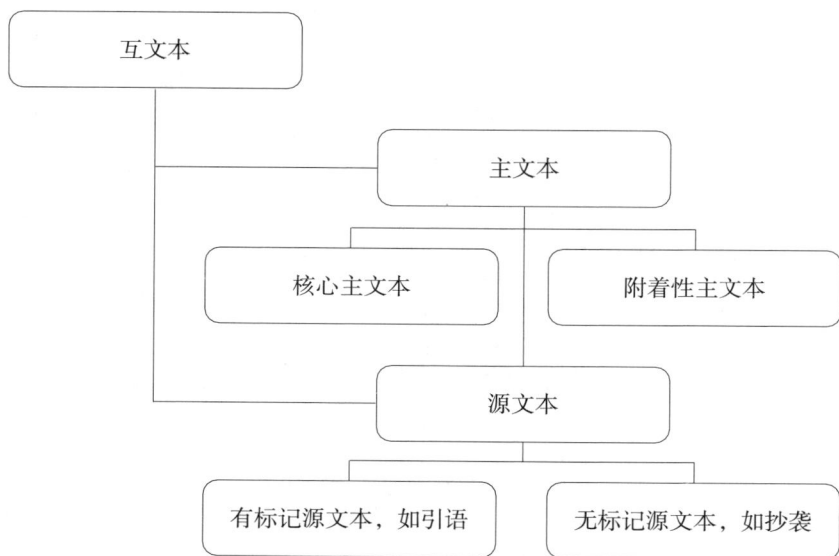

```
┌─────────────┐
│   互文本     │
└─────────────┘
         │
         │        ┌─────────────┐
         │        │   主文本     │
         │        └─────────────┘
         │              │
    ┌─────────────┐         ┌─────────────┐
    │  核心主文本   │         │ 附着性主文本  │
    └─────────────┘         └─────────────┘
              │
         ┌─────────────┐
         │   源文本     │
         └─────────────┘
              │
 ┌──────────────────┐   ┌──────────────────┐
 │ 有标记源文本，如引语 │   │ 无标记源文本，如抄袭 │
 └──────────────────┘   └──────────────────┘
```

图 3 - 1　具有互文关系的文本层次关系

第三节　指称与语篇互文关系的界定

在巴赫金看来，"在任何一篇文本中都是由词语引发该文与其他文本之间的对话。既然凡是文本都有互文，那么问题的关键不在于识别哪一类互文现象，而是衡量由词、文、言语片段引入对话的分量"①。我们认为互文必然造成一个词语（甚至一个大型的语篇）在另一个文本中出现或产生影响。但是，一个词语最初携带着本身固有的语义和用法，当它被使用于

_____

① 米哈伊尔·巴赫金. 小说的美学和理论［M］. 巴黎：伽利玛出版社，1978：115.

某一文本中时，自己本身的意义会与文本中的其他词语或是语境联系起来，这些联系转变着词语本身携带的原有意义。但我们不能将互文关系与文本中词语因为指称的需要而重复使用或同指的现象混为一谈。根据指称对象的不同，能够建立互文关系的指称可以分为两种形式：一是对某一语篇进行指称，二是对文本外对象进行共同指称。

一、对语篇进行指称

即通过指称将一语篇关联到当前阅读语篇中。对语篇的指称主要是通过专有名词或是指示代词的指称功能来实现的。我们先看语例：

①《邪不压正》无论是小说的艺术构思还是作品的内容表达，都与同一时期反映土改运动的几部"经典"性作品完全不同。它既不像《太阳照在桑干河上》那样着力描绘宗法制农村错综复杂的阶级关系和各个不同阶层的思想动态，也不像《暴风骤雨》那样大力渲染这场革命风暴摧枯拉朽的气势，歌颂农村新人的高尚的精神品质，赵树理的侧重点在"问题"上。(万国庆《凝眸黄土地：延安文学史论》)

②由上观之，以西秦张氏为代表的南宋大族园林，实为应社诗词生发之渊薮，同时也因而是家族文学传承的有效载体。(张剑、吕肖奂、周扬波《宋代家族与文学研究》)

专有名词一般都直接联系着一个语篇，例①便是通过《邪不压正》《太阳照在桑干河上》以及《暴风骤雨》三个专有名词将联系的三个外部语篇作为源文本吸纳到当前正在阅读的主文本中。例②则是通过指示代词实现语篇关联。"上"即"上文"，也就是将语篇中前面部分关涉到的内容，通过指示代词将"上文"关联到当前"由上观之"这句话所在的位置。

二、对文本外对象进行共同指称

共同指称，即两个文本共同对同一对象进行指称、表述。聂绛雯指出："这一文本通过指称某一个对象而对其进行了叙述、描写或评论等形式的语言表述，如果另一文本也对同一对象进行了指称和语言的表述，那么这两个文本之间就有了互文的可能性"①，读者在阅读过程中就可以互相参照。

这种情形存在两种可能性：

1. 一个语篇与另外的语篇存在相互阐释或引用关系

即如果一个语篇 X 中，由于特定表达意图的需要出现了一个指称，而另一语篇 Y 在表达时，需要借助语篇 X 出现的同一指称的意义，这时语篇 X 和 Y 中共现的这一指称就连接了两个语篇，语篇 Y 就因为含有语篇 X 中所赋予的意义，而与语篇 X 有了互文关系。

③标题：李克强："面子"是城市的风貌，"里子"是城市的良心。

5 月 22 日上午，李克强总理来到内蒙古赤峰市德润污水处理厂在建项目工地。他对负责人说，我们的城市亮丽光鲜，但地下基础设施仍是短板。"面子"是城市的风貌，而"里子"是城市的良心。只有筑牢"里子"，才能撑起"面子"，这是百年大计。（人民网，2014 年 5 月 22 日）

标题：总理筑"里子"撑"面子"说与谁听？

正确处理好"面子"与"里子"的关系，让老百姓不为"面子"所累，在更有"面子"的同时，充分享受"里子"带来的看得见、摸得着的种种方便与实惠，是最大的民心和政绩过程。（人民网，2014 年 5 月 23 日）

谈及总理这番话，冯连国说，"面子"与"里子"的说法太好了，一下子点到了问题的实质。（中国新闻网，2014 年 5 月 23 日）

例③总理口中的"面子"和"里子"只是一种形象的比喻，并不会与其他文章中的"面子"和"里子"构成互文关系。但后面的两篇相关报道，借用了李总理"面子"和"里子"的话语含义，后者与前者构成了一种引用或阐释关系，语篇之间就建立了互文关系。

---

① 聂绛雯. 图像化变量与新闻播报的语体变化：从纸媒新闻到电视新闻［J］. 当代修辞学，2014（3）：14－28.

2. 一个文本与另外的文本不存在相互阐释或引用关系

由于受词频或是使用习惯等因素影响，某个专有名词或是其他词语被重复使用，不同语篇的词语便会构成同形异指关系。例如，一个文本中出现了"张三"，另一个文本可能也会出现"张三"。只要有表达的需要，都可以用"张三"进行指称和表述，但这些文本之间并不一定构成互文关系。

由文本外的共指关系建立的互文关系伴随着一定的偶然性因素，只能算是停留在心理联想互文或是文本印迹互文层面，不能帮助我们建立文本间的必然的联系，对文本互文关系的分析价值也有限。如果将这种共指关系作为一种互文关系，必须提供其他条件予以配合。比如，让这些具备共指关系的文本处于同一次言语活动之中，通常是指处于同一现场或是具有空间的紧邻性。在报道某一事件时，将关于这一事件其他相关报道作为"新闻链接"出现在当前同一次言语活动中，或是报纸的一个版面中。这样一来，共指关系就会在这些条件的配合下实现语篇的互文关联。如新闻报道的某一栏目中关于"民生发展"话题的两篇文章，虽然两个文本中均没有出现"民生发展"字眼，但是两个语篇意义范围能够概括或控制在同一关键词"民生发展"内。加上两篇文章处于同一栏目的空间紧邻性条件的配合，两篇文章便建立起互文关系。

至此，我们可以总结出指称与语篇互文关系确立的基本规则：

指称是建立互文关系的主要手段之一，但不是所有的指称都能建立起互文关系。能够建立互文关系的指称形式主要有两种类型：一是对文本的指称，即通过指称将其他语篇引入当前语篇中来；二是对文本外对象的共指关系，即两个文本共同对同一对象进行指称、表述。前者一定会造成互文关系，后者则要借助一定的条件才能判断是否互文。

基于上述分析，我们也可以看出：建立在语言学分析视角下的互文理论比文学理论研究视角下的互文理论更加具有限制性和条件性，也更有操作性。

互文理论由文学理论的文本分析转变为语言学中的语篇分析，必须经过语言学化的艰难历程。语篇语言学视角下的互文研究必须从互文理论的基本内涵出发，确立互文的基本概念，明确互文关系的研究对象和研究过程中所涉及的基本关系。唯有如此，才能为后续研究打下坚实的理论基础。我们认为揭示语篇互文关系的根本在于借助语篇关联的形式和功能来发掘语篇之间客观存在的关联。基于语篇的关联特性，我们演绎出了一组用于语篇互文分析的基本概念。首先对"语篇""文本"的概念进行了区分，并对具有互文关系的理论体系进行了构建，论证并明确了"主文本""源文本""互文本"各自的概念及其相互关联，使得互文分析的概念层级体系得以建立；其次指出指称对于语篇互文关系建立的重要意义，分析了指称建立互文关系的两种情形，为理论解释和方法操作的顺利展开准备一套行之有效的工具；最后创新的术语和变量又与研究传统保持一种衔接承继的关系，能够在传统研究的基础上，进一步推动语篇研究走向深入。

第四章　语篇互文形式与功能的重新分析

互文理论由于其强大的解释力，受到学界日益关注，但由于定义模糊、阐释混乱而受到诟病。萨莫瓦约指出："互文受到完全相反的两种指责。有人指责互文过分讲究实证，使文学作品丧失个性，而只是满足于阐明那些显而易见的关系明了的关联体系。也有人指责互文在定义上就是模糊的，互文只是一个空壳和无法操作的理论神话。"① 虽然这种指责是基于不同学科的出发点，但是却为我们的互文研究提出了警示：要想把这一文学研究的理论推引到语言学研究中，并且建立一套完整系统的分析体系并不容易。

第一节　多元阐释下的互文类型

文学理论界以及语言学界都基于研究的需要，在对互文理论进行定义和阐释的基础上，往往还会对互文的具体类别做出划分，以利于互文的具体可操作化而避免走向空泛。我们对此进行梳理与评析。

一、水平互文和垂直互文

克里斯蒂娃（1986）基于索绪尔结构主义对语言的组合关系和聚合关系的分析，并根据文本之间的关联性，将互文表示为横向轴（作者—读者）和纵向轴（文本—背景），认为一个文本在另一个文本中出现导致横向轴和纵向轴的重合。之后，在此基础上又将互文区分为水平互文（horizontal intertextuality）和垂直互文（vertical intertextuality）。水平互文指某一话语与其他话语之间的对话关系，垂直互文是指某一语篇之外的相关语

---

① 蒂费纳·萨莫瓦约. 互文性研究 [M]. 邵炜，译. 天津：天津人民出版社，2003：14.

境，即从各种角度以各种方式审视的与当前语篇存在关联的其他语篇。克里斯蒂娃将互文两分，并指出可以通过增删或扩展的方式，实现一个语篇向另一语篇的转换，其划分互文类型的目的在于对语篇的对话关系进行评析，因此在分析时并没有强调互文的形式依据。克里斯蒂娃定义的水平互文是强调话语之间的对话关系，而垂直互文则是强调理解一个语篇时需要考虑与当前语篇相关的语境。这些使得人们在理解某一语篇时必须具有相关的知识，否则阅读无法进行。

二、内互文和外互文

斯塔姆认为，克里斯蒂娃的"互文"更多强调文本的外部关系。"词的状态"不仅被外部的"纵、横两方面加以界定"，它还有"深"的一面，即内部的上下文联系。同一文本内部各种要素之间也可以构成关系，即"外互文"（extratextuality）和"内互文"（intratextuality）的划分。① 斯塔姆从微观角度定义了语篇的概念，将语篇内部由于话语层次的不同而形成的语篇结构关系也看作互文关系，使得互文为语篇内部结构分析打开了新视野。

斯塔姆所说的内互文和外互文是对文本关系的两种重要划分。外互文性是指文本的外部关系，即文本与其他文本之间的关联和互动。这种关系可能表现为引用、模仿、重构等形式，反映了文本在更大语言背景中的位置和影响。内互文性则关注同一文本内部各种要素的关系，即文本内部的互文性。在史态类新闻中，内互文性主要表现在文字、图像、音频、动画以及视频等多种因素的相互指涉上。以电视深度报道为例，其中的文字、图像和声音等元素必须相互依存、相互印证，以构建完整和清晰的意义。

在斯塔姆的理论中，内互文性和外互文性共同构成了文本的复杂网络，其中每一个元素都与其他元素相互关联，共同构建文本的意义。这种对文本关系的深入理解有助于我们更全面地分析文本，揭示其背后的深层含义和社会文化背景。总的来说，斯塔姆的内互文和外互文理论为我们提供了一种全新的视角来理解和分析文本，使我们能够更深入地挖掘文本的

---

① ［美］罗伯特·斯塔姆. 电影理论解读. 陈儒修，郭幼龙，译. 北京：北京大学出版社，2017：83，103－104.

意义和价值。遗憾的是他并没指出分类的依据以及建立可操作的分析体系。

三、强势互文和弱势互文

Laurent Jenny（1982）将互文分为强势互文（Strong intertextuality）和弱势互文（Weak intertextuality）。强势互文是指从一个语篇中可以明确识别出其他语篇的话语，如引语、抄袭、转写等。弱势互文是指读者通过阅读当前语篇，能够通过语篇语义的关联，联想到其他语篇，如相似的话题或观点。① Jenny 在强势互文中明确了文本之间的界限，并对引语等语篇嵌入行为进行了说明。从语篇形式的角度入手，但没有依据具体语篇进行形式意义的分析。特别是弱势互文，强调联想关系，语篇之间的关联性容易走向空泛，缺乏可操作性。

强势互文和弱势互文是互文理论中的两个重要概念，它们主要描述了文本间互文关系的不同形式和程度。强势互文性指的是在一个语篇中明显存在与其他语篇相关的部分，这些部分可能是直接引用、明显模仿或对其他文本的显著借鉴。这种互文关系在文本中非常明显，读者可以直接感知到，不需要进行过多的联想或解读。例如，在分析文学作品时，可能会发现某部作品对另一部作品的情节、人物或主题进行了明显的借鉴或模仿，这就构成了强势互文性。

相比之下，弱势互文性则更为隐含和微妙。它指的是在一个语篇中存在与其他语篇相似的观点、主题或意义，这些相似之处可能并不明显，需要读者通过联想、比较和解读才能建立起不同文本之间的联系。弱势互文性更多地体现在语义层面，它要求读者具备一定的背景知识和解读能力，才能准确地理解和把握文本间的互文关系。

在实际应用中，强势互文和弱势互文的分析有助于我们更深入地理解文本的意义和背景。通过对强势互文性的分析，我们可以揭示文本间的直接联系和借鉴关系，从而理解作者的创作意图和文本间的相互影响。而通过对弱势互文性的分析，我们可以挖掘文本背后的深层含义和文化内涵，

---

① Laurent Jenny. "The Strategy of Forms". In Tzvetan Todorov（eds.）. *French Literary Theory Today*：*A Reader*［M］. Cambridge：Cambridge University Press，1982：pp. 34 – 63.

理解作者的观点和态度如何与其他文本产生共鸣或差异。

需要注意的是，强势互文和弱势互文的划分并不是绝对的，而是相对的。在实际分析中，我们需要根据具体的文本和语境来判断互文关系的程度和形式。同时，我们也需要认识到互文理论本身是一个不断发展的领域，随着研究的深入和新的理论观点的出现，我们对强势互文和弱势互文的理解也可能会有所变化。

四、"跨文性" 概念下的互文

1982 年热拉尔·热奈特的《隐迹稿本》提出了"跨文本性"概念，并将其作为文学创作的对象，根据一个文本是出现在另一文本还是从另一文本中派生出来，将跨文性按照文本类属关系划分为互文性、副文本性、元文本性、超文本性和统文本性五种类别①，以此界定文本之间的不同关联。这一概念解决了互文相关概念不清的问题，强调互文的联系和转换功能。热奈特在互文中强调文本之间联系的功能，在超文本性里讨论文本转换的动态效果。对于互文，热奈特还指出了几种具体形式：一是具备引用标记的引用的形式；二是没有标注的抄袭的形式；三是暗示的形式。读者必须掌握当前文本与另一文本之间的转换关系，否则当前文本就很难被接受，如暗示、反语、双关、模糊语等。这种分析使得互文和超文本性是明确可识别的，并极大程度地形式化，使得互文的概念更加具体，更加具有可操作性。但是遗憾的是，热奈特并没有将其理论化、模式化，而只是对其进行了定义与说明，并没有结合互文语篇进行深入分析。

克里斯蒂娃、杰尼、热奈特对互文的划分不同，注重形式的程度也有差别，但是他们有一个共同的研究目标，就是强调语篇之间的关联，这种关联的发掘是为文学批评和话语分析服务的。这也导致互文理论在阐释上存有很大的发挥空间，因此很难在理论上固定下来并建立互文语篇分析的一套基本模式。

---

① 热拉尔·热奈特. 热奈特论文集 [M]. 史忠义，译. 天津：百花文艺出版社，2000：9 – 14.

五、表层互文和深层互文

费尔克拉夫在其专著《话语与社会变迁》一书中从文本、话语实践与社会实践三个向度对互文进行了阐述，并借鉴法国话语分析学派使用的术语，将互文分为表层互文（manifest intertextuality）和深层互文（constitutive intertextuality）。[①] 表层互文是指特定的其他文本被明确地吸收到一个文本之中，主要表现为序列型互文、嵌入型互文、混合型互文三种形式。表层互文可以通过话语描述、预先假设、否定、元话语、讥讽等方式实现，主要分为两类：一类是有界限标记的，另一类是没有界限标记的。

深层互文则是隐性的，一个语篇隐含着其他语篇的语言特征，一个语篇可以以引语的方式引用另一个语篇话语，也可以通过改写、模仿等方式对语篇进行转换。根据费尔克拉夫的理论，表层互文可以包含五个范畴，即话语引述、预设、否定、元话语和反语。相对于表层结构，深层互文体现在它包含了形成一定篇章的各种篇章规约结构，诸如与不同篇章实践相关的体裁、话语或文体等。

在分析文本时，结合表层互文和深层互文的理论视角，我们可以更全面地理解和解释文本的意义和价值。表层互文性提供了文本间直接关系的线索，而深层互文性则揭示了文本背后的深层结构和文化内涵。这种结合性的分析方式有助于我们更深入地挖掘文本的价值，理解作者的创作意图和文本的社会文化背景。

费尔克拉夫采纳了福柯等人的"互文"概念，并将其进一步发挥，第一次从话语批评的角度对互文理论进行了系统研究，明确划分了互文语篇的具体形式，这些形式使得互文变得更为具体，更加系统地阐释了互文概念对于话语分析所具有的潜在意义，这也为语篇的互文分析打下了坚实的基础。此后的互文语篇分析多受其影响或启发。但是费尔克拉夫的互文分析是结合话语实践和社会实践而进行的，互文类别划分还有不清晰和值得商榷之处，例如他将预设作为明确互文的一种形式。如果将预设作为互文的一种形式，互文又重新回到了"文本皆是互文"的克里斯蒂娃时代。虽

---

① 诺曼·费尔克拉夫. 话语与社会变迁 [M]. 殷晓蓉，译. 北京：华夏出版社，2003：104 – 119.

然他将互文作为话语分析的一个组成部分，却没有将互文分析从话语分析中独立出来，建立一套完整的互文语篇分析体系。另外，明确互文仅有形式分析，还不能将互文完全厘清，因为一个词语由于高频使用或者其他原因必然在多个语篇之间出现，但是不能说由于某一个共同词语的出现，这些语篇之间便具备了互文关系。还有一些语篇中可以明显看出引用别人的话，但是没有注明暗引的情况，作者并没有考虑在内，而这种暗引的方式在语篇中经常出现。另外，有时明确互文和构成互文彼此交错融合在同一语篇内，费尔克拉夫的分类方法很难将其完全区分开。互文分析，除了互文形式外，还要结合互文语篇的意义，从形式意义相结合来入手，而费尔克拉夫对于深层互文显然缺乏必要的形式分析。

六、具体互文和体裁互文

互文理论被引介到我国之后，互文理论得到进一步发展。从语言学发展角度来看，互文的形式化程度越来越高，并且更加注重从形式和意义两个方面来进行语篇互文分析。

辛斌（2000）从阅读者的角度将互文划分为具体互文和体裁互文两种。具体互文是指篇章包含具体的来源，即写作主体明显引用他人话语，"涵盖强势互文、显性互文和不加表明引用他人话语而产生的互文关系"。体裁互文是指在一个篇章中不同风格、语域、体裁的混合交融，即巴赫金（1981）所说的"异体语言"。他认为体裁互文涉及集合主体，如某一社会阶层或群体，并指出互文分析必须摆脱客观描写的实证主义的影响，注重语篇互文功能的分析。

辛斌希望从阅读者的角度对互文进行有效区分。如将暗引的使用划为具体互文，将风格语体等因素划分为体裁互文，其目的在于使分类更加细致和清晰。显然，辛斌的研究主要关注文本之间的语义关系，因此相对于实证更强调功能。这就使得互文在类型划分完毕之后，具体类型的分析和操作方法难以找到归宿。特别是体裁互文，缺少了形式依据，只能使得文本的解读出现"一千个读者心中有一千个哈姆雷特"的现象，最终又使得互文回归了主观体验。另外，暗引的情况和风格、模仿等应该属于同一类型，因为我们不能明确地将其从一个语篇中分离出来。当然，即使是风格框架的模仿，我们也可以发掘形式标记，如韵律特征、虚词、字数、段落结构等。因此，互文类型划分之后如何有效对语篇结构进行分析是关键。

七、形式互文和语义互文

刘辰诞、赵秀凤（2011）认为，互文的体现方式有两种：形式互文和语义互文。形式互文是指用具体的语言符号体现出来的互文关系，可以分为符号互文和结构互文。符号互文是指某一语言形式在另一语篇中的重复使用，最典型的是引语和典故。结构互文是指一个语篇中某种特定的明显的结构特征在其他语篇中的重复使用，如法律文本中某一格式的重复使用，这些形式使得语篇在语言结构上相互指涉。"语义互文是指篇章功能上的互文关系，这主要体现在同一体裁的篇章之间的互涉关系。每一种体裁都有自己的社会功能和意义潜势。作者和读者通过体裁的这种互涉性可以分析语篇的各种类型以及他们在社会生活中使用时的混杂现象是怎么样反映意识形态的。"

刘辰诞、赵秀凤基于语篇分析形式和意义结合的考虑，将互文类型划分为形式互文和语义互文，指出了互文语言学研究的本质特征：只有形式和语义的结合才能完整发掘语篇意义和结构特征。但是遗憾的是，作者没有对形式互文做进一步的说明，将形式互文划分为符号互文和结构互文的同时，没有进一步厘清互文中语言符号的同指现象与互文关系的差异（如不能因为两个语篇都评论了《西游记》，而简单断定两个语篇间具有互文关系），没有区分语言的体式风格与互文的关系的差异（不能因为风格、体裁相同而简单划定为互文关系，如不同药品的说明书是否具有互文关系，作者认为如果语篇的互文关系无所不在，那么互文就失去了研究的价值和意义）。

八、心理联想、文本印迹和语言形式互文

邓隽（2011）在归纳互文本质的基础上，指出互文研究体现在三个层面：心理联想互文、文本印迹互文、语言形式互文。三者层层包孕，以心理联想互文范围最广，文本印迹互文次之，语言形式互文范围最小。其认为语言形式的互文研究才是语言学的研究对象，指出"凡是从一个文本中能够分析出来任何其他文本对它产生了影响，这些文本之间就有了互文关系"，并结合新闻主报道语篇和新闻评论语篇的互文关系进行了具体分析。

　　邓隽从意义和形式两个方面关注互文，这种考察较为切合语言学的研究现状，符合语言学形式和意义的相互验证的基本特征。在此之前，语言学界对互文的考察缺乏系统性方法和形式化操作，较少关注互文在语言形式方面的表现。我们知道心理联想的互文形式普遍存在于语篇的产生与文本的接受过程（如阅读）中，由一篇文本生发开来可以联想到多个相关的语篇。但是，心理过程是临时偶发的、转瞬即逝的念头，我们能够感知，却无法将其形式化呈现出来，无法再现它的链接路径。要想清晰描绘出构成互文关系的文本间的联系，必须找到客观证据，因此心理联想形式互文的操作性不强，对语言学研究的价值有限。

　　如果在心理联想发生时，能够发现并找出文本间相互关联的印迹，那么就进入了文本印迹形式的互文研究。语言学要求以实证科学的态度进行研究，因此文本印迹形式的互文研究是可取的。但是文本印迹的有无是一个动态发生的过程，而且文本印迹关联证据的多少也有程度上的差异，这对语言学的价值也有所不同，如语词的引用、句式的套用、结构的模仿、文本的评论或是毫无形式标记的剽窃等。这些形式上可辨识的或是语义上可论证的文本印迹，都可以作为判定互文关系的依据。仅仅依靠文本印迹，又存在着诸多问题。比如，我们不能说存在一致之处的两个文本就一定存在互文关系，我们要弄清这种一致之处是文本间的互文联系造成的，还是作者自身因素或同名巧合造成的。例如，两个从未有所交流的评论家对小说《西游记》做出非常相似的评论，我们不能说这两篇评论本身就存在互文关系，但是如果一位读者在检索《西游记》的相关评论时，检索到了这两位评论家的评论，并且为他所用时，那么这两篇文本就在读者这里构成了互文关系，因为这两位评论家共同解读《西游记》这一语篇。由此，我们也可以看出文本印迹互文也存在难以判断和难以操作的情况。

　　虽然文本印迹互文的形式特点使得互文研究的范围缩小，为展开具体的互文分析提供了便利，但是在文本印迹互文中，由于语义论证（如同一观点或风格）的形式主要依靠文本生成者个人化的论证活动且存在文本巧合的可能，这与语言学研究要求形式明确的特征相违背，因此很难完全将其纳入研究范围中。

　　通过上述对互文类别划分演变历程的系统梳理，我们发现：语言学化框架下的互文研究必须遵循形义结合的研究原则，在以形式为依据进行操作的同时，要充分考察语篇之间的意义关联。互文理论的语言学化，就是要探索语篇互文的语义规律和形式表征，进而研究互文对语篇及其语篇结构的影响，推动语篇分析走向深入。

第二节　语篇研究视角下互文的类型及划分依据

互文理论的核心观点在于不论是语篇的镶嵌，还是语篇的转化或语篇之间的关联，都是一个语篇在另一个语篇中切实地出现。一个语篇关联着其他语篇，并对语篇的结构产生影响，将语篇放在语篇系统中能够更好地解读当前语篇。因此，互文理论主要考察一个语篇是如何与其他语篇关联起来的。主要涉及以下问题：

（1）如何发掘语篇互文客观存在的内在层次与关联？

（2）语篇发生关联的类型有哪些？关联类型的划分标准如何确立？

（3）一个语篇中的哪些成分或是关联标记，通过何种方式将两个或多个语篇关联起来？

（4）这些关联标记对于理解语篇的组织结构和语义关系起到哪些指引和枢纽作用？

对于上述四个问题的分析有利于我们对互文的语言学化进行更加深入透彻的分析，要想通过明晰的语言形式来描述互文文本的语篇结构关联，揭示互文的运作模式和普遍规律，这四个问题是无法回避的，对此我们将分项展开论证。

一、语篇互文的实现方式

根据语篇互文特征，我们发现语篇之间发生互文关联的实现方式，主要有以下三种：

1. 一个或多个语篇实体进入另一语篇，从而构成语篇互文关系

①余闻而愈悲。孔子曰："苛政猛于虎也。"吾尝疑乎是。今以蒋氏观之，犹信。（柳宗元《捕蛇者说》）

②《文心雕龙·辨骚》云：酌奇而不失其真，玩华而不坠其实。《诗品序》说：故使文多拘忌，伤其真美。上述这些观点，与王充的思想是一脉相承的。（翁其斌《中国诗学史》）

我们把吸纳了其他语篇的语篇称为"主文本"，把被吸收和嵌入主文本的语篇称为"源文本"。例①中孔子的话语，被作为源文本嵌入主文本中，同时发话者为了在文本中对两种不同性质的语篇进行区分，使用了形式标记——引号。主文本中可以吸纳或嵌入多个源文本，如例②。

2. 两个或多个具有独立关系的语篇之间互相关联，构成互文关系

语篇之间的互文关系，可以表现为一个语篇的实体内容进入另一个语篇中，也可以表现为两个或多个相互独立语篇之间由于共同话题或是形式标记的链接而互相关联起来。如某一新闻专栏的几篇文章，这些语篇之间由于共同话题标签而关联起来。这种互文关联由于专栏或话题的作用，具有一定的稳定性，如例③。

③［主报道］调查称今年应届毕业生平均月薪2 443元，三成啃老

［后附报道］新闻连连看

买房啃——北京公务员后悔没啃老买房：分房无望又买不起

下岗啃——小夫妻婚后辞职"啃老"　老人无奈报警求助

无业啃——无业女当7岁女儿面喂老母水银　伴尸体两个月

正能量——温州创业青年：不啃老！不坑爹！

［后附报道］多学一点：山东立法禁止"啃老"引热议　被指多此一举

（搜狐新闻，2014年8月4日）

独立的多个语篇之间在形式或语义上互相嵌入，共同构建更大的超文本。例③在主报道语篇这一专栏下有多个语篇，这些语篇之间互相联系，互相嵌入，共同解读同一话题。语篇之间通过关键词"啃老"这一形式标记建立语义关联，将多个语篇牢牢统领起来。

3. 语篇本身的一部分经过重新组织调控到当前语篇自身

互文，又称"文本间性、主体间性"，最初被定义为两个或多个语篇

共存所产生的关系。但是事实上，同一语篇内部多个语言单位之间同样存在相互指涉、相互嵌入的关系。也就是说，互文关系既存在于语篇之间，又存在于语篇内部。例如，在叙事语篇中，话语分为两个层次：一是对客观对象进行叙述的层次，是它指物、达意、表情的层次；另一个是对话语进行叙述的层次，即元话语层面。语篇是由基本话语和元话语组成的双层结构，如例④。

④写到这里，我想起歌德的一句话："在每一个艺术家身上都应有一颗勇敢的种子，没有它，就不能设想会有才能。"广阔的生活与自然中永远充满着挑战与艰辛，你唯有勇敢直面它，你的作品中就会自然融入一份庄严、一份凝重、一份真诚。（北京大学 CCL 语料库）

例④中，发话人以转述的形式将他人话语（引号内部分）嵌入文本中，但是这部分内容之所以能够进入主文本，是由于发话者使用"我想起歌德的一句话"对他人话语进行了引导，因此语篇中不仅有他人话语，还有发话人话语。也就是说发话人站在语篇之外，对发话人自己的话语和他人的话语进行组织调节。同时元话语标记"写到这里"，它不仅涉及上下文出现的话语，还涉及"写到这里"这句话本身，因此它既是元话语又是基本话语。"写到这里"作为元话语被嵌入当前的位置，同时它又作为基本话语充当主文本的一部分，因此它既是互文本又是主文本。这种文本类型组织话语的原理就是主文本将自身的一部分文本作为互文本嵌入自身。

互文不仅存在于两个或多个语篇之间，一个语篇内部由于话语层次的不同，也可以产生互文关系。二者差别在于，后者将自身话语的一部分变换成互文本后嵌入主文本自身中，是对自身话语的重新组织和自我调节。

二、语篇嵌入后的时空关系

1. 源文本嵌入主文本

源文本最初是完全独立、结构完整的，并且是处于主文本语言环境之外的某一语篇。主文本是当前正在阅读的语篇，二者具有不同的时空性。一个源文本被嵌入主文本后不能独立存在，因为源文本一开始并不存在于当前的主文本的时空中，而是最先出现在其他时空的语篇中，只是当前被引用到了主文本所在的时空。

　　例如，在一篇新闻报道中，引用了其他媒体的相关报道信息，那么其他媒体的相关报道就作为源文本被引入当前主文本中来。但是，源文本作为另一语篇的整体或一部分，其本身早已存在，只是在当前情况下被作为源文本关联到主文本中，共同呈现在当前新闻报道中，即当前阅读现场的一次言语行为中。另如：

　　⑤莫高窟对面，是三危山。《山海经》记，"舜逐三苗于三危"。可见它是华夏文明的早期屏障，早得与神话分不清界线。那场战斗怎么个打法，现在已很难想象，但浩浩荡荡的中原大军总该是来过的。（余秋雨《莫高窟》）

　　例⑤中"舜逐三苗于三危"作为带有形式标记和引导语的源文本被嵌入了当前的主文本，源文本嵌入主文本后，共同出现在《莫高窟》这篇文章的言语行为中。但源文本"舜逐三苗于三危"是稳定存在于《山海经》这一语篇中的，只是被借用到了当前主文本中来，成为当前主文本的一部分。

　　2. 主文本互相关联

　　语篇之间的互文关系，可以表现为一个语篇被嵌入另一个语篇中，也可以表现为两个或多个语篇是相互独立的关系，共同出现在当前的阅读现场，都是处于同一时空中。这些语篇由于某种关联，被我们互相参照，共同解读某一现象或话题。

　　⑥|头条| 锐话题：国务院连续释放加快推进改革的信号

　　新华视点：院士评选再遇拷问

　　锐话题——童工现象　东莞：小微企业成违法使用童工的"重灾区"

　　锐话题——北京中考改革　北京中考改革具"风向标"效应

　　锐话题——南京"睡道"　隧道成了"睡道"怎一个浪费了得

　　　　　　　　　　　　　　　　（每日新华电讯，2013 年 10 月 23 日）

例⑥报道中，整个版面由多个独立语篇组合而成，每个语篇都是一个主文本，主文本之间的虽然不是同一事件或话题，但是多个主文本被关键词"改革"统领，并以"锐话题"的形式为基础，将主文本链接起来，形成一个超语篇结构，这些文本共同出现在同一时空的栏目中。这些语篇既是相互独立的，又具有互文关系，共同出现在阅读现场中，解读着"改革"这一核心话题。

3. 语篇的一部分嵌入语篇自身

同一语篇内部由于话语层次的不同，也会构成互文关系。语篇的一部分话语被重新组织后充当源文本嵌入语篇自身，嵌入的这一部分话语原本就是语篇的一部分，也就是主文本的一部分，重新嵌入语篇的这一部分话语既是主文本的一部分又是源文本，具有双重特征。它们都出现在当前的阅读现场，处于同一时空中，并且出现在同一个语篇内部，如例⑦。

⑦毋庸讳言，在这么多领域内同时展开研究，对事件的把握非但不可避免，而且还有比以前日益增多的趋势。但这仅仅是问题的表象。之所以这么说，是因为年鉴史学派的二期发展经历了一般文化研究到文化心态研究的转向。（邵建《文学与现代性批评》）

例⑦中的"之所以这么说"是当前主文本的一部分内容，但是它又是对前面话语内容的概括和说明，将话语重新组织后，作为源文本嵌入主文本的这个位置。因此，它既是主文本的一部分，又是源文本。"之所以这么说"嵌入主文本语篇中，同时又和主文本语篇出现在同一时空现场，被包含在语篇内部。

至此，根据语篇之间的嵌入关系，我们可以推导出互文语篇之间存在以下时空关系：

在语篇时间关系上：源文本先于主文本而形成。

在语篇空间关系上：源文本借助一定标记（如引号等），从另一空间转移到主文本所在空间。完成互文关系的主文本与源文本在同一个时空中共存，但存在的话语方式有所不同。而互为主文本的若干语篇则共处于当前阅读者所在的同一个时空。

三、语篇互文的新类型

根据上文对语篇互文方式和相关语篇时空关系的分析，我们以语篇"关联特征"为研究主线，以阅读现场与语篇之间的时空关系为划分依据，划分出语篇的"三位一体"互文形式与功能研究体系：

（1）篇内互文：指向语篇内部话语的互文形式，具有内部话语调控的功能。

（2）篇外互文：指向语篇外部话语的互文形式，具有吸纳外部语篇的功能。

（3）篇际互文：指向多个语篇话语的互文形式，具有语篇相互指涉的功能。

主文本是当下正在阅读的语篇，源文本是原本存在于其他时空，又被以复本形式借用到当前主文本的语篇。因此，基于上述分析，我们可以进一步推导出其基本的时空关系。

篇内互文：主文本与主文本的一部分处于同一时空现场中，但是这个时空的范围是当前这一主文本内部。主文本的一部分重新组织嵌入主文本自身。

篇外互文：源文本和主文本并不在同一时空，只是借助一定的形式标记，将源文本从其他时空转移到主文本所在时空。主文本现场存在，源文本没有现场存在，但源文本以复本的形式进入阅读现场的主文本。

篇际互文：主文本和其他主文本处于同一时空，时空范围是具有互文关系的多个主文本共同所在的时空。主文本之间并没有发生实体内容的嵌入，而是依靠一些功能标记的链接与主文本进行互动或关联。

需要说明的是，"超文本"是目前新出现的语篇形式。对"超文本"的理解有广义和狭义两种，广义是指只要存在关联关系的文本或语篇都可以叫作"超文本"，而狭义"超文本"是指两个文本或语篇同时存在当前这一现场空间中。本书的篇际互文是指两个主文本同时出现在同一时空现场而构成的互文关系，也就是狭义理解的"超文本"。

上述三种类型划分的研究视角基本涵盖了所有的语篇互文现象，能够从不同侧面揭示出语篇内部和语篇之间的关联规律。但要想厘清互文本之间的关系，必须坚持形式和意义相互验证的原则。

第三节 新类型下的语篇互文关系

一、语篇互文的成分

我们根据语篇嵌入的结构特点总结了三种语篇互文类型，语篇互文类型的不同，导致语篇关联的成分也有所不同。

（1）在篇外互文形式中，一个源文本被吸纳到一个主文本中来。文本之间的关联成分可以是源文本的一个单词、一个语句、一个段落或是整个语篇。这就形成了互文中的引用、粘贴等语言现象。建立关联的成分不仅可以是具体的一种语言单位，还可以是一种框架结构、风格体式，并由此产生了模仿和套用等现象。除了将源文本的部分或全部内容复制到主文本，还可以通过指称等语义方式将源文本互文到主文本，如例⑧。

⑧读完他的这一部新作，我们对他有了更加深刻而全面的认识。

例⑧通过指称词语"这一部新作"将客观存在的那部作品关联到主文本中来。

（2）在篇内互文形式中，主文本将自身的一部分当作源文本嵌入自身。因此，发生互文关联的语篇本身就是主文本的一部分。篇内互文的主要作用在于组织调节一个语篇内部不同的话语层次关系，涉及叙述对象和发话人两个方面。而既能够充当源文本又能够充当主文本的成分只有元话语，而非基本话语。篇内互文主要是通过元话语成分实现的，元话语成分主要包括描述性元话语（如"值得一提的是"）和指称性元话语（如"读到这里"）等。

（3）在篇际互文形式中，独立的主文本之间不需要借用对方的语篇成分，而是通过语篇间共同的关键词或话题建立意义上的篇际互文关联。如通过例③，我们就可以发现，语篇之间的内容都是相互独立的，不同主文本被同一话题或主题统领起来，当然这里有明显的形式标记，即共同出现的关键词——"啃老"。

二、互文方式及其形式标记

通过对语篇互文类型的划分以及对语篇互文成分的分析，我们对语篇之间的互文关系有了一个大致的认识。但发掘互文的语言形式是互文理论语言学化的关键，语言形式不能停留在简单的引语、套用、模仿等方面，更不能停留在材料的简单列举上。

语篇的互文关联的建立可以是实体性的。如引语，引用的内容即源文本，嵌入的语篇为主文本，引语的使用就是把源文本关联到主文本中的言语行为。同时，这些实体互文的过程中还伴随着一定的语言形式。如引语的关联可以带有引导语，也可以是零标记。如果在实体关联时，没有出现任何形式标记，那么我们就必须根据两个语篇的比较才可以发现其互文关系。例如，必须通过语篇的比较才能界定两个语篇是否存在抄袭关系。抄袭虽没有标记，但它仍然作为一个语篇实体，使用或是关联了另一个语篇实体。

据此，我们可以根据源文本嵌入主文本的程度划分出一个连续统归纳出实体性互文的方式。

首先是忠于原文的引用形式的互文，包括直接引语、间接引语等。

其次是结构框架的互文，如对"甄嬛体、见与不见体"等的模仿。

再次是个别句式的互文，如"老师讲的不是课，是人生"等。

最后是个别词语的实体形式互文，即词语互文，词语在语篇之间重复使用。

语篇互文的另一种形式是语义互文。语义互文主要依赖指称等方式实现。例如，"我看了你的那篇文章"，指称成分"你的那篇文章"便与客观存在的一篇文章联系起来。这就是语义指称的方式，而且这种语义指称一定是通过话语指实现的。所谓话语指，即指称对象不是客观事物，而是话语本身的指称形式。话语指实现了语篇的一部分或是全部嵌入另一语篇。

语义互文也可以像例③一样通过关键词"啃老"将不同语篇联系起来，语篇之间并没有实体嵌入，但利用共同的关键词为阅读者解读同一主题。另外，即使语篇之间没有关键词的链接，如果它们可以被我们概括出相同的核心语义，那么它们之间也存在着语义嵌入的现象。如报刊中关于"民生发展"的一个专栏或是版面，虽然没有出现明确的关键词标记，但是我们通过语义概括同样可以发现这些语篇都是在介绍"民生发展"的问题。

因此，语篇之间建立互文关联，可以通过实在的语篇的引用吸纳等，也可以通过指称词语等语义方式。结合前面的分析，我们在此对语篇互文方式和可识别的形式标记做一个全面的梳理。

语篇互文的方式分为实体互文和语义互文两大类。

1. 语篇的实体互文

实体互文是指：无论识解度的高低，源文本的一部分或全部内容切实进入了主文本，并成为主文本话语的一部分。

根据实体嵌入程度的差异，可以建立嵌入方式的连续统。

（1）形义互文，即文本内容和语义进入主文本。根据忠于原文与源文本明示的程度，它可以分为两类：①形义完全关联。如直接引语及其变体类，形式标记主要为引号或是引导句。②形义嵌入非关联。如自由引语等，形式标记不明确，引语内容相较于源文本可能会有一定程度改变，如人称、时态等。

（2）框架互文，具体分为：①结构框架互文。如语体风格的模仿，形式标记表现为借鉴语篇的整体框架、韵律特征等。②句式框架互文。如某一流行语句式的使用，形式标记表现为典型标识句或话语结构。

2. 语篇的语义互文

语义互文是指语篇的实际内容并未进入主文本，而是通过语义关联的方式将语篇关联起来。语义互文的方式主要有：①通过指称互文，形式标记就是将文本或文本外对象引入当前文本的指称词语。②通过关键词互文，形式标记是出现相同语义的关键词。③通过核心语义提取实现互文，形式标记一般表现为文本间具有空间紧邻性，如同一专栏或版面。

以篇外互文为例，源文本进入主文本的方式有实体互文和语义互文。实体互文往往借助一定的语言形式。我们可以根据语言形式来确立互文关系识别度的高低，进而划分出一个连续统。而语义互文并不是文本实体进入主文本，它主要通过指称等方式来实现互文关联。例如：

⑨读完这篇文章，本来自以为头脑还算清楚的我，一下子觉得无话可说。我唯一感到应该做的，就是今后在每一个"新年"将陈氏的文章再读一遍，至少这样可以比读到或听到现在大家正在读到或者听到的那些"新年献词"更接近人类的本体。（胡鸿杰《写在学问边上》）

例⑨中"读完这篇文章"，指称成分"这篇文章"便与客观存在的一篇文章联系起来，通过语义指称将这篇文章与主文本关联起来。

篇内互文是指主文本的一部分嵌入主文本自身中。篇内互文实现的主要手段是通过元话语指称，元话语指称标记有两类：一类是镶嵌一个话语指，另一类是不镶嵌话语指。不镶嵌话语指的元话语标记对语篇分析意义不大，如"这不"，它无法在篇章结构上进行分析。而镶嵌一个话语指的元话语则有利于我们展开分析。如：

⑩写到这里，我的眼又湿了，阿菊就坐在我的身边。（吴强《红日》）

⑪前面说到，青年在婚恋前都有自己心中的偶像，这个偶像带有浓厚的幻想色彩。青年在恋爱初期选择对方时，往往用这个偶像去套现实中的对方，产生一种幻觉。（北京大学 CCL 语料库）

例⑩元话语标记"写到这里"同时属于两个语篇层次：既作为互文本将前面的内容引入当前，同时"写到这里"这句话又是主文本的一部分。将前面的内容引入当前，主要依靠语义互文的方式，"写到这里"这句话作为实体直接出现在主文本中则又是实体互文。另如例⑪"前面说到"，"前面"是指文章前面部分的内容即上文，这是语义互文。同时"前面"又作为一个互文本嵌到主文本的"前面说到"这句话的部位，又是实体互文。因此，篇内互文同时采用语义互文和实体互文两种方式建立互文关联。

至此，我们讨论了基于对互文内涵的不同阐释而产生的语篇互文的类型，通过比较分析发现，只有语言形式的互文才能反映语言学的基本诉求，符合语言学对象的研究特征。对此我们重点论证了语言形式互文的研究内容，对语言形式互文的类型、关联成分、互文方式以及实现互文的形式标记进行了梳理。但是互文是一个非常复杂的现象，语篇嵌入中实体互文的方式比较容易把握，而对于语义互文的内在机制以及如何发现语篇中隐含的互文形式标记，则需要我们进一步去思考。

互文理论的研究价值正在逐步为学界所意识到。对语言学研究来说，互文理论并非可以直接借用的理论，必须经历语言学的改造和吸收。从文学文本分析到语言学化的过程，需要找出一条适合自己发展的语言学化道路，对于互文的研究如何走向深入，如何更好地结合形式标记来发现更多的互文现象，现在学界对此思考得并不多，并没有建立一套行之有效的互文分析体系。因此，互文理论语言学化的核心内容就是让这一理论在分析语言现象时更加具有操作性，我们必须从自身的学科精神和学科需要出发，对这一理论重新进行界定和阐释，进而确立互文理论研究的指导方向与基本原则。在这个角度上讲，互文研究过程本身就是语言学理论和方法论创新的过程。

我们可以将互文理论的思想引入语篇语言学研究中来，这对于篇章语言学中的回指、衔接手段等研究都有较好的推动作用，能由此生发很多有价值的研究领域，衍生出一套互文语篇的分析模式，借助形式和意义相结合的手段，切实推动语篇分析方法的创新。除了本书的研究视角之外，我们还可以从语篇嵌入后的改变程度，互文形式明示的程度、读者对互文本的理解程度以及互文本之间结构的边界性等多个方面研究，限于篇幅，在此不再一一展开。

第五章　篇内互文的形式与功能研究

第一节　从互文到篇内互文

一、互文关联赖以发生的基础

互文是语篇之间嵌入、转化的一种特性或是动态关联。互文分析已经成为当前语篇结构和关联性研究的重要方法论，它突破了传统线性的思维方式，将语篇纳入语篇系统中进行考察。在当前时空中被关注的语篇总是联系着另一语篇或语篇的一部分，其他语篇以不同方式进入当前语篇中来，或者是另一语篇或语篇的一部分影响着当前语篇的形成（也可以通过零形态的方式进入当前语篇）。语篇之间的这一关联性特征，可以将其概括为"文本间性"。即在互文现象中，一个语篇与此语篇之外的另一个语篇相关联，其关联的主要方式就是语篇的实体互文和意义互文。正是这种互文关联的存在，才使得我们摆脱了线性的传统思维方式，语篇之间的关联探索不再以线性序列的方式进行。

语篇或话语之间之所以具有互文关联，原因在于语篇或话语可以借助一定条件将语篇关联起来，即使是非语言对象，也可在一定条件下实现语篇互文，如语言作品或客观存在的实物（如图画、音乐）等。实现这种语篇互文的方式主要有实体互文和语义互文两种方式。

实体互文就是通过语篇中的实体内容的关联实现语篇之间的关联，如引语、模仿等形式。而语义互文则是语篇之间并没有实体内容上的关系，而是将语篇的语义与另一语篇关联起来。如：

①美国作家怀特说："写作是信仰指使下的行为，如此而已，别无其他。所有人中，首先是作家，满怀喜悦或痛苦，保持了信仰不死。"诗歌

是一种宗教，它别具深意，以自身的品性引导我们去靠近真理的火焰，照亮我们的思想。正是诗歌之光，因为它的朗照，我们得以存活世上并努力去清洁地活着。（黄礼孩《午夜的孩子》）

②吴梅村《圆圆曲》，道出了当时爱国人士对吴三桂的愤慨和痛恨。（峻青《雄关赋》）

为了分析的方便，我们将当前正在阅读的语篇称为"主文本"，嵌入主文本的语篇称为"源文本"。例①是通过直接引语的方式将美国作家怀特的话语引入当前语篇中来。引语原本存在于其他时空现场，被作为源文本引用到当前语篇中后，便和主文本发生了互文关联，解读或阐释着当前的主文本语篇。例②则并没有直接将吴梅村的话语实体呈现在当前主文本，而是通过专有名词指称的方式将《圆圆曲》关联到当前语篇。在语义互文中，指称是主要的关联手段。

在语篇互文的过程中，当非语言性的对象（如图片、影像资料等）作为另一语篇成分关联到当前语篇时，互文方式和指称对象会发生一定程度的改变。如：

③这十张画原来曾在日本出版的《蒙古大草原游牧志》书里做插图，但是图无说明，只是随书行文，插在对应的地方。（张承志《十张画》）

例③中的"这十张画"是以语义互文的方式进入当前主文本语篇，但是在主文本中同时实体互文了这十张画，也就是说"这十张画"一方面被实示着，另一方面又被指称着，即"这十张画"同时以实体互文和语义互文的方式关联到了当前主文本语篇中来。

图画互文引起的指称变化，"草原""世界"指向的首先是图中对象，如：

④即便在古典时代，这片草原的辽阔也具有封闭作用；所以……如此的一个世界，滋养了与它匹配的艺术。（张承志《十张画》）

指称词语"这片草原""如此的一个世界"并不是指向了客观对象，而是首先指向当前的图像资料本身。指称的对象并不是存在于客观世界中，而是存在于同一语篇内部。

二、篇内互文：内部话语层次关系的重新分析

互文理论的创始人克里斯蒂娃认为，文本之间存在着普遍的关联性，一个文本的互文因素包含着文本先前的、后来的以及同时期的相关文本。这种定义的出发点是用来界定两个或多个语篇之间所产生的语篇关联。因此，研究的对象也就是他人话语如何关联当前文本话语。如上述对例①的分析。

但是需要我们进一步思考的是，结合上述例③～④的分析，语言不仅可以表述客观对象，更可以对语言自身进行表述。因此，互文有没有可能发生在一个语篇内部？也就是说，互文除了涉及主文本之外的其他文本的话语，是否还涉及主文本自身的话语之间的关系？

随着对语篇材料的深入发掘，我们发现：不仅仅语篇之间可以形成互文关系，一个语篇内部由于话语层次关系的不同，也可以发生语篇互文关系，互文研究不仅是研究一个语篇与另一个语篇，即叙述者自我和他者之间的关系，也应该包含叙述者自身话语的对话关系，即一个语篇自身所存在的对话关系。互文关联的语篇空间除了主文本语篇之外的其他源文本语篇，还应该包括主文本语篇自身。也就是说，主文本自身话语也可以充当源文本，实现对语篇各个组成部分的自我调控。例如：

⑤我明白，话又说回来，咱们这儿除了官儿，就是恶霸，他们偷，他们抢，他们欺诈，谁也不敢惹他们。前些日子，张巡官一管，肚子上挨了三刀！这成什么天下！（老舍《龙须沟》）

例⑤的叙事语篇话语可以分为两个层次：一是叙述表达对象的层次，是它指物、达意、表情的层次，即对象话语层面；二是对话语进行描述的层次，即元话语层面。发话人在话语之外对自身的话语进行了重新组织与调节，从而将自身话语嵌入自身。由此元话语和基本话语之间构成篇内互文式关联。

⑥行文至此，我的脑海里却竟都是陈汝勤老师的支言碎语："我就这么上了国立艺专，1945……"（孙杰《那人那书》）

例⑥中的"支言碎语"是对对象话语的解说，属于元话语，话语标记"行文至此"，它不仅指称上文出现的话语，还涉及"行文至此"这句话本身，因此指称词语"行文至此"既是元话语又是基本话语。"行文至此"作为元话语被互文到当前的位置，同时它又作为基本话语充当主文本的一部分。被纳入发话人这一视野的，除了全部的叙述内容外，同时还有被叙述对象自己及他的话语。由此可知：

从语篇的微观研究层面来看，语篇互文研究对象还应该包含语篇内部不同语言层次造成的互文关系。实现语篇内部之间互文关系的方式就是元话语与元指称。语篇由于元话语的组织与调节，实现了语篇内部的一部分关联另一部分，而元指称则实现了语篇内部的一部分或整体与语篇自身形成互文关系。

第二节　元话语与篇内互文

一、话语内部层次关系的划分

话语不仅可以指称客观事物，也可以指称自身，即通过话语实现对话语的评价，在语言哲学领域话语的这一特性，被称为"自反性"。例如别墅、开心、晚会等指向语言外的客观现象或事物，我们称为"基本话语"。而在言语交际过程中，发话人为了更好地将话语信息或主观意图传递给受话人，除了进行基本的话语表述外，还要对所表述的话语进行组织和管理，对话语表述进行组织和管理的话语并不直接参与话语意义的建构。如"Frankly, Generally speaking, In one word, 总而言之，话说回来，值得注意的是"等，这些指向语言单位的话语则是"元话语"。

基本话语和元话语是语言学中的两个重要概念，它们各自在话语分析中扮演着不同的角色。基本话语（primary Language）通常指的是被分析、讨论或描述的实际语言内容或文本。在语言学研究、翻译、文学批评等领域，研究者会对特定的语言现象、文本或话语进行深入研究，这些被研究的语言现象、文本或话语就是对象话语。基本话语是语言学研究的对象，是语言学家探讨语言规律、结构、功能等的基础。元话语（Meta-discourse）则是指关于话语的话语，即对话语本身进行分析、评价或引导的语言手段。元话语不直接涉及话题的内容，而是关注话语的组织、表达方式和与读者或听众的互动方式。元话语在文本中起到了组织信息、表达作者态度、引导读者理解等作用。常见的元话语手段包括引导词、连接词、强调词、评价词等。

基本话语和元话语在语言学研究和文本分析中各自扮演着不同的角色。基本话语是语言学研究的焦点，而元话语则是对对象话语进行分析和解读的工具。两者相辅相成，共同构成了语言学研究和文本分析的基础。例如，在文学批评中，批评家会分析一部小说的对象话语，即小说的情节、人物、主题等，同时也会关注小说中的元话语，即作者是如何通过语言手段来构建情节、塑造人物、表达主题的。这样的分析有助于深入理解小说的艺术价值和文学意义。

总的来说，基本话语和元话语是语言学研究和文本分析中不可或缺的两个概念，它们共同构成了话语分析的完整框架。

元话语近年来被话语分析领域所广泛使用。元话语在不断发展过程中逐渐分化为两种概念形式：一是指关于话语的话语（discourse about discourse），主要是指针对某一语篇所进行的评价性或解释性的话语。如 Williams（1981）认为：元话语是"有关话语的话语，与主题无关"；二是指不参与语篇概念意义表达的话语成分，元话语成分是作者组织语篇、调整语篇、传递态度给阅读者的话语手段。① Vande Kopple（1985）认为：元话语是有关基本命题信息的内容之外的话语，是引导读者去归类、组织、阐释与评价以及反馈语篇信息的一套机制。②

Hyland 和 Tse（2004）认为元话语是一种用于组织话语、表达作者观

① Williams, J. M. *Style*: *Ten Lessons in Clarity and Grace* [M]. Glenview, IL: Scott Foresman, 1981: p. 121.

② Vande Kopple, W. Some Exploratory Discourse on Meta-discourse [J]. *College Composition and Communication*, 1985（3）: p. 83.

点并涉及阅读者的一种话语组织方法。它自身包括各种连接语篇的方式和手段，作者在语篇中使用元话语的手段，目的在于让阅读者对语篇的理解更加准确。①

综上所述，学界对元话语的理解有广狭之分：狭义强调元话语的语篇组织的功能；广义强调语篇表达中所表现的语言手段，即如何将话语意义和话语组织手段加以结合的方法。我们主要采用狭义的概念，探讨元话语与对象话语的互动关系对语篇话语功能与语篇结构带来的影响。

根据目前学界对元话语的研究成果，元话语分为词语元话语（如连接词、情态词、人称代词）、标点元话语（如引号、冒号、顿号）以及视觉元话语（意象图示、第一印象）三大类。其中语篇研究重点在于词语元话语层面的研究，它将元话语词语分为三种类型：篇章元话语和人际元话语，引导式元话语和互动式元话语，内部元话语和外部元话语。元话语长期使用并语法化后发展成为话语标记，如"好，you know，oh，I mean，大家知道"等。话语标记的确认有两个标准：一是如果话语标记从话语中移除，它所关联的语言成分仍然具有原来的语义关系；二是移去标记语后的话语仍然合乎语法。

二、元话语与互文

李秀明（2011）指出，基本话语所表述的内容是命题信息，而元话语所表述的内容是话语信息，即话语本身的信息或言语行为的程序信息。基本话语的目的是信息的传递和表达，而元话语是对基本话语的调控和组织，对言语行为进行评价和反省。因此，从语篇的视角来看，元话语可以看作对基本话语的调整和修正，可以更好地组织基本话语来表情达意。我们可以将基本话语层作为当前主文本，元话语层作为源文本，话语的表述便是根据语用需要或表达意图将元话语嵌入基本话语中，由此二者的这种语篇嵌入行为便形成了互文关系。

这样一来，我们便扩大了传统互文研究的范围，发话人不仅可以将其他语篇关联当前语篇，还可以通过元话语的调节组织作用将自身话语关联

---

① Hyland，K. & P. Tse. Meta-discourse in Academic Writing：A Reappraisal［J］. *Applied Linguistics*，2004：pp. 156 – 157.

当前语篇。依据元话语层与基本话语层的分析，将一个语篇内部的话语层次关系也纳入互文分析的视野中，能够从微观方面更好地发掘语篇的内部结构与关联。为了将一个语篇内部由于话语层次关系的不同而产生的互文关系与语篇间的互文关系相区别，我们将此语篇内部的互文关系称作"篇内互文"。"篇内互文"的概念表明，发话人可以将自身话语通过某种形式手段关联自身语篇，被关联的自身话语必须是过去或当下正在形成的语言形式。

对此我们可以对语篇内部的互文关系做出界定：

篇内互文：基于语篇内部结构是包含了基本话语与元话语的双重层次关系结构体，语篇内部存在着基本话语通过元话语对语篇进行调节的动机。在元话语对基本话语进行调节和修正的话语过程中，元话语与基本话语形成了一种互文关系，可以看作将元话语嵌入基本话语的语篇互文的言语行为，由此基本话语与元话语构成互文关联。基本话语与元话语处于同一时空现场中，并且出现在同一个语篇内部。

从互文的角度来考察语篇内部的结构关系，有利于将一个语篇内部的话语关系看作一个动态发展的组合过程，能够将语篇有效分解，并析出话语之间的组合关系和层次关系，从而更加科学全面地阐释和解读语篇意义。通过对篇内互文式互文类别的区分与界定，我们能够发现语篇的形成是一个基本话语与元话语不断整合的过程。说话人不仅可以将其他时空的他人话语嵌入当前语篇中，还可以将同一时空的发话人自身话语嵌入当前语篇中，语篇内部的结构单元之间也存在互相关联、渗透、指涉的关系。

因此，一个语篇是由篇外互文关系和篇内互文关系共同构建的结构体，借鉴和吸收其他语篇并将之嵌入当前主文本中，构成了语篇之间的纵向组合关联。在语篇内部的话语层次的互动，构成了语篇内部的横向排列的重新组织。我们知道阅读者的阅读活动是一个语篇解构的过程，通过篇内互文的分析，能够促进阅读者理清语篇内部的话语结构，辨识话语的组合关系，进而更好地解读语篇。

三、元话语标记与篇内互文的类型

大多数研究者都认为，任何话语或语篇都是由基本话语和元话语构成的。基本话语侧重于表达概念意义，元话语侧重于表达语篇意义和人际意义。语言中普遍存在元话语现象，元话语是对基本话语进行组织和调节的话语，也可以将其理解为用来组织话语、表示说话人或作者对话语的观点、引导阅读者理解的一种方法。哈里斯、威廉姆斯、卡颇等人都对元话语进行了论证和探索，如卡颇将元话语分为语篇元话语和人际元话语，语篇元话语注重引导读者对语篇内容和主题的理解把握，体现作者的写作意图，后者注重通过话语来表达观点。

徐海铭、潘海燕（2005）指出元话语的功能主要表现在：一是有助于引导读者理解语篇内容与作者态度；二是有助于读者组织、解读和评价语篇信息。基于此，基本话语和元话语的层次关系形成了语篇内部的两个层级结构，二者的关系虽然不能用线性的序列关系来概括，但是话语标记同样具有线性特征。元话语以线性的形式调节和组织话语。

⑦他慢条斯理地说："如果你在乎一个人，比如梅龄，你就决不会对她说假话，更不能忍受她骗你，是吗？"

"没错。"

"换句话说，如果你对一个人从来没有说过假话，也不能忍受他骗你，那就是你在乎他，对不对？"（红狐《都市传说》）

例⑦中基本话语参与话语意义的构建，而"换句话说"则是连接话语单元的一个成分，本身并不参与话语意义的构建。但是元话语成分在语篇结构中有着调节和组织基本话语的作用，通过元话语"换句话说"将前文的话语与当前话语关联起来。发话人自身的话语便嵌入当前话语中，对当前话语起着解释或说明的作用，两段话语之间便具有某种形式和意义上的关联。

部分元话语由于被高频使用而发生形式的缩减，结构变得更凝练，形式变得更固定，产生了一种表示语篇连贯关系或表达说话人情感态度的新的语言形式。这种新的语言形式学界多称之为"话语标记"。为了将语法研究与语篇研究相区分，考虑到语言自身的组织调节因素，我们采用"元话语标记"这一说法。元话语标记形式上多表现为固定短小的词组，是一种较为凝固的格式。由于其组合性，元话语标记不仅具有引导语篇部分嵌入另一部分的功能，而且本身也是一个较为独立的话语层次。话语标记语一般被看作元话语层，元话语在语篇中具有组织和管控语篇的作用，因此元话语标记同样具有此种功能，它能够对话语进行调节组织，更重要的是实现了将同一语篇的话语嵌入同一语篇自身话语中的功能，进而使得同一语篇内的话语之间基于元话语标记的关联和嵌入作用而共同组建篇内互文式语篇结构。

元话语之所以能够将一段话语嵌入当前话语中，也是语篇内部互文关联的必然要求。语篇结构优化调节的要求使得元话语进一步整体化、程式化，并经过高频使用后结构稳定下来，进而逐渐演变为元话语标记。元话语标记是表现发话人主观意图的有效手段，可以凸显发话人的立场、建议、评价等主观态度，或者是对话语进行阐释或总结等，从不同的角度对话语进行组织和说明，如"坦率地说，不瞒你说"等。同时元话语标记还具有表述的主观意图性，多表现为主观情态的修饰成分或是可以补出的言说动词成分，如"顺便提一下，话说回来"等元话语标记。元话语和元话语标记具有衔接语篇或表达说话人的主观情感态度的功能，对语篇发展具有引导功能。但二者并不参与话语的概念意义的建构，多体现发话人对话语的组织与调节功能。

元话语标记的基本作用在于组织和引导基本话语，因此在语言形式上，元话语标记通常在话语之外对基本话语进行指称。马国彦（2010）认为元话语标记在指称时涉及语篇互文关联的向度问题：元话语标记嵌入上文或下文的基本话语时，就是单向度语篇嵌入；当元话语标记同时指称上文和下文时，即为双向度语篇嵌入。因此，元话语标记是连接上下文或者前后两个语段，具有一定话语篇章功能的较为特殊的一种语言形式。基于此种认识，我们主要从语篇的角度对元话语标记在语篇中的作用与功能进行梳理和分析。

在言语交际活动中，发话者希望通过话语来传达一定的信息与话语意图。因此话语交际过程中不仅仅需要准确表达语义，同时也需要对信息表达的过程进行不断的调整和修正，以帮助说话者更有效地表达和受话者更有效地接受。韩礼德的系统功能语法将纯理功能分解为概念功能、人际功能和语篇功能三大部分。其中语篇功能是发话人将概念功能与人际功能组织成语篇而得以实现的功能。当话语标记语作为一个语言单位进入语篇之后，成为有助于受话者接受话语信息的特殊标记时，就会发挥重要的语篇功能。这里所涉及的语篇功能是广义层次上的，并不局限于语篇的组织结构功能，甚至包括在语篇中由于表现话语意图而进行的某种语用功能。

　　元话语是发话人在基本话语之外，对话语自身进行调节组织的话语。这种调节和组织作用可以通过各种形式的话语标记来完成。但是从发话人的主观意图来看，话语标记的调节组织作用主要有两种方式：一是发话人通过话语表达，凸显自身的主观态度、意愿、立场等；二是通过话语标记来引导听话人，通过元话语标记等手段促使听话人理解或接受话语。因此，元话语标记语表现出较强的主观性。这种主观特性体现在语言形式上，特别是在同一语篇内部的篇内互文形式上，元话语标记语的调节作用就相对应地表现为两种形式：一是用主观意义性较强的修饰成分结合言说动词成分进行有效表达，如"说心里话""坦率地讲""不客气地说"等语言表达方式；二是话语的言说对象（或言说者）与言说动词成分结合，以实现话语有针对性的表达，如"顺便给你说一句""不瞒你说""听我说一句"等。言说动词之所以将后面的话语部分嵌入自身，主要是言说动词和后面话语内容在语义结构上构成动宾结构。言说动词成分使用时总是指向一个言说名词成分，如一句话、一段文字，言说名词成分直接受到言说动词的支配与指称，因此提及言说动词也就提及了言说名词和话语自身。

　　元话语标记除了在主观性方面的表现外，还体现在元话语标记成分对基本话语成分的各种组织作用。元话语标记可以对基本话语进行总结、解释、举例或是换述等多种调节方式。元话语标记在语言形式上使用限定性的言说动词与其他词语组合表达这种话语组织关系，根据元话语标记语在调节和组织话语时主观意图或是语篇结构构造方式的差异，马国彦（2010）将元话语标记在互文语篇中的类型划分为：主观情态元话语标记语（如"坦诚地说"）、人际互动元话语标记语（如"不瞒你说"）、话语组织元话语标记语（如"总而言之"）。马国彦对互文语篇的篇内互文关系的分析较为深入，但是并未对篇内互文的方式进行有效厘清，而且分类的标准也存在重合性的问题，如在人际互动元话语标记中，就一定会涉及主观情态性的话语标记，而二者又都可以归结在语篇的话语组织方式中，因此三种关系存在嵌套叠加关系。

我们知道，元话语是对话语的言说和组织。而篇内互文就是语篇的一部分与语篇自身相关联，因此元话语作为主文本，基本话语作为源文本，篇内互文是将作为源文本的基本话语与作为主文本的元话语关联。篇内互文的关联方式主要有两种，一是形式上的篇内互文，二是语义上的篇内互文。前者可以发掘出明显的形式要素，后者主要是依靠意义的关联性。基于此，我们可以将篇内互文分为以下几种类型：

1. 篇内形式互文

在篇内形式互文中，作为主文本的元话语标记将作为源文本的基本话语链接到自身。在互文形式上，元话语标记一方面要监控和管辖基本话语，这主要是通过言说动词来实现；另一方面元话语标记和基本话语在同一时空，但是互文关系的成立又要求二者具有不同的时空形式差异。篇内形式互文又可以根据语篇内部链接形式的差异分为两种。

（1）言说形式互文。

由于元话语是针对话语的话语，元话语必须在形式或意义上能够管辖住基本话语，基本话语在元话语的框架下进行表述，因此，在语言形式上言说动词必然参与到元话语功能的建构中。对此，我们称之为言说形式互文。

在元话语标记中，言说动词成分没有完全虚化，依然保留着部分词汇意义，从而实现对话语的调节和组织。元话语标记语正是依靠这种组织和支配功能，实现语篇内部两个语义关系的关联作用，从而造成语篇的多个部分之间的互文关联。对于语篇中链接的话语内容来讲，元话语标记可以判别出链接成分的话语边界，并将链接成分与被链接成分区分开来。言说形式互文将言说动词后面关涉的话语内容作为宾语成分链接到自身结构中。这种将语篇内部成分关联起来的功能，使得语篇更加完整连贯，同时内部链接功能体现在具体语篇中，便会形成各种功能样式的篇内互文类型。言说动词控制的元话语标记可以预示话语的开始、转换、偏离或是结束等多种结构关系。根据发话人言说的主观意图与功能，我们将言说形式互文分为主观人际言说形式和语篇组织言说形式。

一是主观人际言说形式。

由言说动词与表示发话人态度和人际关系的词语组配而成的元话语标记，在语篇话语行为中表达发话人的主观看法、态度和评价，或者引起受话者注意，进而引导话语理解，期待双方进行话语的交流互动。因此一般此类元话语标记中都伴有人称指示词语或是意向动词，如：对你来说，这意味着，坦白地说，你想啊，你听我说，我个人认为，我看呢，应该说，依我看，目前来讲，我想说的是，等等。

⑧古天华："……我有几句话说，并不是为这事。坦白地说，这事传了很久了，谈不谈，是不是一定要今天晚上谈，不重要。"（潘茂群《白波九道》）

⑨她是个心地善良、十分容易原谅别人的姑娘。不瞒你说，最后那些日子，我们之间的信件交谈的主要话题是你。她没有说你一句坏话，说的全是你美好的一面。（王朔《空中小姐》）

例⑧～⑨都是以人际互动性的话语连接基本话语而建立的篇内互文结构。其中"坦白地说"展示出一种主观性色彩，暗含潜在的受话人"你"，引出自己的主观态度和评价。"不瞒你说"通过连接基本话语引出后面的话语是"我"要告诉"你"的内容。这种元话语标记一般为单向度话语标记，即元话语标记通常关涉下文的话语内容。

二是语篇组织言说形式。

言说性元话语标记在借助言说成分链接上下文内容的同时，也在基本话语之外，对语篇的结构和语义关系进行调节、修正，进而建立元话语标记语与基本话语的篇内互文关系。元话语标记在组织语篇时，与基本话语形成多种类型的表述关系，可以是总结性、插入性、解释性或者补充性的嵌入关系。言说性的元话语标记形式主要有：值得一提/注意/说明的是，顺便说一下，总而言之，话又说回来，下次再说，反过来说，话说，说到，如果说，就是说，等等。具体可以划分为以下几种类型。

A. 总述类。

根据上文材料或说明，发话人可对某一话题或是某一语篇内容做出总括性的陈述或说明，指出下文内容是对前述话语的归纳与总结。这一类话语标记语有：综上所述，总而言之，整体来讲，综上所述，简言之，总的来看，一言以蔽之，概括起来说，总体上看，等等。

⑩金庸在书中说"那'山坡羊'小曲于宋末民间流传于民间，到处皆唱，调子虽一，曲词却随人而作，何止千百？惟语句大多俚俗"，这话实际上说出了元曲最大的特点。元曲可谓是中国最自然的文学形式，王国维曰："元曲之佳处何在？一言以蔽之，曰：自然而已矣。"（孙涛《平生最识江湖味》）

例⑩通过总括性元话语标记"一言以蔽之"将上下文关联起来，构成双向的语篇篇内互文关系。其中元话语标记所在的上文是分析和论证，下文是概括和总结。

B. 换述类。

元话语标记表示被嵌入的语篇部分是前面话语内容的重新表述与组织。发话人从阅读者或受话者的角度出发，变换表达形式或表述方式以更有利于受话人或者阅读者接受。由于元话语标记的作用，前后两段话语在意义上相近或相关。下文是对上文的解释、推论或是理解。元话语标记的作用在于关联两段话语，指出相同点，以更加直接的方式呈现语篇的意义。主要有：也就是说，换言之，换句话说，或者说，等等。

⑪最后要说的是，对女性文学的研究，仅有文化分析是不够的。如果考虑到人类文学不过是历时地共同创作一部大作品的话，那么八九十年代以来中国女性文学对这部作品所做的改动和添加，超过了这部作品在迄今任何时空里的其他写作，它对汉语叙事文学的艺术推进，尤其需要我们加以细致而精到的分析。就是说，等待当代批评家进入的，还有女性文学，即把女性文学当作文学来批评，而不是只注重写作的作者身份。（毕光明《虚构的力量》）

例⑪元话语标记关联语篇的前后两个部分，通过元话语标记进一步解释话语含义，同时元话语标记也将前后两个部分关联起来，构成双向的篇内互文结构。

C. 补述类。

在补述性篇内互文中，首先元话语标记链接前后两部分话语内容，这两部分话语内容在语义上构成补充、提醒或解释的结构关系。如果上文是抽象概括的，那么下文就对其进行详细的解释或例证；也可以是语义补充说明关系的组合，或者表达上文话语内容之外的新情况等。由此构成双向的篇内互文结构。主要有：具体来说，值得注意的是，话说回来，再说，等等。

⑫跟城里没法比。不过，话说回来，中国这么大，要都照顾过来也确实很难，只是希望生活改善得再快一点。（汪晓东《上海乡村纪行》）

例⑫通过话语标记"话说回来"对自身的观点进行校正和补充，元话语标记链接前后两个部分的内容共同解读同一话题，形成双向的篇内互文结构。

（2）时空形式互文。

基本话语和元话语处于同一语篇内部，在时空关系上具有一致性。但是如果要实现语篇的篇内互文，我们就必须发掘出二者在语篇内部时空关系的差别。二者同处语篇内部，却具有各自的区域性与独立性。同时元话语标记和基本话语的嵌入关系必然导致二者内部时空关系的改变。这种依赖时空标记而发生的篇内互文，即时空形式互文。根据二者的篇内互文的时间关系和空间关系，可以将其分为：

①空间序列形式。

空间序列性篇内互文是指：元话语标记和基本话语之间构成一种空间组合关系，两种话语虽然属于不同的话语层次，但是二者仍然在线性序列上展开，也正是这种线性关系和空间紧邻性使得二者的互文嵌入成为可能。在空间序列性篇内互文关系中，基本话语被镶嵌在元话语标记上，通过元话语标记的标识作用，基本话语被有效厘清，并且被分配在某一话语形式所规定的空间范围内。这一类元话语标记有：首先，其次，第一，第二，最后，表面上，前面，后面，等等。

⑬一般而言，文学叙事指的就是狭义的叙事，是叙事性作品尤其是小说文类的主要话语形式，它主要有如下几个特点：

一是时间与情节的连续性与完整性。

二是人物与环境的生动性与典型性。

三是从作者与叙述者的关系看……（贵志浩《话语的灵性》）

例⑬通过序数词元话语标记，将基本话语嵌入自身，语篇结构就被划分成几个组成部分，几个部分之间相互关联，共同组建一个语篇。

②时间序列形式。

元话语标记不仅可以与基本话语在空间关系上构成篇内互文，在时间关系上，由于话语表达次序的先后，以及叙事过程的时间性，还会造成基本话语和元话语标记在时间关系上的自我嵌入。这类元话语标记有：后来，先来，在此之前，与此同时，下面我们将要，等等。

⑭而后来，电影《达·芬奇密码》的遭禁让我们关注了有关的西方专家对类似事件的反应；他们参与了《达·芬奇密码》一书及电影中非史实部分的批判，并从一个权威者的角度为公众解决了因小说而纷生的悬疑问题。（龙行健《狼图腾批判》）

⑮先来看看"神算子"瑛姑的问题。瑛姑的屋子建在密林中一个污泥湖沼之上，按五行奇门之术设了机关。这些东西对普通人来说像迷宫，在黄蓉眼里，却不过是些"入门级"的小摆设。（孙涛《平生最识江湖味》）

例⑭～⑮通过时间性元话语标记成分"后来""先来"，将基本话语所表述的话语内容嵌入某一时间范围内，元话语标记语的时间关系与基本话语时间关系构成一种篇内互文结构。

③空间指示形式。

在话语篇内互文的空间关系的表达中，当元话语成分没有出现表示空间方位的元话语标记，或是空间方位不明确，或是空间无法具体显示时，便会使用一些空间指示成分来表示元话语与基本话语的空间关系。这类元话语标记有：上面，下文部分，第二部分论及，第三节，第57页，以上的话，上文说到，下面会提到，等等。

⑯上节论述表明，能指与所指的断裂带为语词的指谓活动提供了临界态势的可能性，现在，我们进一步把语词的活动推导到叙述的意指活动中去，这样就会发现"临界状态"就不只是语词具有的状态，而是整个叙述的意指活动方式。(陈晓明《无边的挑战：中国先锋文学的后现代性》)

⑰下面咱们就再来看几首写得比较有味道的《山坡羊》，比如刘时中的《山坡羊·燕城述怀》。(孙涛《平生最识江湖味》)

例⑯~⑰中并没有出现具体空间关系词语，而是通过指示词语成分"上节""下面"来代指空间话语，这种空间指示成分往往具有一定的概括性与模糊性。

在表示空间指示关系的篇内互文元话语标记中，有一种情况比较特别，那就是通过符号来显示话语之间的层次关系，元话语标记不是以话语形态展现，而是通过话语之外的符号形式来展现，如用标点符号或是颜色字体等形式标记来表现话语之间不同层次所构成的篇内互文关系。

⑱综观《狼图腾》全书，我们可以把它大致分为两个部分：一个是《狼图腾》小说的部分，即正文部分；另一个是负载正文后面的观点陈述部分，即长达 50 页的《理性探掘——关于狼图腾的讲座与对话》部分。(龙行健《狼图腾批判》)

例⑱句中的破折号不仅指示副标题，更是将副标题的语义内容嵌入主标题中。句中的冒号也起到了元话语标记的作用，通过标记作用，对后面"两个部分"分别展开论述，但又同时嵌入元话语标记的管辖范围内。二者构成相互阐释解读的互文关系。

2. 篇内语义互文

语篇内部除了言说形式、空间关系的篇内互文之外，语篇内部还可以通过意义的关联和重组而发生互文关系，即语义互文。根据语义在语篇中的作用，嵌入后的话语之间一般表现为保持语篇话语连贯的逻辑性，同时语篇内部话语的连贯性必须是在相同或相关话题的统辖下进行的。基于此，语义嵌入分为两种形式：一是逻辑语义嵌入，二是话题语义嵌入。

（1）逻辑语义互文。

朱永生等（2001）指出：韩礼德的系统功能语言学与语义学都把研究重点放在话语意义的研究上，特别是考察语篇层次上的语义关系。它与乔姆斯基的形式语言学的不同之处在于，系统功能语言学的重点放在了语言的衔接手段上，将衔接作为语义连贯的基础，以此来强调话语之间的关联性。在语篇衔接手段中，话语逻辑关系的衔接是语义连贯的基础。逻辑性语义关系主要包括比较式逻辑关系、举例论证式逻辑关系、条件式逻辑关系和推理式逻辑关系等。

A. 比较式逻辑关系。

由于比较性的元话语标记如"相比之下，相对于"等的嵌入，语篇内部形成话语比较关系。如：

⑲词汇对社会发展的反应最灵敏，变化比较快，相比之下，语音和语法就稳定得多。它们的变化速度是不平衡的。（北京大学 CCL 语料库）

⑳相对于张锐锋，刘亮程更珍惜埋藏在日常生活经验深处的那些可以穿越几代人而不消损的情绪性和情感性的个体生存感受。不少论者都称道刘亮程的散文语言是一种没有被城市文明覆盖或污染的浑金璞玉般的语言。而在我看来，对刘亮程的散文语言具有更大支撑作用的是一种既亲近自己的具体的乡村生活环境，但又决不甘于与普遍形态的乡村文明混同一气的贵族品格或隐士品格。（李林荣《嬗变的文体》）

例⑲~⑳将基本话语嵌入比较性元话语，通过比较性元话语标记实现语篇的语义衔接关系，语篇前后构成比较性话语关系。

B. 举例论证式逻辑关系。

话语之间构成论证关系，通过举例来说明二者之间的语义关联，通过元话语标记：例如，打个比方，以……为例，比如，等等，实现语篇内部嵌入。

㉑范缜不慌不忙地说："这没有什么奇怪。打个比方，人生好比树上的花瓣。花经风一吹，花瓣随风飘落。……"（北京大学 CCL 语料库）

例㉑举例式论证标记"打个比方"将后面的话语内容嵌入自身，即后面的话语内容就是"比方"，进而实现前后话语之间的衔接和语义连贯。

C. 条件式逻辑关系。

话语之间形成条件关系，这一类的元话语标记主要有：要不是这样，不管如何，这样的话，等等。

㉒我告诉李放很多次，所有的书不要全部在装订厂集中，这样的话，他们到现场抢书，顶多只能抢到一千本。（北京大学 CCL 语料库）

D. 推理式逻辑关系。

语篇内部成分之间话语意义的连贯性，是依靠逻辑推理关系建立的。推理的话语内容篇内互文在元话语标记所表达的语义范围内，此类元话语标记有：按道理，奇怪的是，不然，实际上，其实，另一方面，表面上看，等等。

㉓表面上，这是客观的实境描写，充满了万物勃勃生春的气息，但是透过这些色相，作者传达出的分明是一种飘飘白云、桃林成行的佛国极乐世界，所有的景物都虚化为作者沉浸在佛国馨香中的喜悦与欢欣。（贵志浩《话语的灵性》）

例㉓元话语标记"表面上"的后接话语，都可以嵌入元话语标记的语义范围内。

（2）话题语义互文。

这里的话题即语篇表达的主题，一般情况下，语句或段落之间能否在意义上相互联系与连贯，主要考察因素就是它们之间是否围绕同一话题展开表述，话题的联系程度决定了话语之间的意义相关或连贯的程度。同时根据语境的发展变化，语篇的话题可能会发生改变或转换。这主要是发话人的主观意图或语境使然，从表现形式上看，话题的发展过程主要可以分为三种类型：一是话题的转换或总结，发话人结束自己的话题或转入其他话题；二是发话人承接某一话题使得对话继续进行；三是发话人针对某一话题，表达自己的主观态度、见解或是看法等。基于此种分析，我们把话题性语义嵌入分为以下三种类型。

A. 总结式。

在话题语义互文中，最为常见就是话题总结式的自我嵌入，即发话人通过元话语标记，对上文进行归纳总结，对下文做引导说明，将上下文的语义嵌入元话语标记中。这类元话语标记主要有：总之，就这样，到此为止，等等。总括式元话语标记有：由此可见，一句话，等等。

㉔总之，从文化解读的角度看，20世纪80年代后的中国文学，或曰世纪之交文学，甚或曰新世纪文学，大体上有如下的四种基本特征，亦可谓四个基本流向：

其一，消解与逃亡；

其二，反思与追问；

其三，多元的现实关注；

其四，寻找精神家园。

这四个流向，不仅显现在创作中，也显现在批评中。（金岱主编《世纪之交：长篇小说与文化解读》）

㉕总之，中国基督教文学在人与神的对话之中，发出了对宇宙奥秘、自然奥秘、生命奥秘的永恒之问。在这种询问之中，我们看到了人之精神向往、灵性需求和本真信仰。（季玢《野地里的百合花》）

例㉔~㉕都是通过元话语标记"总之"建立基本话语与元话语的篇内互文关系。基本话语的内容通过元话语标记引介出来，语义之间是一种总结式关系。

B. 承接式。

如果交际双方是涉及同一话题，发话人在对某一话题进行承接时，可以通过承接式的元话语标记，将承接的话语内容嵌入元话语中，从而保持语篇话题内部关系的一致性。此类元话语标记主要有：基于上述分析，你还别说，还别说，什么啊，你知道的，接下来，此时，另外，还有，再说，何况，等等，话语之间可以构成话题的承接、补充等语义关系，从而构成语篇内部的完整的话题链。

㉖问题在于，以上这种混串不仅模糊了两种人类学的区别，而且更模糊了两种不同的人类学文学的区别。因为对文学的研究既可以从文化人类学的角度切入，亦可以从哲学人类学的角度切入。（邵建《文学与现代性批评》）

㉗另外，评论家还归纳出寻根的五大不足：理论准备不足，有些作家初始有盲目性；寻根作家文化视野狭窄；文化意识不全，厚古薄今，贵远贱近；"猎奇式的文化趣味"；当代意识淡化、浅化，无当代特色，陈旧不堪。（金岱主编《世纪之交：长篇小说与文化解读》）

例㉖通过话语标记将上述话题引入到当前话语中。例㉗则是对话题进行承接并进行论述。

C. 解读式。

在话语嵌入过程中，话题除了转换、承接关系之外，还有一种就是话题的解读关系。元话语之前的话语可能是概括性的、较为抽象的表达方式，而后续话语则是针对前述话语进行的解释、评价或说明关系的具体性的话语。因此此类元话语标记多是解释性、说明性或评价性的。据此我们将解读性的语义篇内互文分为三种类型。

解释性篇内互文：元话语前后话语内容构成解释性关系，前后话语与元话语构成篇内互文关系，这类元话语主要有：所谓，即，也就是，等等。

㉘叙事，顾名思义就是叙述事情，即把事情的前后经过记载下来或说出来，这是我们日常交流中经常使用的一种表达方式，它在我们的现实生活中无处不在，日常生活、工作和学习中发生的一系列事件，都是一种叙事。这种叙事，我们把它称为日常叙事。（贵志浩《话语的灵性》）

　　说明性篇内互文是指元话语与前后话语之间形成的说明关系，即元话语对前后内容进行详细的描述、解释或阐明，从而增强文本的信息量和清晰度。这种互文关系旨在为读者提供更为全面、具体的说明，帮助他们更好地理解和把握文本中的信息。

　　在说明性篇内互文中，元话语可能涉及对事实、情况、原因、方法等方面的说明。例如，作者可能会使用"例如""具体来说""详细来说"等词汇来引导读者进一步理解文本内容。这些元话语不仅有助于读者更深入地了解文本信息，还能够增强文本的说服力和可信度。

　　评价性篇内互文：元话语前后话语内容构成评价性关系，这种评价关系可以是正向评判关系，相关元话语标记有：确实，当然，的确，是啊，确实如此，等等；也可以是负向评判关系，相关的元话语标记有：不过，然而，可是，与此相反，有所不同，否则，要不是（如此），遗憾的是，等等。

　　㉙当然，随着时代大环境的变化，现在市场意识和商业运作对学术研究事业的扭曲摆布，似乎比以往任何时候都来得更加直接有力，文学研究界单靠吆喝和挂招牌而自鸣显达的所谓学问和学者，也层出不穷起来。（李林荣《嬗变的文体》）

　　㉚但是遗憾的是，处于信仰言说荒原之中的中国批评者要么似乎根本没有意识到中国基督教文学的存在，要么对于逸出正典结构之外，充满异质感的中国基督教文学有种"讳疾忌医"的心态，这使得中国基督教文学至今还没有进入学者的研究视界。（季玢《野地里的百合花》）

　　例㉙由元话语标记"当然"关联肯定性评价的话语，通过元话语标记将发话人的评价与主观态度表现出来。后面的话语与元话语在语义上具有一致性。例㉚通过"遗憾的是"来表现后面的话语内容与发话人或相关对象所期望的不一致，进而表现否定性的评价关系。

第三节 元指称与篇内互文

在篇内互文关系中，基本话语与元话语处于同一语篇内部，两种话语可以是分离关系，即元话语在基本话语之外，对基本话语进行指称。两种话语也可以是重合或嵌套关系，即元话语包含于基本话语之内，元话语在指称和调节基本话语的同时，也在指称和调节自身。先看两个例句：

㉛说到这儿，她揶揄道："不过，谁不搭理你，你可以瞪他两眼，就像那天请我吃卫生眼珠一样。"说完，她自己先憋不住，笑了起来。（朱玉秋《相识在偏僻小县》）

㉜有人说，众生如同池塘中的莲花：有的在超脱中盛开，有的则被水深深淹没沉沦于黑暗淤泥中；有些已接近于开放，它们需要更多的光明。在这本小说里，写到不同种类生命的形态，就如同写到不同种类的死亡、苦痛和温暖。他们的所向和所求，以及获得的道路。（安妮宝贝《莲花》）

例㉛中的元话语"说到这儿"既作为元话语承接上文，将上文的内容概括起来，同时又指称这句话本身，这句话既作为元话语将上文链接起来，又作为基本话语将"说到这儿"这句话关联到当前这句话在语篇中的位置，因此是语篇自身的一部分链接到语篇自身。例㉜话语"在这本小说里"既是元话语也是基本话语，作为元话语调节组织整个语篇，"在这本小说里"指称小说整体，但是话语本身又是当前语篇的一部分内容，也就是说，话语"在这本小说里"就是出现在这部小说中的话语，因此它既是基本话语又是元话语，而且是语篇的整体关联到语篇自身。这种带有指称意义的元话语形式，我们称之为"元话语指称"，也就是"元指称"。根据上述分析，我们知道：元话语指称造成的互文关系与元话语造成的互文关系有所不同，后者是在基本话语之外，实现对话语的组织与调节，是语篇的一部分关联了语篇的另一部分；而元话语指称则是实现了基本话语与元话语的重合。因此，元话语指称本身既是基本话语又是元话语，它实现了语篇的一部分或整体经过重新组织进而链接到语篇自身。

　　元话语指称形式篇内互文的实现是一个较为复杂的过程，下面我们将以语言中的指称研究为支点，对此进行分析与探讨。指称研究一直以来都是语言哲学关注的对象，语言学的指称研究的重点放在指称词语上，而对指称对象的分析却很少。指称一般是语言对于外部事物的指称，如"这张桌子""那个人"等。但是当被指称的对象由语言外部的对象转变为语言自身时，被指称对象的性质和它所在的空间位置就成了一个至关重要的问题，指称关系的变化直接影响着语篇内部结构单位之间的关系。

一、有关指称的几组概念

1. 实示与指称

　　实示是指出现在现场的被人们所关注的对象，它直接以自身实体的方式出现，通过被我们所感知来表明自身的存在，如"草原上的一头牛""地上的一块石头"等。这种实体的感知对于感受者来说是即时发生的、当下体验的，因此任何一种实示都带有现场性的特征。当我们离开这个时空现场时，物体的实示依然存在，但却离开了我们的视域。

　　指称是通过指示词语来对客观对象进行描述，通常使用名词或代词的方式来命名或指示具体的对象目标。指称和指称对象之间形成一种语义描述关系。如用"长城"来指代客观存在的古迹，用"这篇文章"来指示前面提到的文章。指称的存在使得实示摆脱了现场性的束缚。在这个意义上来讲，指称又是对实示的排斥。指称也是语用学与语义学研究的重要内容。指称的解释有广义和狭义之分，语义学上对指称的解释是一种广义定义，它是指语言与所指称的对象之间的关系，要求有指称的语言形式以及所指向的对象。研究对象也就是指称词语与其所指涉的客观对象之间的关系。用于指称的词语主要有专有名词、普通名词、指示词语或代词等语言形式。而狭义的指称则是指通过词语的概念意义的表述而获得的指称意义，单独的指示词语、代词等语言形式并不具备独立的指称性，它们只是语用层面的指称。本书所要讨论的话语指称属于广义的话语指称。基于指称词语与指称对象之间的关联，进而发掘语篇内部的互文关系。

　　实示和指称之间同时又存在一定的关联性。实示一方面可以默默地自我显示，另一方面可以在受到指称的情况下被实示，如我们可以指着一只老虎对朋友说："这只老虎是公园里面最大的一只。"那么这只老虎既被实示着又被指称着。我们也可以指着一张老虎的照片对朋友说："这只老虎是公园里面最大的一只。"由此我们可以将这种受到指称的实示称作"受指实示"。那么第一种类型就是"原型实示"，第二种类型就是"模拟实示"。

2. 外指与内指

我们知道，语言可以指称客观对象，也可以指称语言自身。据此我们可以将指称划分为外指和内指。

语言外指是指向语言之外的具体被指对象。如"茶几上放着报纸"，指称词语"茶几""报纸"等都是语言单位，但是被指称的对象"茶几""报纸"却是存在于客观世界中的对象，它们是在语言之外的，不能直观出现在词语序列中。语言外指的实现需要有指称词语，用于外指的指称词语有三类：普通名词（如"三个学生"）、专有名词（如"故宫"）和指示词语（如"这篇文章""那个地方"）。见例句：

㉝万里长城是世界古代建筑的伟大奇迹。

例㉝中的"万里长城"是对客观事物的指称，而"万里长城"并不能以实体出现在语句序列中。

语言内指是语言对于语言内部各种语言单位的指称，即指称转向语言自身，也就是元指称。内指是在语言单位之间进行的，它不涉及语言外对象的指称。与语言外指不同的是，内指的被指称对象（即语言自身）可以出现在语篇内部的词语序列之内，继续以实示的方式向我们展示。

㉞"我当然喜欢来的！就怕我们这种人，个个都是粗坯，够不上资格跟表嫂谈话。"虽然给笑冲淡了严重性，这话里显含着敌意和挑衅。（钱锺书《纪念》）

例㉞"这话"是对前面人物话语的指称，同时人物话语实体出现在语篇内部。

　　3. 他指与自指

　　内指是对语言自身的指称，也就是元话语指称。结合刘大为（2006）、管志斌（2012）对于指称的论述，我们还可以根据元话语指称词语和指称对象的语篇空间关系，将元指称分为他指和自指两种类型。

　　他指是指指称词语对自身之外的其他语言单位进行指称，指称词语与指称对象可以在同一语篇中共现，也可以不在同一时空现场中共现。如：

　　㉟作为一个专治中国思想史的学者，余先生还在他书写的思想史上为一批过去并不受到重视的知识精英立下了学术与风范的列传。（康正果《理清传统和现代衔接的脉络》）

　　㊱"虎妞很高兴，她张罗着煮元宵、包饺子，白天逛庙，晚上逛灯"这几段句尾是仄平轻仄平，在音调上有两次起伏，听着很自然、很舒服。（范亦豪《悦耳的老舍》）

　　例㉟指称词语"他书写的思想史"与余先生的作品关联起来，但是思想史并没有作为语篇成分直接呈现在当前语篇中。例㊱"这几段"指称老舍作品中的话语，同时作者又将这几段话语以直接引语的形式实示在当前语篇中，指称对象和指称内容在同一语篇中共现。

　　自指是指称词语对自身或是包含自身在内的一个语言单位所进行的指称。它主要有两种类型：一是指称对象指向某一语言单位，同时包含指称词语自身；二是指称词语仅仅指称自身。如：

　　㊲总体上，这便是美好希望之所在，我久久不能平静，我很感动，真的很感动，便写下了这篇文章。（舒乙《苦读偶窥》）

　　㊳写到这里，读者诸君可能会提出疑问：王百万五十得子，一定视若掌上明珠，应该食珍馐，衣锦绣，读诗书，写文章，怎么会让他像小叫花子一样在闲人堆里厮混？（莫言《红耳朵》）

　　例㊲指称词语"这篇文章"指称作者写的这篇文章，当然这篇文章的内容也包括指称词语"这篇文章"在内。例㊳指称词语"这里"指称的对象正是语篇的"这里"的话语位置。

二、语言他指与互文

内指是针对语言自身的指称，而篇内互文是语篇的一部分嵌入自身，二者都是在语言内部层面处理语言不同层次的关系，因此二者在此基础上就发生了互文关联。

内指分为他指和自指两种。其中他指是指所指对象处于指称词语自身之外，即指称对象不包括指称词语本身。他指所产生的互文关系主要表现为两种：

1. 指称词语与指称对象不在同一语篇出现

当所指对象和指称词语不在同一语篇出现的时候，一般会形成篇外互文，多采用词语的指称（专名、通名、代词等）方式实现语篇之间的嵌入。

㊴《五四文学思潮中的重要一翼》，其实是我当年在杭州大学师从郑择魁教授读硕士时的学位论文，五四直至左翼文学，对于现代中国思想文化来说，西潮的影响再强调都不为过，但研究界在剖析外来因素的同时，可能有意无意忽略了本民族传统和现实生活的巨大作用。这篇文章就是提出一个新文学"内生长性"的论断，为这一时期的文学史书写做点补充。（黄昌勇《砖瓦的碎影》）

我们把当前时空出现的读者正在阅读的语篇称为"主文本"，将嵌入主文本的语篇称为"源文本"，那么在例㊴中，指称成分"五四文学思潮中的重要一翼"与"这篇文章"都是通过他指的方式完成语篇嵌入。源文本嵌入主文本是一种语义嵌入的方式，源文本并没有实体嵌入主文本中。

2. 指称词语与指称对象在同一语篇出现

在话语他指中，可以通过指称词语语义嵌入的方式将源文本引入当前主文本中来，也可以通过模拟实示的形式进行。这样，指称词语就和指称对象共现在当前语篇中。源文本也就获得了现场性而以直接引语的形式实体嵌入当前主文本语篇。

㊽当晚，我把这一重大决定通过 email 告诉了远在澳洲的郜元宝教授，不想他次日就回了 email，里面有这样一段话：我觉得你决定出那本书是对的……因为周作人的难度太大了，不过也有一些想法，很刺激的，见面再聊。就这样读者诸君看到了还不算寒碜的《砖瓦的碎影（增订本）》了。（黄昌勇《砖瓦的碎影（增订本）》）

例㊽便是指称词语与指称对象出现在同一语篇内部，通过直接引语这种虚拟实示的方式，将主文本与源文本在同一时空现场共现。

由此我们可以得出基于语言他指的互文关系：

他指的类型受到指称对象与指称词语空间关系的制约，当指称对象来源于其他语篇时，指称对象多以语义嵌入的方式，建立主文本与源文本的互文关系。当指称对象与指称词语在同一语篇共现，出现在同一时空现场时，指称对象多以语义嵌入和实体嵌入相结合的方式，以直接引语的形式嵌入主文本建立互文关系。

三、语言自指与篇内互文的实现

语言自指是指针对语言自身的指称。它以语篇内部的语言单位为指称对象，自指与他指的差别在于指称词语所指称的对象包含指称词语自身，指称是包含了自身话语的指称。而篇内互文则是语篇内部话语层次关系的差异而产生的互文关系。在篇内互文中，主文本的一部分充当源文本重新嵌入主文本，主文本与源文本在同一语篇中（同一时空现场）出现。同时源文本本身就是主文本的一部分。由于话语层次的作用，主文本将自身一部分嵌入自身，进而对语篇进行重新组织和管理。从这个角度上看，语言自指和篇内互文都涉及对自身语义的指称和嵌入。语言自指是篇内互文发生的理论出发点。

我们在进行述说时，如果述说的对象是客观世界的某一对象，所形成的话语就是对象话语，但是当我们将述说的对象转移到述说本身，所形成的话语就是元话语。因此元话语与对象话语的转换就是发话人的话语在话语自身和话语对象之间变换的结果。元话语与对象话语的关系建立，必须具备下列条件：

一是元话语必须提及了一段基本话语或是提及基本话语的一部分。

二是元话语和基本话语必须出现在同一语篇中。

三是元话语采用非引语的手段将基本话语引入同一语篇。

四是被元话语提及的基本话语在这一语篇中没有被其他话语说及，也就是说处在实示的状态中。

如果元话语仅仅提及了基本话语，那么话语中必须具有至少一个话语指称，例如：

④在《诗刊放假》一文中，徐志摩几乎是针对闻一多"建筑美"影响下的诗作做出了不留情面的批评。（黄昌勇《砖瓦的碎影（增订本)》）

例④话语的语义层次关系涉及两种话语：一是在黄昌勇的作品中出现的话语；二是徐志摩针对闻一多在"建筑美"思想影响下产生的诗作的批评话语。由于前面话语中出现的话语指"批评"，并且语义上指向徐志摩所提出的批评话语，所以前一段话语提及了后一段话语，尽管我们通过例句无法获知到底是什么样的批评话语。这里的指称指向语篇之外客观存在的另一文本或语篇。

如果想要被说及的话语被人认知和理解，那么最直接有效的方式就是将元话语和元话语所提及的基本话语同时出现于一个语篇内部，这时话语指称就指向语篇内部，但是这种内指有两种情形：

一是元话语涉及的基本话语最初出现在其他语篇，但借助引语的方式进入了当前的同一语篇。

④在《诗刊放假》一文中，徐志摩几乎是针对闻一多"建筑美"影响下的诗作做出了不留情面的批评，他说："谁都会运用白话，谁都会切豆腐似的切齐字句，谁都能似是而非的安排音节……谁要是拘束在行数字句间求字句的整齐，我说他错了。"（黄昌勇《砖瓦的碎影（增订本)》）

二是被说及的话语原本就与说及它的话语在同一个语篇中，而不是从其他时空引用过来。如：

㊸赘言一句：以上种种，锺书先生或有所不为，也还有所不能吧。（朱健《"捧杨"记偏》）

㊹……陈寅恪先生在《寒柳堂记梦未定稿》中论及"戊戌政变与先祖先君之关系"，特别强调陈宝箴、陈三立的变法思路与康有为的区别，认为有两种不同的力量促成了戊戌之变以及数十年的兴废盛衰。

如果就史实而言，上述的说法大多可以成立。然而梁启超的论断着眼于历史的"长时段"，命意在于"新中国"之"新"字。（罗岗《面具背后》）

例㊸～㊹元话语成分"赘言一句"与"上述的说法"指向被指称话语，但是被指称话语和指称元话语就在同一语篇中，而且被指称话语就是语篇中的固有的而非通过引语等形式嵌入语篇的一部分话语。它们是同一发话人的话语。

综合上述分析，我们可以得出语言自指与互文的关系：

内指可以根据被元话语提及的基本话语的呈现方式不同而被划分为两种类型，一种是将涉及的话语通过引语等模拟实示的方式从其他语篇链接到当前语篇；另一种是通过实示的方式完成语言的自指功能。从指称的角度看，语言自指才是真正意义上的元话语指称。因此元指称就是关于指称的指称，为了保证元指称话语对基本话语的提及，含有元指称的话语必须是以实示状态出现的，必须是基本话语与元话语出现在同一时空现场，在同一语篇内部共现，而且基本话语不能被其他话语所提及。如果元话语在另一次话语中被提及，那么提及它的话语就相应上位为元话语，它自身就相对降位为基本话语了。元话语与基本话语的关系就是一段话语以元指称提及的方式与另一段话语发生了语义上的关联，元指称所在的话语就是元话语，被元指称所提及的话语就是基本话语，二者在同一语篇共现。但是由于元指称的作用，基本话语和元话语分别属于不同的语义层次。

第四节　元指称作用下篇内互文的类型

一、元指称的层次关系

元指称是指对话语进行指称的语言单位，元指称这种指称语言的方式与指称语言外对象的方式的根本差异在于指称对象是否在语篇中出现。一般意义上的指示或指称通常只具有语篇衔接功能，而元指称的功能在于语篇嵌入和组织的功能。元指称词语同其他语言符号一样都具有形式和功能两个方面的意义。一个语言单位在进入语言表达的过程中，我们都可以用元指称来指涉它。这种指涉可以通过三种形式来表现：

1. 话语整体层次上的指称

话语整体层次上的指称也就是话语单位的形式和意义同时被元指称所指称。根据对象语言和元语言的划分原则，具有指称功能的话语应该划分为对象词语和元词语。"桌子""恐怖""跳舞"这些指向语言外的现象或事物，是对象词语。而像"词语""句子""段落""批评""这篇文章""这话"等指向语言单位，是元词语。通常来讲，话语整体层次的指称都要依赖元词语，只有利用元词语进行指称，话语单位的意义和形式才能同时被涉及。

㊺古人说："国以民为本，民以食为天。"这话的确是有点道理，就以游山玩水来说吧……（邓云乡《消暑清供·冰碗》）

例㊺中"这话"不仅仅指称前面的话语形式，更是将"这话"意义嵌入语句中。"这话"的形式和意义同时被指称。

2. 话语形式层次上的指称

话语形式层次上的指称是指话语单位只是在形式上被指涉的指称类型。这种话语形式的指称表现为指称言语单位的语音（如声调、语气等）、语形（字体、字形、笔画等）形式。

㊻修红忽然听见金发女孩在盥洗间里发出了那声尖叫。蛇，蛇，蛇！大家知道蛇这个音节在汉语中属于最不响亮的音节，尤其在缺乏背景的情形下它更给人以语焉不详的印象，修红当时听不清尖叫声的具体含义，她站在盥洗间门口问，水怎么啦，烫着你了？（苏童《蛇为什么会飞》）

例㊻这里的"蛇"仅指称"蛇"这个词语的语音形式，如发音、语气、语调等，而并没有指称它的具体意义。

3. 话语语义层次上的指称

语义层次指称是指一个话语单位的意义被指称，相当于意向动词在语义上所关联直接宾语的情况。

㊼利德尔·哈特上尉解释说延期的原因是滂沱大雨……（博尔赫斯《小径分岔的花园》）

例㊼中延期的原因就是"滂沱大雨"的话语意义，即指称因为大雨的原因而无法按时完成的话语意义。

需要指出的是，在话语的元指称中，整体层次的指称和形式层次的元指称相对容易辨别，语义层次的元指称较为复杂。因为语言形式一般都是针对某一语言单位的，而语言意义则可能指向某一语言单位，也可能指向某一话语外的客观世界的意义。如果是指向客观世界，那么就不能被称为元指称了。

二、元指称的语篇嵌入类型

元指称会指向一个语言单位，元指称可以通过语义指称将一个语言单位引入另一个语言单位中，也可以通过实示的方式与另一个语言单位共现在某一语篇中。因此，元指称与一般的指称有所不同，元指称具有语篇组织调节的功能。

元指称的语篇组织调解功能的实现可以通过一个话语指称词，或者话语指示语，或者利用话语的实示等方式将他人话语嵌入当前话语中，如：

㊽就诗美的特性而言，在我国古代散文家中，鲁迅受庄子的影响较

大。他高度评价庄子的文章，说它"汪洋辟阖，仪态万方，晚周诸子之作，莫能先也"。（刘扬烈《山城学步集》）

例㊽指称词语"庄子的文章"便将庄子的作品引入当前语篇中，这种引入是一种指称形式层次的嵌入。而鲁迅对庄子的评价则是采用实示的方式，采用指称整体层次的嵌入，将形式和意义嵌入当前语篇，以鲁迅的叙述视角来解读庄子作品。

语篇嵌入常常是话语指称、话语指示、言说动词或话语实示等各种指称的相关形式配合使用。如果元指称的被指称对象并没有在当前语篇中实体出现，那么元指称一定会指向语篇外的一个语言单位，由此通过形式上的指称而将其嵌入当前语篇中。如果元指称的被指对象的话语单位出现在当前语篇内部，则是采用话语整体层次的指称，将被指称对象的形式和语义都嵌入当前语篇中来。

语言的自指表现在语篇组织上主要有两种功能类型：一是自指的对象是包含自身的语言单位的总和。指称词语将整个语篇或文本都纳入指称词语的语义之中，指称词语自身也处于这个语义范围之内，如例㊲；二是自指的指称对象只包含指称词语自身，语言自指的范围大大缩小，实现了与指称词语的重合，在此类指称情形下，指称词语"这里""此处""此举"等都是这种指称方式的实现者，如例㊳。

正是语言的这种自指特性，造成同一语篇内部由于元指称关系而形成了不同的话语层次，进而产生了基本话语与元话语的差异。而元话语与基本话语的层次关系又是篇内互文成立的基础条件。由此语言自指与篇内互文的关联便显示出来。

在语篇内部由于话语层次关系的不同也可以造成互文关系。这种篇内互文关系与其他互文关系的不同之处在于，篇内互文是在一个语篇内部实现的，它只涉及一个语篇形式，是语篇话语对自身话语的重组与调节。这种调节的理论基础就是语言的元指称功能。

三、篇内互文的类型

元指称特别是语言自指是篇内互文研究的基础，基于元指称特别是语篇内部自指的实现方式，我们将篇内互文分为两种基本嵌入类型。

1. 分离式

所谓分离式篇内互文，是指通过元指称的自指功能，将包含自身在内的语篇整体或是语篇的一部分重新嵌入当前语篇的另一部分中去。分离式篇内互文按照语篇各部分时空关系分为“上行分离”和“下行分离”两种篇内互文形式。

（1）上行分离。

语篇内容的一部分通过元指称的作用，将自身话语内容前移，嵌入语篇的上文中去，从而构成互文关联。上行分离的方式，将下文的话语内容提前展现在阅读者面前，使得阅读者能够对文章内容与结构有全面理解，也使得文章前后关联紧密，进而形成有机联系的话语整体。

㊾由于本章后面所要讨论的种种原因，俄罗斯人在18世纪以前，不得不遭受克里米亚鞑靼人的劫掠。(斯塔夫里阿诺斯《全球通史：从史前史到21世纪》)

㊿……下面依照当时读书漫想的思绪，作一篇“游记”，以纪念那一段美好日子。(赵一凡《话语理论的诞生》)

例㊾指称话语“本章后面”将语篇后面的内容嵌入当前语篇的位置，通过将“本章后面”话语所关联的语义引入当前语篇位置中，句子在语义上形成互文关联。例㊿通过元指称“下面”指出当前话语之后的话语内容，能够较好地交代文章的发展脉络，使得阅读者在阅读之初就能对语篇结构产生较为全面的认识。

（2）下行分离。

语篇内容的一部分借助语言自指的作用，将上文嵌入当前语篇所在位置，从而构成互文关联。下行分离的语篇功能在于将前文的话语内容整体嵌入当前话语中，使得前面话语内容复现，能够有效将前后话语链接起来，构成一种承前结构。

(51)以上的话，是福柯1977年3月12日答法国《新闻观察》专访时所言。(赵一凡《利奥塔与后现代主义论争》)

(52)其实他（利奥塔）若少说几句预言家的套话，岂不合乎福柯在本文开篇被引述的那个梦想？毕竟不问何时何地，做个后现代哲人还是可以的。（赵一凡《利奥塔与后现代主义论争》）

例(51)是将语篇的上述内容，作为语篇的一部分嵌入“以上的话”的位置，是一种下行篇内互文。例(52)则是通过元指称“本文开篇”将语篇开篇部分的话语内容整体嵌入当前语篇位置中来，前文的话语内容得以承接，同时“本文开篇”所涉及的话语内容又被使用在当前位置，构成当前位置话语内容的一部分。

2. 同一式

同一式篇内互文是指由指称词语所指称的语篇整体或部分嵌入指称话语自身。元话语指称的话语内容嵌入当前语篇位置，同时元指称的对象就是指称词语本身。

(53)从形式上讲，凡柱子上没有屋顶的称为牌坊，有屋顶的则称为牌楼以示区别，在本书中为简明起见统以牌楼相称。（楼庆西《中国小品建筑十讲》）

(54)最后留下他的一段著名怪论——据说只有上帝和他本人懂得其中奥妙，信不信由您自便：无意识不是本能。（赵一凡《拉康与主体的消解》）

例(53)中元指称“本书”将整个语篇的话语内容嵌入当前位置，同时“本书”的指称对象正是这本书自身。例(54)元指称“最后”指称的是文章的最后一部分内容，而“最后”这个词语也正是在语篇的最后部分，是指称“最后”的指称对象。

通过比较，我们发现分离式篇内互文与同一式篇内互文的差别在于：分离式篇内互文是语篇的一个部分嵌入包含了指称词语自身在内的另一部分，但两个语篇部分之间不存在重合关联。而同一式篇内互文是语篇的一部分重新组织嵌入自身，语篇的嵌入部分与被嵌入部分之间存在重合关联。我们还可以根据语篇嵌入自身成分所包含语篇范围的大小，将同一式篇内互文划分为两种类型。

(1) 整体同一式。

整体同一式篇内互文是指元指称嵌入的话语包含了指称词语在内的整个语篇。

(55)诚如读者所知，这篇小说的一些细节是我用文学想象进行虚构的。但事情却是真的……（何顿《蒙娜丽莎的笑》）

(56)这篇文章是我在飞机上琢磨出来的，从上海到北京。已经升高到七八千米，驾驶员很舒适很自由了，我同样也很舒适很自由了。是个临窗的座位，眼光漫无边际向着云层扫视，可是思想似乎却在从上向下俯瞰。(徐城北《饮食人生三阶段》)

例(55)～(56)元指称词语“这篇小说”“这篇文章”将整体语篇嵌入当前话语的位置，这篇小说、这篇文章的话语含义便嵌入当前位置，同时指称成分“这篇小说”“这篇文章”本身就是整个语篇的一部分，因此是通过指称词语将包含自身内容的整个语篇嵌入当前位置。

(2) 自身同一式。

自身同一式篇内互文是指元指称词语所指称的对象就是指称词语自身。指称词语的指称范围缩小到和指称词语自身重合。元指称词语“这里”“此处”“此”等都是自身同一式篇内互文的承载形式。

(57)……这里顺便提及此菜，旨在说明，有关豆腐的菜肴，并非都能令人感到满意。(郭风《关于豆腐》)

(58)当这些词句在我计算机屏幕上展开来的时候，我偶尔抬头望一眼雄壮的加拿大落基山脉高耸入云的山峰。每隔几分钟，大风便从陡峭的积雪峰顶上呼啸而过……（迈克尔·海姆《从界面到网络空间·前言》）

例(57)中的“这里”即是指称词语所在的位置，同时也是当前语篇话语表述的位置，当前话语的语义与位置和“这里”的语义是重合的。在例(58)中，“这些词句”在指称“在计算机屏幕上展开来”的话语的同时，“这些词句"就是指语篇《从界面到网络空间》中的词句，自然就是这些词句本身。

四、篇内互文的指称标记

当我们仅仅从语言的外部对一个语言单位进行表述时，很难或者不可能表述出这个语言单位的完整意义。要想真正将语言单位的意义表达充分，只能借助于指称，借助于原形实示或是模拟实示的方式将这一语言单位重现。这就造成了语言元指称（即语言内指）与语言外指的差异。

语言的外指可以从语言意义的层面了解所指对象的状态，而不需要关心指称对象的具体情况。而元指称则需要将词语以及指称对象置于同一语篇空间内作为一个整体成分来考察，在关注语言层面的同时，还要关注指称对象的实际情况，因为二者处于同一语篇内部，处于同一时空现场中。

当然，正是语言具有指向语言之外的功能才发展到语言指向自身。语言的外指是内指的基础。篇内互文的揭示同样离不开对指称的研究。一般来讲，用于外指的词语主要有三大类：普通名词、专有名词以及指示词语。相应的内指也包含这三类词语。

在篇内互文关系中，语篇的整体或一部分嵌入另一部分或是自身，在嵌入的过程中，普通名词和专有名词可以将其他语篇引入当前语篇，其自身却无法实现嵌入语篇。因此，在篇内互文关系建立的过程中，指示词语的作用便凸显出来。指示词语本身如"这""那"等，并没有概括性的词义，它的语义作用在于通过指称将指称的对象信息引入话语中来，因此指示词语通常和普通名词关联起来，如"这篇文章""这个标题""上面那句话"等。指称词语的引入作用非常明显，同时也使得被引入对象具有了现场性。

根据前面内容我们知道，词语可以分为对象词语和元词语，"小说""句子""文章""标题"等元词语都是在某种语用目的作用下运用语言形成的话语成品形式。还有诸如"批评""建议""评价""报道"等原本指向言语活动的词语，当我们认识这些词语背后的话语时，背后相应的话语就转化为名词成分。如果这些名词成分需要加以区分，我们就会加上一些指示成分，将其作为话语嵌入标记的元词语，如"这段话""上面的说明"等；有时候也可以通过摹状词成分来限定，以区别事物的个别特征，如

"他昨天说的话""今天的报道"等。摹状词有叙述的性质，但是词语整体还是用作指示成分。

由于元词语没有属于自身的指示词语，因此通常借用一般的指示词语，尤其是表空间的指示词语，如"这里""这""那里""那"等词语。在语篇嵌入时，还需要建立空间关系的参照点，因此以当前阅读现场为基点，那么就会出现相应的表示空间参照关系的词语，如"上文""下文""前面""以上"等，它们本不属于指示词语，但是在当前语篇中作为空间关系参照词语而发挥指称作用。

⑤⑨由于本章后面所要讨论的种种原因，俄罗斯人在 18 世纪以前，不得不遭受克里米亚鞑靼人的劫掠。（斯塔夫里阿诺斯《全球通史：从史前史到 21 世纪》）

⑥⓪上面我所引用的，就是聊天时听他谈起的一次给中学老师上课的内容。教师常常是乡村里最困惑的一个群体。（芳菲《普通一课》）

例⑤⑨~⑥⓪中虽然没有出现参照点"这里"，但是指示词语"本章后面""上面我所引用的"之所以可以被理解，关键在于这里隐含着空间参照点"这里"，也就是当前言语行为和阅读过程的核心空间位置。如果出现了"这里"或是"此处"等当前时空的指示词语，那么就完成了语篇对自身的嵌入。

⑥①这里所说到的全面计划管理、全面质量管理、全面经济核算和全面人事管理，实际上已经勾画了社会主义企业的管理体系。（蒋一苇《经济体制改革和企业管理若干问题的探讨》）

在此意义上来看，"前面""后面""这里"等词语都是作为元词语的指示词语，语篇的篇内互文特征通过这些具有指示作用的元词语得以显现，进而作为篇内互文的一个指示标记，实现语篇的自我嵌入。

第五节　篇内互文的语篇功能

篇内互文关系的研究使得互文理论摆脱了原有的从多个语篇关联角度进行研究的束缚，将语篇研究深入语篇内部，拓展了传统语篇研究的范围，基于互文理论研究的同时又有所发展，对推动语篇研究的深入发展有着重要意义。篇内互文从语篇内部结构出发，揭示出语篇的新功能，主要表现在以下几个方面。

一、言语行为的自我调节与反思

语言不仅能够表现客观事物，而且还可以通过语言来表现自身，这在哲学上被称为语言的"自反性"。正是这种自反性的作用，语言内部话语之间构成相互阐释嵌入的话语关联。语言一方面在反映世界，另一方面也在反省自身。语篇篇内互文关系的发掘，就是在纵深方向剖析语言的组织与衔接。正是基于这种反思，语篇结构才能不断调整，并且产生各式的语篇结构类型。

篇内互文式互文关系中，元指称的对象必定出现在同一语篇内部，因此元指称指向语篇内部的某一语言单位。这种指称的实现主要是通过话语指称嵌入（如"上文"）、话语指示嵌入（如"这篇文章"）、话语或者意向动词和言说动词嵌入（如"评价""建议"等）的方式完成。指称词语通常和指示词语结合起来，如"这里""本文""本章""本节""本段""本句""本消息""这篇文章""这篇小说""这个故事"等。由于指称对象就是一个语篇整体或语篇的一部分，因此，利用元指称，发话人可以将一个话语单位或语篇嵌入语篇自身。

我们如果仅仅从语言外部对语言进行表述，则很难完整表述出一个句子的完整意义，要想完整表述唯有借助于指称和元话语，使其在语篇中重现。正是语言的这种自我嵌入能力，实现了对语言的自我调节和组织，并且使语言成为人类思维的外在表现，语言形式的不断转化，正是思维不断优化的结果，进而表现出语篇嵌入的言语行为。

(62)现在，让我们暂停上面的叙述，拿出片刻时间进行思考：究竟是什么力量，使得他至死不渝地把目光投向大海？……（花勇《1405，郑和下西洋留下的谜团》）

语言是思维的外在表现形式，在例(62)中，由于语言表述的限制作用，发话人无法将上文的话语实体重现到当前位置，但可以通过元指称的方式，将话语通过指称嵌入当前。在整个话语表述过程中，由于元指称和元话语的作用，在当前叙述中可以不断回顾前文，连接下文，通过篇内互文的方式，使得话语指称自身、反思自身，从而使得语篇变成一个有机结构体。

语言的这种自我反思功能，是语篇叙述发展的需要，反映了发话人和阅读者时空关系的转接与语篇言语行为的现场化的内在需求。通过这种语言的反思与自我调节，可以有效拉近发话人和阅读者的时空和心理距离。如：

(63)写到这里，读者诸君可能会提出疑问：王百万五十得子，一定视若掌上明珠，应该食珍馐，衣锦绣，读诗书，写文章，怎么会让他像小叫花子一样在闲人堆里厮混？（莫言《红耳朵》）

例(63)的"这里"即是对当前语篇内容的指称，同时"这里"又具有实示特征，使得"写到"这些话语与词句能够造成一种写作和阅读同步进行的时空错觉，从而使得阅读者在心理上将之前语句阅读的进程变成了语句形成的过程。话语指称的能指成分就和所指成分一样具有了特定的时间性，会造成写作真实的行为层介入虚构语义层的假象，刺激想象能力，制造现场感，给人身临其境的阅读效果。

二、话语行为层对语义层的介入

篇内互文的内在基础是语言内部的不同层次关系，元话语是关于话语的话语，而基本话语是构建语篇基本意义的话语，二者层次关系的差异，使得语篇内各部分相互链接，组构成一个语篇系统。元话语体现出对基本话语的组织与调节，正是这种话语调节关系，才导致了基本话语嵌入元话语而产生各类篇内互文关系。

元话语在篇内互文中发挥了重要作用，基本话语在元话语的组织和管理下表述更加清晰与具体，通过元话语的形式或语义的关联，基本话语之间被有机统一起来。在共同嵌入元话语中，组织成一个有序的语篇结构。在这个结构上，话语层次关系分明，元话语统领基本话语，实现对基本话语的引导和嵌入。这种嵌入既可以是语篇内部的一部分嵌入另一部分，也可以是语篇的一部分嵌入自身，完成对自身重新组织与调节。由于元话语的组织与嵌入作用，语篇内部成分之间的话语组合关系和层次关系能够清晰凸显，从而更利于阅读者准确解读语篇意义。从这个意义上来讲，篇内互文就是发话人的言语意图或是主观态度行为通过话语组织和言语行为渗透到语义之中，进而实现话语功能。

(64)叶子明笑了，腮上的伤疤顿时扭曲到一起，秋芙道："我发现谈你自己的厂，没笑过，可是在这个小厂，你却笑了。不过，说实话，你的笑真难看。"（潘茂群《白波九道》）

(65)至于陆文将上述历史背景引导到人本主义和人道主义的思想背景，实事求是地说，它仍然更适合于存在主义。（邵建《文学与现代性批评》）

例(64)～(65)的发话人话语通过元话语标记"说实话""实事求是地说"等，将语篇嵌入自身，元话语标记在话语组织中具有特定的语篇功能。大量元话语都是由意向动词或是言说动词经过虚化转化而来，元话语标记的作用不是参与信息的建构，而是组织语篇，保证话语的有效衔接和语义连贯，表达发话人的主观态度与情感等。元话语标记更多的是这种提示作用，元话语的语篇功能主要是针对言语交际行为的，当叙述语篇中出现这些话语标记时，这些话语标记成分自然就处于比叙述层语言更高层次的元叙述层次上。

而互文语篇元指称建立的是指称词语与被指对象之间的语义关联。元指称的指称对象通常是一个话语单位，而篇内互文的特点在于指称对象和指称词语在同一语篇共现，指称词语就通过语义关联对这些语言单位实施了语义管界功能。话语自指时，语篇管界功能体现为指称对象是指称词语本身或包含它本身的话语单位。而一般话语外指的对象是语言之外的外部世界的一个客观对象，因此就不具备这种篇章管界作用，也就不能很好地管辖内部语义。如：

⑥⑥"总而言之，我认为知识分子——假使这号人存在或有理由存在下去……因为他对现状的关切超过一切。"以上的话，是福柯 1977 年 3 月 12 日答法国《新闻观察》专访时所言。（赵一凡《利奥塔与后现代主义论争》）

例⑥⑥中元指称"以上的话"便将上文话语内容嵌入语篇的当前位置中来，同时元指称的话语意义又作为基本话语意义嵌入当前语义中。由于元指称的指称作用，被指称的话语意义顺利嵌入语篇自身。

三、语篇关联的链接强化

由于篇内互文关系的发掘，语篇互文的研究范围扩展到了一个语篇内部，语篇内部各成分之间同样可以形成互文关系，正是语篇内部结构的嵌入关系，使得话语层次之间服务于同一话题或主题，进而使得语篇成分之间的关联和链接得以强化，语篇内在的衔接与意义连贯性得到保证。

语篇结构的分析涉及多个复杂的方面，语篇成分中能够显示语篇组织结构关系的语言手段具有语篇组织的功能。通过上述分析发现，元指称特别是话语自指便具有此种特点。话语指称的对象表现为语篇自身时，指称便发展为元指称，对整个语篇的嵌入组织起到一个管界作用。元指称嵌入语篇自身并与语篇的其他部分发生关联，便会产生各种语篇结构。语篇中词语的意义有时不能从本身直接获得，而是需要通过另一指称成分来全面阐释。阐释的方式有衔接照应等语篇手段。这种衔接照应手段，确切地说，就是语篇的指称词语与指称对象之间的关联建立的过程。指称的衔接作用主要是依靠照应和回指实现。互文语篇中的照应或回指是指语篇中的指示成分与指称或所指对象之间的相互解释关系。元指称或指示与一般的指称或指示一样具有照应或回指作用，但是二者的形式有所不同。传统语篇研究将照应分为篇内照应与篇外照应。篇外照应本质上就是指示现象。话语指示的外部照应与一般指示的外部照应形式一样。但元指称的篇内照应是对自身的照应和衔接，元指称出现在语篇内部，从而实现语篇的自我嵌入。传统回指研究的方向是回指词语与回指对象的关系，回指词语本身具有指代性，指代的目的在于使语句与语篇更加简洁流畅，避免话语重复。而篇内互文回指是指语篇嵌入自身，回指的指称对象不是前面或后面出现的话语，而是话语自身。例如：

⑥⑦文兄向滨的长篇小说《风生水起》完稿后邀我代为作序，此举让我受宠若惊，同时又心存顾虑：其一，我写不好这样的文章；其二，对作者来说其作品往往代表了他的思想和生活，这种思想和生活是分不开的，各人的思想改造生活的环境，生活的环境反过来也影响个人的思想，而我的序是不能代表其小说创作的思想与生活的。（吴蔚《风生水起·代序》）

在例⑥⑦中，元话语标记"其一""其二"将语篇内容嵌入自身，强化了语篇内部之间的逻辑关系与层次。元指称"此举"指称上面一段话，将上文话语内容嵌入自身，同时元指称自身、元指称对象、元话语等都是当前序言语篇的一部分，因此它们之间相互关联嵌套。元话语的调节组织，元指称的自我嵌入，使得语言结构和语言层次之间逻辑性强，话语衔接自然，语义连贯，发挥了较好的话语链接功能。

互文理论扩大了传统语篇研究的视野，从单一语篇的分析扩展到对语篇系统关联性的考察。在此基础上，我们通过对语篇的深入发掘后发现：不仅语篇之间可以形成互文关系，一个语篇内部由于话语层次关系的不同，语篇内部话语之间也可以发生语篇嵌入关系。篇内互文研究将互文理论研究的视角深入语篇的内部，在语篇的组织与调节方式中，篇内互文实现了语言内部结构优化的需求，并且影响语篇的结构类型和组织关系。在篇内互文实现的过程中，元话语和元指称是两个重要实现手段：元话语的组织与调节功能使语篇内部的一部分话语嵌入同一语篇的另一部分，而元指称则实现了语篇内部的一部分或整体嵌入语篇自身。

元话语是对话语的言说和组织，元话语标记的基本作用在于组织和引导基本话语，因此在语言形式上，元话语标记通常在话语之外对基本话语进行指称。而篇内互文就是语篇嵌入自身，因此元话语作为主文本，基本话语作为源文本，篇内互文就是将作为源文本的基本话语嵌入主文本中。

篇内互文的实现方式主要有形式上的篇内互文和语义上的篇内互文两种类型，并依据其内部特点进行了下位类型的划分。

元话语是语言内部层次分化的结果，它对语篇进行了组织和调节。而元指称则造成了语篇内部话语对自我指称的实现。在篇内互文关系中，基本话语与元话语处于同一语篇内部，两种话语可以是分离关系，即元话语在基本话语之外，对基本话语进行指称，也可以是重合或嵌套关系，即元话语包含于基本话语之内，元话语在指称和调节基本话语的同时，也在指称和调节自身。我们以指称研究为基点，对篇内互文关系进行研究。研究得出，当被指称的对象由语言外部的对象转变为语言自身时，被指称对象的性质和它所在的空间位置就成了一个至关重要的问题，指称关系的变化直接影响着语篇内部结构单位之间的关系。我们同时分析了有关指称的几组概念：指称与实示、外指与内指、他指与自指。这为元指称在篇内互文实现中的作用的研究奠定了理论基础。基于元指称特别是语篇内部自指的实现方式，我们将篇内互文分为两种基本嵌入类型：分离式与同一式。

本项研究表明，语篇的形成是话语内部层级之间相互关联、指涉的结果，我们在探讨语篇外部条件对语篇的影响之外，还应该深入语篇结构内部，从语言自身出发，来发现和探索语篇内部的组织结构关系，探索语言对自身的组织与调节，进而发现人类的语言活动本身的组织与嵌入规律，更好地为阅读者准确解读和诠释语篇提供便利。

第六章　篇外互文的形式与功能研究

第一节　篇外互文的界定

互文理论为语篇研究开拓了一个新领域，有利于我们更好地发掘语篇的内在关联，有利于我们在系统性视野中对语篇进行关注。在互文语篇研究中，最为常见且形式标记最为显著的类型就是篇外互文。

如果我们把处于当前时空现场中并且吸纳了其他语篇的语篇称为主文本，把被吸收和嵌入主文本的语篇称为源文本，我们就可以对篇外互文进行定义。

篇外互文：一个源文本被关联到当前阅读现场的主文本的互文形式。

在篇外互文中，链接到当前阅读现场主文本的源文本可以是一个具体的词语（如例①），也可以是由多个段落构成的大的语篇（如例②），互文的实现方式可以是包含具体内容的实体形式互文（如例①~②），也可以是包括指称等多种方式的语义形式互文（如例③~④）。

①他们之所以强调诗文生成的自然性，根本目的亦与汉儒一样，乃是为了赋予诗歌文本以某种神圣性。因为在当时的言说环境中，世上最神圣的东西必定是本然自在的，天地即是最高楷模。这一信念，无论儒道，概莫能外。凡人为之物，即荀子所谓的"伪"，都是第二义的，它们只是因为象征着或效法着天地自然，才获得意义的。（李春青《诗与艺术形态》）

②贺贻孙《诗筏》云：

诗以兴趣为主，兴到故能豪，趣到故能宕。释子兴趣索然，尺幅易窘，枯木寒岩，全无暖气，求所谓纵横不羁、潇潇自如者，百无一二，宜其不能与才子匹敌也。予每爱唐僧怀素草书，兴趣豪宕，有椎碎黄鹤楼，踢翻鹦鹉洲之概。使僧诗皆如怀素草书，斯可游戏三昧，夺李、杜、王、孟之席，惜吾未见其人也。

贺贻孙捡拾起南宋严羽以来的论述，以"兴趣"为诗歌审美的本质所在。他认为，相对于"兴"激发人的情感，"趣"则使诗作产生审美扩展延伸的效果。贺氏对"趣"之于诗歌艺术魅力的产生的论述甚为精到。（胡建次《归趣难求》）

③这里选辑的53篇文章，分为"鉴赏""散论""探索"三篇，这样划分也只是大致而言，彼此并没有明确的截然界限。（邹明山《湖畔走笔》）

④我注意到 E. 希尔斯在他的 *Tradition* 一书中，提出了"实质性传统"和"积极的传统"两大范畴。（何锐《批评的趋势》）

例①嵌入"伪"字，通过引入源文本对主文本的观点进行反向佐证。例②则是直接将源文本《诗筏》实体链接到主文本中来，直观表现源文本的艺术特质。例①～②都是采用了直接将源文本的实在内容链接到主文本的方式。而例③则是用指示词语"这里编辑的53篇文章"，将客观存在的53篇文章作为源文本互文到当前主文本中。例④则是用专有名词充当指代成分，将 *Tradition* 一书作为源文本嵌入主文本，并结合实体互文的方式（通过链接话语内容"实质性传统"和"积极的传统"）来完成。

通过上面的四个例句我们发现：篇外互文研究的实质就是探讨如何将一个语篇关联到另一个语篇中。那么篇外互文是如何实现的，两个语篇之间的内在层次关系如何，实现互文关联的具体内容和方式有哪些，源文本和主文本形成互文关系后对语篇结构有何影响等，都是我们研究的重要内容。

第二节 篇外互文的结构特征

一、源文本与主文本的时空关系

为了方便分析，我们将主文本界定为稳定处于当前阅读时空现场的语篇，将源文本界定为原本处于他处但被吸纳到当前主文本中的语篇。根据主文本和源文本的性质，我们可以推理得出：

（1）在文本时间关系上：源文本先于主文本而形成。

⑤读铁凝的文字，让人感觉出散文的原始味道和特质，也让人想到了她的那篇《散文河里没规矩》的文章，在这条没有规矩的河流里，真佩服铁凝能将散文做得如此自由浪漫、无拘无束、不显山水。她的散文作品"实在是对人类感情的一种安然的滋润"。（斯妤《源自内心》）

在当前正在进行的主文本阅读中，通过语义关联的方式，将语篇《散文河里没规矩》带入主文本，同时以直接引语的形式将"实在是对人类感情的一种安然的滋润"融入主文本中。作为被嵌入成分，两个语篇只有先于主文本存在才能被吸纳到当前主文本语篇中来。源文本嵌入主文本之前是完全独立、结构完整的，并且处于主文本语言环境之外。

（2）在文本空间关系上：源文本借助一定标记从另一空间转移到主文本所在空间。具有互文关系的主文本与源文本在同一个时空中共存，但存在的话语方式有所不同。

篇外互文关系发生时，源文本和主文本最初并不在同一个时空，而是借助一定的形式标记将源文本以复本的形式，从其他空间转移到主文本所在空间。作为另一个语篇的一部分或是全部，源文本与主文本具有不同的时空性。这种独立性在语言形式上表现为被关联或链接的源文本一般会加上引号或是引导语或是话语说明等，以显示两个不同文本之间的话语边界。同时，主文本对源文本的引入一般会带来主文本叙述方式的变化，在引用的语篇成分之前，常常会出现引语的引导词语，引导词语一般表现为一些心理动词或意向动词，如"说""想""认为""建议"等，从而将源文本与主文本区分开来。（当然抄袭另当别论，它需要采用文本比对的方式才能被发现。另外，暗引的话语是一种比较特殊的源文本，虽然没有形式标记，但是暗引的内容可以根据上下文推出，或是通过人们熟知的话语形式推出。如果暗引话语过多，又没有注明出处，就可能被划归为抄袭。）

⑥梁实秋还对"自由诗"的名字很是不满，他认为，"所谓自由诗是西洋诗晚近的一种变形，有两个解释，一是一首诗内用许多样的节奏和音步，混合使用，一是根本打破普通诗的文字的规律"。他认为我们不能用自由诗的名字称呼革命后的诗歌。原因在于中国文字和西洋文字根本有别。（王晓生《语言之维》）

例⑥通过直接引语的形式引入"自由诗"，借助意向动词"认为"引出引语内容，同时用引号表示，使用明显的形式标记将源文本和主文本话语区分开来。第二个"认为"后的引语成分则没有使用引号标示，而是采用间接引语等语义引入的形式。这些不同的引语形式在话语表达的功能上有所差异。

（3）在文本的嵌入关系上：一个主文本可以有一个或多个源文本嵌入，源文本也可以再嵌套一个或多个源文本。

一个主文本语篇可以吸纳一个源文本，也可以将多个源文本同时吸纳进来，被吸纳的源文本内部也可吸纳另外的源文本，从而造成语篇的嵌套结构。这种吸纳的结果表现在引语上就是直接引语或是间接引语的嵌套结构。

例⑦通过指称词语《雪迹》将源文本语义引入，之后又采用引号标注的直接引语的形式将源文本话语引入，当前主文本通过多种方式吸纳了多个源文本，共同服务于主文本的叙述表达。

⑦由三个短篇构成的《雪迹》风格独特，虽然有着郭文斌惯常的冷静和简洁，也表现出浓重的超验色彩。不管是"从来没有过眼睛的觑"（《未曾失明的盲者》），还是"站着睡觉的原"（《原的生日和祭日》），都有力

地冲击着读者的期待视野。文本具有极强的实验性，带有一种《等待戈多》般的荒诞。(吴义勤《自由与局限》)

二、源文本与主文本的话语层次

不论主文本与源文本表述形式是否一致，我们都能够透过主文本和源文本的表述发现两个叙述主体，即主文本作者和源文本作者。

一般来讲，主文本和被关联的源文本的表述对象是一致的（如不一致，语篇将无法确立衔接和连贯）。但除此之外，主文本还要对源文本进行叙述。也就是说，源文本嵌入主文本的过程包含着两个层次：

一是主文本与源文本针对同一对象进行叙述的层次。

即主文本和源文本分别对同一表述对象表情达意的层次。源文本和主文本在语篇结构上融合为一个层次，源文本是主文本话语结构的一部分，共同建构语篇。源文本缺失会造成语义的混乱和语篇结构的不完整。如例⑧主文本话语和源文本话语同时对语篇对象进行叙述，二者叙述视角融合在当前主文本语篇中。

⑧谁料传国玺并未给孙坚带来什么"天命""吉祥"，不久他就阵亡岘山。(张江华《千古疑案 传国玺失踪之谜》)

二是主文本对源文本进行表述的层次。

主文本透过对源文本的叙述来展现观点。当前主文本除了包含源文本的他人话语外，还有主文本对源文本进行评论、叙述的作者话语，主文本话语往往会将自身的主观看法和观点附加在源文本之上，从而引导阅读者对源文本进行解读。这种解读是依据主文本作者的话语意图发展的。

例⑨通过直接引用的方式引入源文本话语，引入之后围绕源文本展开论述，被引入的话语在当前主文本的论证过程中，起到解释、说明、举例等作用。一方面增强了源文本的现场解读性，一方面增强了主文本论证的客观性。

⑨小说以这样的叙述开头："许三观是城里丝厂的送茧工，这一天他

回到村里来看望他的爷爷。"这一句简单的交代所蕴含的无限多的可能性此后全部由人物本身的发言和外在的行动来表现。现代小说中常有的叙述人介入或干扰人物的因素几乎都被放弃了，人物获得了极大的自主性和自足性。（吴义勤《长篇小说与艺术问题》）

三、主文本与源文本互动的两种倾向

传统语篇研究一般以一个独立的语篇为研究对象，考察语篇内部的话语衔接、意义连贯或语篇的论证结构等方面。传统语篇研究大都从静态语境来考察这些研究对象的形式特点，从静态角度比较容易发现或总结语篇的句法特征或是结构特点。但是我们知道，语篇与相关语篇可以构成一个有互文关系的系统。对这种互文关系的研究能够发掘出语篇之间的系统性与关联性，可以从动态角度更好地解读当前语篇。同时，一个语篇嵌入另一个语篇必然造成语篇结构的变化。篇外互文研究的对象正是源文本和主文本所形成的动态关系，也就是"他人话语"与"作者话语"的动态关系。

主文本和源文本原本存在于不同时空，现在由于语篇嵌入的原因，源文本出现在主文本中，在同一语篇共现后就涉及两个语篇的融合性问题。主文本和源文本的融合可以表现为主文本吸纳和接受了源文本，源文本成为主文本语篇中的有机组成部分。

当然，有时两种话语的融合很难彻底完成，原因在于主文本自身具有各种意义指向，源文本也保存着自身的结构或是意义的独立性，而且不同源文本的独立程度也有所差异。源文本独立性较强时，一般表现为直接引语的叙述方式；独立性较弱时，源文本被嵌入主文本后，为了保持与主文本语境或是话语风格的一致性而需要对其做出调整或改变，主文本的语篇结构消解着源文本的独立性，这种多表现为间接引语或是自由引语的叙述方式。

由此，我们得出主文本与源文本互动关系的两种基本倾向：

（1）主文本尽量保留源文本清晰而稳定的边界，采取积极态度维护源文本的完整和真实性。这种情况有利于准确而更严格地区分出源文本话语，将他人话语与作者语气分离，同时也有利于表现源文本的语言特征。

例如：

⑩美国的一位作家索洛曾在一本书上说过，美国铁路的每一根枕木下面，都横卧着一个爱尔兰工人的尸首。（夏衍《包身工》）

⑪真正对诗学产生影响的是《乐记》"心由物动，感物而发"的思想，历代诗学多将其作为诗歌的发生论看待，这也是顺理成章的，因为诗乐一体，乐感物而发，诗自然也不例外，更何况《乐记》中的"乐"本身就包括了诗在内。（翁其斌《中国诗学史》）

源文本最初是完全独立、结构完整的，并且是处于主文本时空之外的。源文本嵌入主文本，也就是他人话语成为作者话语的结构成分，并且与作者话题一致。同时源文本也保持着自身结构和语篇意义的独立性，这种独立性不会破坏主文本语境的言语内容，因此源文本被嵌入当前主文本中后，其自身的最初的独立性在形式或意义上仍然保留着。若不清楚这一点，我们就无法把握和理解源文本。我们可以依据源文本在主文本中被感知的程度而划分出一个引用形式渐变的连续统，如直接引语、间接引语、自由引语、心理独白等，它们的边界清晰度是不同的。一般来讲，作为一个形式标记明确的源文本，其嵌入主文本后，因为自身的独立性较强，所以对主文本语篇的结构的影响并不大。源文本在句法和结构上达到最大程度的封闭状态或是形式轮廓最为明显时，对主文本语篇结构的影响就最小。

因此，我们有必要依据源文本的形式特征、嵌入标记等感知和区分源文本明确的程度，同时区分出权势、意识形态、可信度及公式化程度等对接受源文本的影响程度。越是比较教条的权威式的经典性的源文本，越是不允许过度理解或评价。原因在于这种类型源文本的独立性较强，难以融合到主文本中来。如引经据典式的直接引语，因为它们大多能够被我们所强烈地感知，在主文本的语言表述中就越少渗入对源文本的评述和插语，而是直接引用用来论证或是佐证主文本。另外，语体差异、风格差异、格律等因素也有助于分辨出源文本。

（2）源文本嵌入主文本语篇后，主文本消除源文本明显的外部形式轮廓，分解着源文本的语境，在此类情形下，源文本的语境融入主文本语境中。读者在阅读时需要借助一定条件（查阅资料、增加知识阅历等）才能够分辨出源文本。源文本与主文本的界限不再明确。

⑫建成闷闷不乐地回去了，他能理解白振中，事实上，砍树这件事他本人也想不通，但是他也没办法，这是政治运动，是群众运动，不是一两个人就能挡得住的。他想，黑球和庆来也是没有办法才砍树的，要是有办法不会砍树的，这些树是他们年轻的时候栽的，他们是有感情的，但是跟整个社会形势来比，感情已经算不了什么了。（秦人《秦川故事》）

⑬方老先生因为拒绝了本县汉奸的引诱，有家难归，而政府并没有给他什么名义，觉得他爱国而国不爱他，大有青年守节的孀妇不见宠于翁姑的怨抑。（钱锺书《围城》）

例⑫～⑬中作者话语和人物话语融合在一起，二者没有明显的形式边界，人物话语借助作者话语表现出来，但我们还是可以借助主文本语境区分出来。"他想""觉得"等意向词语能够显示出人物话语的大致轮廓。主文本话语和源文本话语有机结合起来，在语篇的表达功能上也有着自己的特点。

这样一来，读者所接受的源文本的意义，不仅仅是源文本的意义，还包含了源文本之外的由主文本赋予源文本的新的意义。源文本的语言外部形式或语篇意义都较嵌入之前发生了一定程度的改变。这种改变有两种发展的可能性：

一是源文本嵌入主文本后，融入主文本语境，成为主文本语篇结构的一部分，如独白、暗引、模仿、反语等形式。

二是当前主文本的话语意义的重点或重心指向源文本，主文本围绕源文本表述的内容或者话题进一步展开表述。源文本融入主文本语境后变得更有力更活跃。源文本与主文本在话题推进过程中呈现连贯或是承接关系。

如果我们针对源文本嵌入主文本的动机或是主文本与源文本的两种倾向进行深入思考，那么我们就能够发掘出语篇嵌入所产生的语篇结构特点，特别是语篇嵌入的目的性。如有些语篇需要明确源文本的界限，敏锐地找到源文本的归属，并对源文本的真实性负责，如演说论辩语篇、新闻报道语篇等。而有些则是消除源文本的边界性，将源文本融入主文本语境中，引起联想或想象，增强文气，表现主文本自身的语言个性，如诗歌、小说、文学评论等语篇形式。

由此，我们发现篇外互文关系的确立并非是任意的，而是需要遵循一定的语篇嵌入原则。

A. 关联性原则：源文本和主文本之间具有一定的语义相关性，这是语篇嵌入的前提，语篇嵌入关系的确立除了包含基本的语义信息外，还应该包括语篇的意图信息。

B. 适应性原则：源文本嵌入主文本之后，会根据语境和表达意图的要求进行适当的语言表述成分的改变。语篇嵌入关系的实现需要遵循一定的模式，不同的表述方式、语篇结构是语篇嵌入关系的形式表现。

第三节　篇外互文的关联特征

根据上述对源文本与主文本关系的分析，我们可以归纳出篇外互文的关联特征。

一、明确的引用与隐性的借鉴

篇外互文至少涉及两个语篇，源文本由最初所在的文本以复本的形式嵌入主文本。但二者具有相对的独立性，源文本与主文本形成一种动态关系，这种关系制约着源文本改变的程度，并通过语言形式的变化体现出来。主要表现为明确和隐性两种方式。

明确引用：主文本直接提及源文本的名称、作者或具体段落，甚至直接复制源文本的内容。这种引用方式使得读者能够迅速识别到源文本的存在，并理解主文本与源文本之间的关联。

隐性借鉴：主文本虽然没有直接提及源文本，但在语言、风格、主题等方面表现出与源文本的相似性。这种隐性借鉴需要读者具备一定的文学素养和背景知识，才能准确识别出互文关系。

二、主题的维护与调整

主文本在对待源文本关系上表现为两种倾向：是否维护源文本的独立性和完整性。倾向的选择取决于主文本表达意图的需要。源文本嵌入主文本后，按照语境要求重新进行语篇结构的整合。嵌入的源文本不是主文本的点缀和附加，而是对主文本结构产生了切实的影响。取消源文本独立性和完整性的嵌入方式对语篇结构的影响较大。

维护：主文本与源文本可能探讨相同的主题或问题，如爱情、死亡、社会正义等。这种共鸣使得两个文本在思想层面上形成连接，读者在阅读过程中能够感受到这种共同关注。

调整：主文本可能在源文本的基础上对某一主题进行更深入的探讨或分析，提出新的观点或见解。这种深化不仅展示了主文本的创新性，也体现了对源文本的尊重和发展。

三、风格的继承与创新

不同历史时期的篇外互文关系可能受到当时社会、文化、政治等因素的影响，呈现出不同的特点和变化。主文本与源文本可能来自不同的文化传统或语言体系，这种跨文化的互文关系使得篇外互文的研究更具挑战性和丰富性。主要表现为继承和创新两种形式。

继承：主文本可能在语言风格、叙述方式等方面继承源文本的特色，这种继承使得主文本在风格上与源文本保持一致，形成了一种连贯性和统一感。

创新：在继承的基础上，主文本也可能对源文本的风格进行改造或创新，形成自己独特的艺术风格。这种创新既体现了主文本的个性，也展示了作者对源文本的批判性思考。

四、互文关系的多层次性

主文本和源文本的关系体现在话语的不同层次上，即主文本的作者话语和源文本的他人话语。主文本不仅对表述对象进行叙述，还要对源文本进行叙述。主要表现为：

表层互文：主要体现在语言、符号等具体层面上的引用和借鉴，读者能够直接感知到主文本与源文本之间的联系。

深层互文：涉及主题、思想、情感等更深层次上的共鸣和对话，需要读者进行深入的思考和解读才能理解。

通过对这些关联特征的详细分析，我们可以更加深入地理解篇外互文在文学创作和批评中的重要性和价值。它不仅丰富了文本的内涵和外延，也拓展了读者的阅读视野和理解深度。同时，篇外互文的研究也有助于我们更好地认识和理解文学作品的多样性和复杂性。

第四节　篇外互文结构的实现方式

我们分析了主文本和源文本的内在关联后，有两点值得我们注意：

一是主文本稳定地处于当前时空中，源文本是被借用嵌入当前时空。源文本通过何种方式嵌入主文本，源文本嵌入后本身发生了多大程度的改变？

二是源文本在嵌入主文本时，会产生哪些特定的形式标记？这个形式标记对于我们分析篇外互文起到哪些作用？

下面我们围绕这两个问题展开专门论述。

由例①～④我们可以知道，源文本与主文本发生互文关联的类型主要分为实体互文和语义互文两大类。

一、实体互文

实体互文是篇外互文的一种具体形式，它指的是在主文本中直接引用或提及具体的实体，如人物、事件、作品等，这些实体作为源文本的元素，与主文本形成互文关系。无论识解度的高低，源文本的一部分或全部内容切实进入了主文本，并成为主文本话语的一部分。实体互文通过直接引用源文本中的具体实体，将源文本的内容、意义或情感融入主文本中，从而丰富主文本的内涵，增强其表达效果。

实体互文根据嵌入的话语忠于源文本的程度，可分为形义完全嵌入和形义非完全嵌入。形义完全嵌入如直接引语，它的形式标记为引号或是加上引导句。形义非完全嵌入如间接引语与自由引语等，引号不出现，在形式上一般有引导句。当然二者也可以采用零标记形式。

实体互文的特点在于其直接性和明确性。通过直接提及源文本中的具体实体，主文本能够迅速建立起与源文本的联系，使读者能够明确感知到这种互文关系的存在。这种直接性不仅有助于增强主文本的说服力和可信度，还能够引发读者对源文本的联想和回忆，进一步加深对主文本的理解和感受。

在分析实体互文时，我们需要关注主文本如何选择和运用源文本中的实体。这些实体的选择往往与主文本的主题、情感或观点密切相关，它们可能作为例证、对比或象征等元素，在主文本中发挥重要作用。同时，我们还需要考虑这些实体在主文本中的具体运用方式，如是否进行了改编、重塑或重构，以及这些改编、重塑或重构是否影响了实体与源文本之间的互文关系。

二、语义互文

语义互文是篇外互文的另一种重要形式，它指的是通过语义上的联系和暗示，将源文本的意义、情感或观点融入主文本中，形成深层次的互文关系。与实体互文直接引用具体实体不同，语义互文更注重通过语言本身的意义和内涵来构建互文关系。

语义互文的方式主要是通过指称实现，形式标记表现为出现将语篇或语篇外对象引入主文本的指称词语。如"这篇文章、那部小说"或是其他指称性的专有名词成分。如例⑤通过专有名词成分《散文河里没规矩》便把这篇文章以源文本的语义关联的方式嵌入当前阅读的主文本中。

在语义互文中，源文本和主文本可能没有明显的直接引用或提及，但它们之间通过语义上的相似性、相关性或对照性，形成了一种隐性的联系。这种联系可能涉及主题、情感、观念等多个层面，需要读者通过深入理解和分析才能揭示出来。

语义互文的特点在于其灵活性和深度。它不受限于具体实体的引用，而是可以通过语言的多种表达方式来实现。例如，通过隐喻、象征、比喻等修辞手法，主文本可以间接地引用源文本的意义，从而传达出更为丰富和深刻的内涵。

语义互文在文学作品中扮演着重要角色。它不仅能够增强作品的表达效果，还能够拓展作品的意义空间。通过语义互文，作家可以巧妙地借用前人的思想、情感或观点，为自己的创作注入新的活力和深度。同时，语义互文也为读者提供了更广阔的解读空间，引导他们深入思考作品背后的深层含义。

在分析语义互文时，我们需要关注主文本和源文本在语义上的联系和共鸣。这需要我们具备一定的文学素养和批判性思维，能够深入挖掘语言背后的深层含义和作者的创作意图。语义互文通过语义上的联系和暗示，将源文本的意义融入主文本中，形成深层次的互文关系。这种互文关系不仅丰富了作品的内涵和外延，也拓展了读者的阅读视野和理解深度。

由此来看，实体互文和语义互文在语篇结构分析中各自扮演着重要的角色，为我们提供了深入理解文本的新视角。在语篇结构分析中，实体互文和语义互文可以相互补充，共同发挥作用。实体互文提供了具体的、可见的引用元素，有助于我们直观地理解主文本与源文本之间的联系。而语义互文则通过深入的语言分析，揭示出更为深层次的互文关系，帮助我们理解作者的创作意图和文本背后的深层含义。

综上所述，实体互文和语义互文在语篇结构分析中都具有重要作用。它们不仅丰富了我们的分析方法，也为我们深入理解文本提供了新的视角和工具。通过综合运用这两种互文分析方法，我们可以更加全面、深入地把握语篇的结构和意义。

第五节　篇外互文对语篇结构的影响

传统语篇结构的研究从微观入手主要是研究语篇内的词语句段之间的语法手段（替代、照应、省略等）和衔接方式（同现关系、复现关系等），从中观入手即探讨语篇话题及话题推进，从宏观入手则是分析不同的言语行为类型如叙事、论证等决定的语篇结构框架。我们知道，语篇现象从本质上说是不可能只在孤立的篇章中得到阐明和解释的，语篇总是在与其他语篇的关系中形成和实现它的功能的。互文理论的语篇嵌入分析在这一点上为语篇分析打开一个新的视角。

将语篇放在一个语篇系统中考察能够更加清晰地展现出语篇自身和语

篇系统之间的关联性，能够更好地解读当前语篇。语篇嵌入关系的不同，以及嵌入目的和意图的差异，导致了互文语篇在结构关系上的差异。互文理论下的语篇结构已经超越了语篇内部的词语层面的理解，超越了一个语篇内部话题的局限，将当前语篇置于语篇系统来考察，基于更加宏观的语篇结构来理解深层意义，整体上把握语篇特点，了解语篇的意图与关系。通过对源文本关联主文本的研究，我们致力于揭示语篇互文实现过程中语言的形式意义等语言手段和语篇意图之间的联系，研究语篇互文发生后对语篇结构和语篇功能所产生的影响。

根据源文本关联主文本后是否成为主文本话语的有机组成部分，源文本话语与主文本话语是否有机融合在一起，我们可以将篇外互文结构分为两种类型。

一、单层结构

在单层结构中，源文本关联主文本之后成为主文本的有机部分。二者的话语叙述方式趋于一致，源文本作为主文本的语篇成分直接参与了主文本语篇结构的构建。在关联主文本的过程中，源文本的边界可能被明显感知并确定，如使用引号等；也可能以一种隐性的或是零形态的方式展现，如自由引语的互文方式就很难有效区分作者话语与人物话语。源文本直接参与了主文本的话题发展和信息推进，源文本与主文本之间通过各种有效衔接手段使得互文关联完成之后的语篇语义保持连贯。

语法结构单位的组合具有一致性和递归性，互文语篇系统的结构分析与传统单一语篇内部的分析模式同样具有一致性和递归性。单层结构犹如传统语篇分析中常见的顺序关系结构，语篇中的句子按照事物发展顺序依次排列而出，次序不能随意变动，否则就会造成语义或结构关系混乱。

⑭康有为所说的"元"是"大道乾元""元气"的"元"，也就是作为"天地之始"的"太一"或"太极"。（昌切《思痕集》）

⑮岳拓夫眼前一亮，好家伙，荷花开了那么许多，什么时候开的？他怎么不知道？难道是一夜之间突然开的？每天早上他都沿着这个湖边跑步，怎么就没看见呢？（张洁《条件尚未成熟》）

通过例⑭～⑮，我们可以看出，在源文本嵌入主文本充当话语成分的过程中，源文本的含义可以以引语的方式直接在句段中使用，也可以对源文本进行二次阐释，使用其比喻义或是临时意义或是将作者话语和他人话语糅合起来。因此，在单层结构中源文本话语存在两种叙述形式：

（1）主文本和源文本互文边界清晰，源文本被直接引用，充当主文本的句法结构成分。

（2）主文本和源文本互文边界模糊，源文本被糅合在主文本话语中，充当主文本的句法结构成分。

二、多层结构

源文本镶嵌在主文本结构上，但是源文本语篇本身具有相对独立性，二者在叙述方式上存在差异，并没有融合在一种话语形式中。在语篇互文过程中，引语和引导词等被用来区分主文本和源文本的界限。嵌入的源文本可以是对主文本表达的解读、论证或是承接关系，但是链接的源文本语篇一般不会参与主文本语篇主线信息的推进，它只跟当前相关联的主文本进行对话和形成语义互动。

源文本链接到主文本后，二者语篇主题必须保持一致，否则互文关联后语义无法连贯，无法组合成新的语篇结构。在主题一致的基础上，语义的互动主要表现为语义相合、语义相交、语义相接三种情形，据此我们将二者的结构关系划分为解读结构、论证结构以及承接结构三大类型。每一种结构类型还可以根据研究的需要进一步划分下位类型。

1. 解读结构

源文本关联主文本之后，与主文本在语义上相融合一致，二者构成相互解读的结构关系。这种结构关系可以表现为多种下位语篇结构类型，如解释结构、补充结构、换叙结构、评价结构、总述结构等。源文本嵌入主文本的语篇位置可前可后。一般来讲，二者在语义上构成解读关系。如：

⑯客山上的莲花寺传说是唐太宗李世民读书、晒书的地方。传说有一日，李世民读书之余，在漆水河摸鱼戏水，不料书没入水中，夕阳落而再现，将书晒干，这里就成了武功八景之一。（秦人《秦川故事》）

主文本叙述莲花寺的由来，源文本嵌入主文本后对主文本进行补充解释，进一步完善了主文本的表意功能。这使得整个语篇意义变得清晰，更加有利于读者整体理解和把握。

2. 论证结构

源文本关联主文本之后，与主文本在语义上相互佐证说明，二者构成论证结构关系。论证结构关系可以表现为正向论证结构、反向论证结构等多种下位语篇结构类型。如果源文本作为观点嵌入主文本，主文本就会对源文本进行论证说明。如果源文本作为论据嵌入主文本，则是源文本对主文本进行列举或举例说明。

⑰巴赫金认为"每一文本背后都有一个语言系统"。但是，他认可这一基本的符号学事实是带有保留的，文本的整个语言层面只应当被认为是"材料与工具"。文本中主要的东西乃是"它的构思，所要表达的那个构思"，"它那里与真、善、美、历史有关系的东西"，"能成为某种有个性的、唯一的与不可重复的东西"。(赵小麒《文本陈述中的引语异质性研究》)

⑱诗行的语序颠倒，影响诗行的自然流动，也易使名词或名词片语形成孤立状态，因而产生单纯意象。例如王维的《汉江临泛》中的两句：楚塞三湘接，荆门九派通。……又如谢朓《和徐都曹出新亭渚诗》中：日华川上动，风光草际浮。(王国璎《中国山水诗研究》)

例⑰先是将源文本作为观点嵌入主文本，之后对源文本进行论证说明，同时指出源文本观点的问题所在，进而得出不同结论，这是一种反向论证结构。例⑱则是先通过主文本论述得出观点，再通过嵌入源文本举例论证说明，构成一种同向论证结构，证实同一观点或主题。

3. 承接结构

源文本关联主文本之后，二者在语义上并非是解读和论证结构，而是构成一种承接结构关系。这种承接结构关系可以表现为承前结构、启后结构等多种下位语篇结构类型。主文本将源文本作为话题嵌入，并对源文本的话题展开叙述就会形成语篇的承接结构。如果源文本作为已有话题引入就会形成承前结构，如果源文本作为新话题或观点被引入，则会开启新的叙述线索，从而形成对源文本的启后结构。

⑲如果说到"间离效果"，中国戏曲的表现形式可太多了。（阿甲《戏曲表演规律再探》）

⑳一个诗人必须懂得"以水仰慕的目光去看山，以山竖起的耳朵去听水"的意义，这样诗人才能把万事万物的气息移入到诗歌中来。这个下午，我愿意站在窗前，以欣赏的目光去享受眼前那些高于人类的事物，我把心留在那些酝酿花朵和果实的事物身上。（黄礼孩《午夜的孩子》）

例⑲将源文本话题关联到当前主文本中，继而对源文本话题进行叙述，构成承前结构。例⑳则是将源文本作为新话题或观点嵌入，主文本顺接源文本观点进行叙述，从而形成启后结构。值得注意的是，在承接结构中，源文本嵌入后会出现一些承接关系的接引词语，如"说到""什么""怎么就""这样一来"等接引成分来表示语篇之间的嵌入关系和关联性，预示语篇话语发展的方向。

通过对篇外互文结构的分析，我们可以将语篇关系对语篇结构的影响用图6-1直观显示出来。

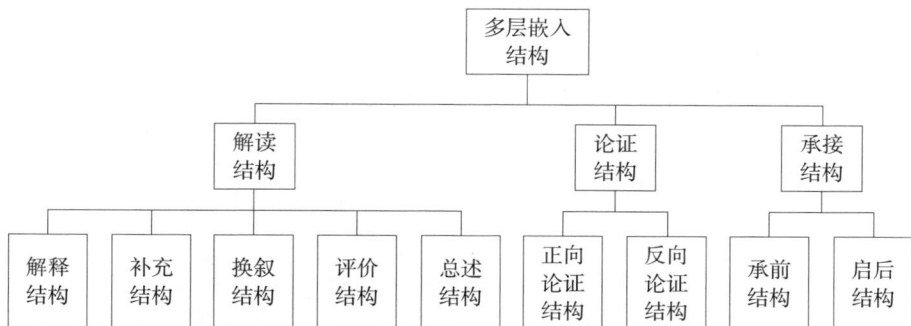

图6-1　语篇关系对语篇结构的影响

同时，针对源文本关联到主文本的篇外互文关系建立的过程，我们还可以得出以下结论：

（1）篇外互文是语篇之间相互作用、相互关联的过程，语篇互文的发生机制便是语篇之间的互动模式，这种互文关系的差异可以形成不同的语篇结构和信息表达模式。

（2）源文本与主文本语义互动过程中，源文本可以直接充当主文本的语篇的语法结构成分，形成单层结构关系。源文本也可以保持相对独立性，与主文本语篇形成解读结构、论证结构、承接结构等多层结构关系。语篇结构关系还可以根据主观意图和话语表达的需要进行下位小类的划分，以更加具体地显示语篇之间的关联性。

（3）语篇互文关系既是语篇之间相互影响、相互关联的过程，也是语篇关系不断调适、重组和改变以期实现说话人话语意图的过程。在这过程中，话语的表述方式会通过诸如引号、引导词或是元话语成分等进行不断修正。

第六节　篇外互文框架下的引语研究

一、语篇视角下的引语研究现状

传统引语研究侧重于从语法层面对引语结构进行分析，研究内容主要体现在引语类型的划分以及引语的句法功能两个方面。引语通常划分为直接引语和间接引语两大类，划分的依据为是否使用引号。但在现实言语交际中，引语的形式多样，语篇功能各异。如果将引语简单分为直接引语和间接引语，很难全面涵盖和厘清引语的结构特点。特别是在诸如小说类的叙事语体中，引语形式复杂多样。

巴赫金从言语体裁的角度对引语进行了研究，认为引语是叙事体话语中人物语言与作者的表述相对又相融的产物，暗含着"双声"与"对话"可能。即一个语篇内部出现作者和叙述者两个声音。巴赫金的研究涉及了引语研究的本质问题：引语如何产生，引语如何关联着话语的内部结构与涉及不同的话语层次。巴赫金虽然没有从语言学角度做出深入分析，但是将我们带入引语研究的另一领域——语篇框架下引语的类型和功能的研究。

当前国内部分学者也尝试用新的视角来考察引语现象。如辛斌（2009）、高迈（2013）、马国彦（2015）利用语言哲学中的语言提及和使用理论来探讨引语问题，研究考察引语的使用方式、呈现形式以及语义特征。另外，马国彦还从引语介体的角度对使用性引语进行了研究。整体来看，这些研究都是从引语的一个方面来考察引语对语篇和句法的影响与作用，并没有对引语的语篇本质以及引语对语篇结构的影响展开全面论析。基于此，本书研究的立足点在于：将引语看作语篇结构的组成部分，重点考察引语嵌入主文本语篇后对语篇结构的作用，并分析这种嵌入关系对语篇和话语功能带来的影响。

二、语篇互文视角下的引语分析

1. 引语研究涉及语篇时空关系

引语不仅是一种言语行为，而且是把一个言语行为通过语义描述带入另一个言语行为中的语篇言语行为，它的形成涉及两个语篇。引语研究在本质上是研究引语所关涉到的语篇之间是如何建立互文关系的。

引语最初作为源文本语篇的一部分或是全部，是完全独立、结构完整的，并且处于当前主文本语言环境之外。即使被吸纳到主文本语境中，它自身依然保持一定的语言完整性和结构独立性。这种独立性在语言形式上表现为嵌入主文本的引语一般会加上引号、引导语或话语说明等，从而将引语与主文本区分开来（当然抄袭另当别论，它需要采用语篇比对的方式才能被发现）。同时一个语篇中可以出现多个引语，也可以在引语中再嵌套一个或多个引语。例如：

㉑康保成把李玉形象地比喻为"一条泥沙俱下、泾渭难分的河流"，并强调说"李玉如此，苏州派其他作家也概不例外"。（范红娟《现代化语境中的20世纪传奇戏剧研究》）

据此，引语与主文本语篇具有以下关系：
（1）在语篇时间关系上：引语先于主文本而形成。
（2）在语篇空间关系上：引语借助一定标记从另一空间转移到主文本

所在空间。完成互文关系的主文本与引语在同一个时空中共存，但存在的话语方式有所不同。

（3）在语篇的嵌入关系上：一个主文本可以嵌入一个或多个引语，引语还可以再嵌套一个或多个引语。

为了能够将引语顺利嵌入主文本，我们需要将引语纳入与主文本表述一致的句法结构和体式风格中，即使得引语保留有最初的句法或结构的独立性。引语如何被接受，且在接受中如何将引语内容清晰展现出来，以及接受后的主文本和引语关系如何，都是我们需要重点探讨的问题。找到引语建立互文关系的依据，那么引语使用的过程就不再是偶然的、模糊的心理范畴的接受过程，而是形式与意义结合起来，并以语言形式展现出的积极接受引语的稳定的过程。

2. 语篇引语结构的重新分析

传统引语研究大多从静态角度来确定引语形式与类型，因为从静态角度更易分析出可以总结的句法特征。但仅从语法层面静态考察，探讨不同引语类型之间的形式或类型差别，那么我们归纳出的只是引语的话语形式，无法深入解释引语产生和运用的本质机制，更无法全面涵盖和厘清现实生活中存在的形式多样的引语。如直接引语确立的形式标记是引号，而在某些引导语明确的情况下，虽然没有使用引号，但是我们也同样能确定引语是直接引语。如例㉒据语境可以确定引导词"说"后面的内容为服务生的原话。

㉒跟在后面的服务生忙拦阻说，这屋已有客人，先生另选吧。（孙春平《地下爱情》）

互文理论视角下的引语研究从语篇嵌入关系着手，这种嵌入关系可以是形式标记或内容明确的，也可以是形式标记或内容出处模糊的。我们研究的侧重点不是引语本身的结构变化，而是引语嵌入主文本后对语篇结构产生的影响。

基于此种认识，我们可以得出针对引语的语篇研究本质分析：

主文本语篇对其他语篇进行语义描述，在语言形式上就体现为引语。引语作为一种语篇行为，它的使用涉及两个语篇：即引语最初所在的语篇与吸纳了引语的主文本语篇。我们可以通过对引语嵌入主文本前后发生的形式和语义变化的分析，揭示出引语在语篇互文结构建立方面的重要功能。

在引语实现过程中，引语与主文本显示的方式不同。主文本直接出现在作者和读者面前，而引语所在的源文本语篇则是存在于他处的，是非直接显示状态。我们只能通过引语来感知源文本语篇。因此，源文本是间接的、隐含的。但是如果读者不了解引语所关涉的源文本话语，就会给主文本阅读带来障碍。除此之外，引语的语言外因素如社会文化背景、时空关系、场景、引用主体、接受主体等，都以各种形式影响引语的嵌入。这些因素有时是很难把握的，因此我们必须找到进行分析的形式依据。如历史文化背景对引语的制约就表现在引语运用形式上。一般来讲，经典性或是明确性话语常常采用明显醒目的语言形式，如添加引号、引导词或是改变字体颜色等，以凸显其真理性、权威性（如例㉓）。而非经典性的或是争议性的话语则采用隐晦的话语形式，如采用暗引或转喻等方式以消解其争议性、倾向性（如例㉔）。

㉓莫高窟对面，是三危山。《山海经》记，"舜逐三苗于三危"。可见它是华夏文明的早期屏障，早得与神话分不清界线。那场战斗怎么个打法，现在已很难想象，但浩浩荡荡的中原大军总该是来过的。（余秋雨《莫高窟》）

㉔有学者认为陈子龙词中关涉闺情之作甚多，实乃抒"民族兴亡之感"。照此理解，则此词下片乃是状词人心目中祖国之山川文物，它们一旦遭受破坏，词人便产生无穷哀思，如连天芳草万点昏鸦而莫可涯际了。（徐培均《岁寒居说词》）

引语嵌入主文本语篇后，一般会有两种方式呈现：

一是我们能够清晰辨识引语与主文本的界限。引语作为独立结构镶嵌在主文本主线结构中。这种方式表现为直接引语以及其变体的各种引语的情况。通过引号或是引导词能够析出引语成分。引语成分可以被统辖在一定的言说动词下。如例㉓。

　　二是引语的语义内容在一定语篇意图下被融入主文本语境中，并成为主文本主线结构的组成部分。这种方式表现为引语成为主文本语篇结构的一部分，充当建构语篇的句法成分，言说动词无法统辖，缺省了引语成分，语篇便难以理解或是不能凸显某种语篇意图。如例㉔。

三、引语的互文机制

1. 引语的提及与使用

　　语言与其他非语言性的交际工具的根本差别在于：语言不仅可以描述宇宙万物，更能描述语言自身，语言的这种特性被称为"自反性"①（reflexity）。自然语言在描述外部事物和描述语言自身时，实现的方式有所不同。当语言单位用作描述外部世界时，一般是语言的"使用"（use）；当语言单位用作描述语言自身时，就是语言的"提及"②（mention）。例如：

　　㉕A：多数孩子喜欢吃巧克力。
　　　B："巧克力"是个外来词。（陈嘉映《语言哲学》）

　　例㉕A、B两个句子中，第一个"巧克力"语义是对客观世界存在的食物的指称，是语言对当前存在的事物的描写，是基于对象语言层面的语言"使用"。而第二个"巧克力"则是对词语本身属性的指称，并没有指向语言之外的客观事物，它是用来解释语言的语言，因此是基于元语言的语言"提及"。

　　根据上文对引语结构的重新分析，引语是一个语篇关联到另一个语篇的言语行为，引语既可以作为元语言成分被直接"提及"到当前语篇中，也可以作为对象语言成分被当前语篇"使用"，充当当前语篇的句法结构成分。因此，引语的问题必然涉及语言的"提及"与"使用"的关系（高迈，2013），对于二者的差别，我们可以综合引语的情景、语义和形式加以辨别（马国彦，2015）。如：

---

① Lyons J. *Semantics*［M］. Cambridge：Cambridge University Press，1977：5.
② Lyons J. *Semantics*［M］. Cambridge：Cambridge University Press，1977：6.

㉖与张承志一样，史铁生也是有着强烈的社会责任感和历史使命感的作家，它非常珍视人类的道义良知，也非常崇尚乡村的自然纯朴和原始艺术的美。他在《答自己问》中赞美原始艺术：他们从天真的梦中醒来……只相信自己心灵的感悟，无论敬仰日月，赞颂生命，畏于无常，祈于歌舞，都是一味地纯净与鲜活。（昌切《思痕集》）

㉗她跟陶小陶躺倒就不想再起来了，丁一将随身带来的食物拿出来，说，我们要在山顶吃午饭，这很有意义。歇了半天，俩美女才坐起来吃那顿有意义的午餐。（宗利华《天黑请闭眼》）

例㉖中的画线部分是引用者将一个语篇嵌入当前语篇之中的言语行为，虽然语篇嵌入过程中并没有出现引号标记，但是我们能够通过引导语句"他在《答自己问》中赞美原始艺术"清晰地将冒号后面的引语成分与主文本的作者话语区分，引语部分是采用直接引语的形式对史铁生的《答自己问》语篇的直接呈现。在引语嵌入主文本语篇的过程中，引用者立足主文本的叙述视角。但是，引语保持着自身的话语独立性，并与当前主文本话语结构分离，并不受当前叙述情景的制约。引语部分通过言说动词"赞美"提及的依然是引语所在源文本的叙述情景。换言之，引语部分不是对当前主文本表述对象的指称，而是对语言单位的指称，因此引语部分可以被言说动词"赞美"统辖起来，相当于言说名词成分（赞美的一段话），这段话在形式上可以被替换或删除，且不会影响当前语篇的整体结构和语义的完整性。因此，直接引语、间接引语以及各种引语变体，如自由直接引语、自由间接引语等，都应该归为提及性引语。

而例㉗的引语则有所不同。引用者将一个语篇引用到当前语篇之后，引语成分被重新分析。如同例㉕的"巧克力"的语言"使用"用法一样，虽然例㉗的"有意义"来源于提及性引语"我们要在山顶吃午饭，这很有意义"，但是与上下文语境有机融合起来，并且充当了主文本话语的句法成分而成为主文本语篇话语结构的一部分，在句法以及语义等方面都与主文本语篇保持一致。引语中的"有意义"是对"我们要在山顶吃饭"这一语言单位的指称。而在当前语境中，"有意义"的语义指向现实中的"午餐"，引语成分作为语言单位参与了对客观事物的指称，因此这里的"有意义"脱离了元语言使用层面而进入了对象语言使用的层面。作为句法成分参与当前语篇句子的构造，不能被随意删除和替换，并与当前语境有了一定的依存性和一致性；如果被删除或替换，语句就无法成立，或是无法表示特定的语篇意义。基于此，我们将之称为"使用性引语"。

2. 引语提及与使用的动因

引语在本质上可以被理解为将他人话语嵌入当前的作者话语的言语行为。因此引语现象不仅涉及两个语篇，更涉及主文本与引语在同一语篇共现后，当前主文本的作者话语与引语的他人话语的关系问题，引语的提及与使用功能正是在此基础上衍生而来。引语嵌入主文本的方式可以概括为两种类型：

（1）主文本维护引语的完整性和真实性，维持引语原有的语境条件。

两种话语的融合有时在当前主文本的语境中很难彻底完成，这不仅是因为主文本自身具有各种意义指向，而且引语自身也保留着结构独立性，当然这种独立性的程度有所差异。独立性较强时一般表现为直接引语或间接引语，独立性较弱时表现为自由引语。在这种情况下引语并没有因为嵌入主文本而改变，而是尽量保持自身清晰而稳定的界限，并与主文本叙述语境分离出来，这种嵌入方式有利于阅读者对引语的边界做出准确区分，有利于厘清他人话语与作者话语的责任关系。这种区分的程度受到语言表达意图以及被引用话语的权威程度等多方面因素的影响。如引经据典式的直接引语，因为它们大多能够被我们所强烈感知，故在主文本中就很少渗入评述和插语。提及性引语显然适应了这种语篇表达的需要，它能够突出引语和主文本的边界，使阅读者能够清晰对语篇涉及的作者话语和他人话语进行区分，并保留了所引用语篇的叙述特征，如人称、时空关系、句法结构等，保证了源文本最初形式的完整性。

尽管提及性引语保持着自身的独立性，但是主文本仍然可以通过引导语等辅助手段，对引语进行叙述干预。产生这种干预的根本原因在于主文本作者嵌入主观意图的需要。巴赫金也指出"一方面转述者尽可能清楚地标示出转述引语的边界，把它与自己的话语分开，从而保持话语的完整性和真实性。另一方面，转述者可能以微妙的方式把自己的声音渗透到转述引语中去"①。

从这个角度来讲，提及性引语本质上就是将两个不同语篇在同一语篇中再现，进而确定为一种叙述模式的话语转述行为。例如引导语与引语位置的不同，会对主文本语篇结构产生影响。引导语在后，引语内容多起引出话题或是论证话题作用；引导语在前，多为主文本观点与引语观点撇清关系，强调话语观点为他人所有，或是通过引语内容对主文本话语做出总结。

㉘不是吗？山海关纵然是坚固险要，可也有被攻破的记载；而吴三桂的引清入关，更是不攻自破。多尔衮的铁骑，不就是从这洞开的大门下面蜂拥而过席卷中原的吗？"恸哭六军俱缟素，冲冠一怒为红颜。"吴梅村《圆圆曲》，道出了当时爱国人士对吴三桂的愤慨和痛恨。（峻青《雄关赋》）

依据语篇互文关系的分析，我们可以梳理出提及性引语的确立原则与语篇结构特点：

提及性引语由于语篇互文嵌入关系的需要而产生，在嵌入主文本后仍然保持语篇的相对独立性，表现为镶嵌在主文本语篇结构上的能够独立成文的语段或语句。这些语句或语段可以被替换为言说名词成分，如"一句话""一段话"等内容。正是在这种独立性作用下，引语与主文本语篇形成互动，进而产生多种复杂语篇结构关系。

（2）主文本分解引语原有的叙述语境，将引语引入主文本话语并成为主文本话语的有机组成部分。

引语在嵌入关系发生之前独立存在于其他语篇中，引语转述到主文本时，语义信息往往会发生部分丢失。原因在于提及性引语多是截取的片段性的信息，无法提供除引语本身之外的更多信息。为了防止信息的丢失或是达到某种语用意图，主文本叙述者会将引语的叙述视角与主文本语篇叙述视角融合起来，这就打破了引语和主文本语篇原有的时空关系。在语言

---

① 钱中文. 巴赫金全集：第二卷［M］. 李辉凡，等译. 2 版. 石家庄：河北教育出版社，2009：467.

形式上，表现为主文本语篇借用引语成分组构语篇，进而使阅读者唤起对引语内容的理解和回应，造成引语受到主文本话语干预而形成"双音"现象。直接借用引语成分组织主文本话语使得引语的信息量更大，形式更加自由，进而使得主文本语篇能够直接对引语进行强调或评价，达到语义更加连贯或是强调某种语用意图的目的。

引语被"使用"后，其语言形式随着表达的需要而灵活多变，但多表现为单个词或短语的形式，并且相当程度上被重新语境化。读者在阅读时需要借助一定条件（如上下文语境等）才能够分辨出引语在当前主文本语篇中的意义。这时阅读者所接受的也不仅是引语话语意义，还包含了引语之外的由主文本赋予的新的含义。

例㉙先是直接引入他人话语，以此作为论证材料。引入之后又对他人话语进行了加工改造，重新组织后融入主文本语境，被引入的话语不仅有了原本的意义，更是被当前主文本赋予了新的意义。

㉙"男儿有泪不轻弹，只因未到伤心处。"到了伤心处，多么刚强的汉子也要弹下泪来。男人这样，女人更是如此。她的泪哗哗地流下来。待她进了灵棚，看到摆在地上的王来顺的尸体，猛地扑上去嚎啕大哭。（岳中山《来世之约》）

基于上述观点，我们可以得出使用性引语的确立原则与语篇结构特点：

使用性引语的语篇互文关系体现在对引语提及后，再截取提及性引语中的部分或全部进行使用，使用性引语不能像提及性引语那样补出对它进行陈述或指称的言说动词或名词。由于独立性被取消并被当前语篇赋予了新的句法特点与语义特征，因此使用性引语体现出当前语篇的作者话语与嵌入语篇的他人话语的融合，即巴赫金所谓的"多声部"现象。作者话语可能与他人话语含义一致，从而构成特定的强调、复现情景等表达效果。如果作者话语与他人话语含义不一致，却被作者引用到当前结构中，目的是厘清各自的话语责任，便会造成反讽、否定等话语特点。这也是使用性引语与形式上相似的提及性自由引语的主要区别。

另外，不同语篇类型或风格体例也会对提及性或使用性引语的选择产生影响。在叙事语篇中主文本话语与引语的关系由于叙述视角、表达意图的需要不断调整，会灵活选择嵌入方式。而操作性语篇或科技语篇中则需要明确区分主文本话语与引语的边界，因此多使用提及性引语（主要表现为参考文献、注释等）。

四、引语提及与语篇互文结构

1. 引语提及的类型

所谓提及性引语就是以语言"提及"的方式将引语嵌入主文本语篇。引语与主文本话语在叙述语境中处于一种相互独立的状态。直接引语及其各种变体如间接引语、自由引语等都属此类。在提及性引语中有两种现象值得我们关注，请看语例：

㉚袁宏道曾说"浴牡丹、芍药宜靓妆妙女"，美人亲笔所写的牡丹诗也不可不读。宋代的才女们似乎对牡丹都没有好感。朱淑真的《牡丹》一诗中说："妖娆万态逞殊芳，花品名中占得王。莫把倾城比颜色，从来家国为伊亡。"看来是把牡丹当作红颜祸水了。（江湖夜雨《如随啼鸟识花情》）

㉛"啪！"他一拍大腿，"听上去的确不错，那就这么着吧。"

"着什么着！你贫什么呢！跑到哀家跟前来犯酸！有时间来哀家这儿开后门，不如快去搞定那些酸书生，你就不怕梁太傅捷足先登吗？"（星野樱《嬉游记》）

例㉚是直接将袁宏道和朱淑真的话语嵌入当前主文本中来。引语可以被替换成言说名词，在叙述方式和句法结构上都保持着自身的独立性。其叙述语境、话语风格都与当前主文本有所不同，是一种典型的提及性引语现象。

例㉛则有所不同，话语在引用时并没有将引语内容直接呈现，而是将引语的典型话语特征"着"使用在句法结构中，这与引语的使用性的形式特点相似。但经我们深入分析发现，主文本中的虚词"着"的句法性质相比较始发语发生了一定的句法性质和语义功能的变化，不能再作为结构助词来理解，而更接近言说动词，由语气转为陈述，相当于"说什么说"。引语的话语情景仍然停留在始发语的叙述情景中，并没有与当前语篇情景一致。使用"着"的语用目的不是在于指称客观事物，而是指称始发话语，由此来看，此处还应归结为提及性引语。这种话语的接引代入本质上是一种互文关系的建构，将始发话语作为源文本嵌入主文本中，由此建立互文关系。当然这种引用方式也可以看作话语互文关系建立的一个形式标记。马国彦（2015）将这种形式标记称为"引语介体"。笔者赞同马国彦的提法，并将这种非直接提及而是通过间接方式提及的引语称为"间接提及引语"以区别于"直接提及引语"。下文对此展开具体分析。

（1）直接提及。

一个主文本可以嵌入一个或多个引语，引语还可以再嵌套一个或多个引语。因此主文本直接提及引语的方式主要有三种类型：

一是主文本提及一个引语。

二是主文本同时提及多个引语。

三是主文本提及的引语中又嵌套着另一个或多个引语。

据此我们可以将提及性引语划分为单独提及引语、并列提及引语以及嵌套提及引语三种。通过对语篇嵌入方式的演绎，我们能够将所有的引语类型都吸纳到本系统中。

A. 单独提及引语。

单独提及引语嵌入主文本之后，结构形式和原有语境并没有发生变化，一般带有较为明显的形式标记，这些形式标记主要有引导语、引述动词、引号等连接引语内容。

㉜许三观说："你声音轻一点，你在胡说些什么？"（余华《许三观卖血记》）

㉝你认为那个裱匠讲的是真事吗？在由蓝堡往军埠的途中，余佩这么问了何光。（潘军《抛弃》）

单独提及引语镶嵌在主文本的叙述主线上，能够有效将叙述者话语与作者话语区分。当前叙述语境与人物语境是分开的，提及性引语能够对语言表达、人物刻画形成一种"前景化"的效果。

B. 并列提及引语。

在语篇结构上，一个主文本可以同时镶嵌多个引语，引语之间在结构上形成一种平行或并列关系。并列提及引语嵌入标记一般和单独提及引语标记相似。直接引语和间接引语以及自由引语之间可以交叉并列提及。并列结构的引语同时附着在主文本主线上，对主文本起着解说、论证、承接等语篇作用。

㉞村民不明就里，纷纷猜测，有的说舒童是发了财想尽孝心，有的说他是钱多了烧包烧得难过，还有人说他在外面混得不好，想祈求祖辈庇护。舒童没有理会这些传言，坟墓迁置完后，他给了父亲两万块钱，要父亲把墓地夯实些之后，给爷爷奶奶树两块大墓碑。（文向滨《风生水起》）

㉟建成问白振中，过去有人说你有拳呢没人信，大家可都看见咧，你藏不住咧！你这是一只手戴手套——给咱露了一手。白振中说：没有啥，胡乱练了几下。（秦人《秦川故事》）

C. 嵌套提及引语。

主文本嵌入一个或多个引语，引语中又镶嵌着其他引语，可以是直接引语套用直接引语、间接引语套用直接引语或是各种引语的交叉嵌套等多种形式。如在《一千零一夜》语篇中，引语中又套用另一个引语。例㊱～㊲也是直接引语、间接引语同时使用，多个引语在文本中套用、叠加，显示多层次的话语关系。

㊱在写作方法论上，作者有一番比较和选择，在前言中说："对于一种艺术理论大致可以采用两种方法：一是在对理论史迹的条分缕析中清理理论思想史的发展线索……梳理理论思想的演进逻辑、思想体系和理论精神。这也可概言为'宏观把握'的研究和表述模式，它主要回答的则是该理论思想'是什么'这一中心内涵。"（范红娟《现代化语境中的 20 世纪传奇戏曲研究》）

㊲爸爸的表兄，就将这些日子奶奶在海边的情况，一一地告诉了青铜一家人：

“她到了我家后，也就歇了两天，就去棉花田摘棉花了。别人无论怎么劝她别去摘，她就是不听。一大早，就下地。……我们全家人都担心她吃不消，让她在家待着，她却总说自己吃得消。我妈说，你要是去摘棉花，你就回家！她说她挣够了棉花就回家。直到有一天中午，她晕倒在了棉花地中间。……躺倒了，还惦记着去地里摘棉花，说要给青铜、葵花做棉袄棉裤。我母亲说，青铜葵花做棉袄棉裤的棉花，从我们家拿就是了，就别再惦记着了。她说，我们家的都是陈棉花，她要挣两大包新棉花。……她说冬天冷，她要给青铜、葵花做厚棉袄棉裤……我们那地方的人都认识她，都说，没有见到过这样好的老人……”（曹文轩《青铜葵花》）

引语和主文本之间、引语和引语的这种交叉嵌套，形成语篇叙述视角的转换与融合，将主文本与引语糅合，形成极大的叙述张力，同时在同一语篇形式内完成多个语篇意义的陈述。

（2）间接提及。

间接提及不同于直接提及的方式，它并不是将引语内容直接嵌入当前主文本话语形成互文关系，而是通过借用引语部分内容或引语话语特征作为引语介体的方式，间接将引语的叙述内容和语境在当前主文本重现，通过引语介体将源文本的叙述语境迁移到当前主文本的叙述语境中来。在间接提及的过程中，引语介体的语法性质和语义功能都会发生一定程度的变化。引语介体一般会选取引语的部分词语来充当，同时与“什么”“怎么就”“要说”“说到”等虚词成分搭配。如：

㊳“沈，沈总……”应声驾车驶向“金童矿业”办公大楼的小王，听到沈俊龙不容置辩的话语，不觉吞吞吐吐地说：“可……可能……”

“你，这是怎么了!？说话结结巴巴的!”沈俊龙看到小王欲言又止的神色，瞋目而视地说：“什么可能，不可能？按我说的办。”（常和平《承诺》）

㊴“啊……”李辰逸仿佛如梦初醒，发出一阵赞叹，“很好吃!”

"好吃你个头！吃完饭，你来洗碗！"宁曦在他旁边霸道地敲了敲桌子，还故意靠近他，附在他的耳边说，"老实告诉我，你刚才在想什么？"（紫百合《转身烟花灿烂》）

㊵从来没有一个人不曾撒过谎，我敢发誓那只奶羊也只不过是开开玩笑怎么就成了欺骗？（张抗抗《隐形伴侣》）

例㊳通过重提性词语"什么可能，不可能"将叙述者语境嵌入主文本中，"什么"具有列举和转喻的功能，通过列举和转喻来代指整个引语。"什么"在指称始发语的话语含义的同时，表达否定义。例㊴提及性词语"好吃你个头"将引语所在的语篇的观点引入主文本，进而反讽或否定。例㊵通过"怎么就"连接引语内容，将源文本表述的对象与语境延续到当前主文本来。

2. 引语提及下的语篇结构

（1）直接提及的语篇结构。

提及性引语能够突出引语和主文本的边界，使阅读者能够清晰对语篇涉及的作者话语和他人话语进行区分。引语一般会加上引导语或是引号。提及性引语对当前主文本语篇结构的影响主要可以从语篇层次关系、引语的功能意图以及语篇结构的组建三个方面进行论证。

一是从层次关系上来看，引语是一个语篇嵌入另一个语篇的言语行为，引语和主文本最初并不在同一个时空，而是借助一定的形式标记将引语以复本的形式，从其他空间转移到主文本所在空间。作为另一个语篇的一部分或是全部，引语与主文本具有不同的时空性。这种独立性在语言形式上表现为嵌入的引语一般会加上引号或是引导语或是话语说明等，主文本对引语的引入一般会带来叙述方式的变化，引导词语一般表现为一些心理动词或意向动词，如"说""想""认为""建议"等，从而将引语与主文本区分开来。一个主文本语篇可以嵌入一个引语，也可以嵌入多个引语，嵌入的引语也可镶嵌其他引语，从而造成引语的嵌套结构。

提及性引语嵌入后保留了引语语篇的叙述特征，如人称、时空关系、句法结构等，保证了引语最初形式的完整性。这表现在引语可以替换为言说名词成分，即使是零形态性引语也可以补出其言说动词成分。言说动词和引语构成一种动宾结构关系。引语镶嵌在主文本语篇结构上，但二者在叙述方式方面存在差异，并没有融合在一种叙述语境中。叙述者主要通过引语和引导词等明确语篇之间的层次性，正是这种语篇层次的差异形成了多种语篇结构。

二是主文本叙述者由于语用需要而对引语进行干预。提及性引语在保持自身结构相对独立的同时，也同样会受到主文本的叙述干预。产生这种叙述干预的根源在于主文本作者主观意图的介入。巴赫金也指出："一方面转述者尽可能清楚地标示出转述引语的边界，把它与自己的话语分开，从而保持话语的完整性和真实性。另一方面，转述者可能以微妙的方式把自己的声音渗透到转述引语中去。"① 从这个角度来讲，提及性引语本质上就是将两个不同文本在同一语篇中再现进而确定为一种叙述模式的话语转述行为。引语为转述话语，属于源文本话语范围，而引导句与引导词属于主文本话语范围，主文本可以通过引导句或言说动词对引语做出介绍和评判。提及性引语中叙述者对引语的影响不是通过改变引语内容本身实现的，而是通过引导语成分实现的。

三是引语和主文本语篇话语层次的不同使得语篇结构多样化。引语嵌入主文本后，二者构成语义互动的结构关系。这种结构关系可以表现为多种下位语篇结构类型，如解释结构、补充结构、换叙结构、评价结构、总述结构、论证结构等，判断依据在于提及性引语的叙述方式以及是否依附于主文本叙述主线。提及性引语如果是独立叙述，那么主文本话语是围绕引语展开论述，通常形成解读结构、评价结构等。如果提及性引语依附于主文本叙述主线，那么引语内容服务于主文本话语，通常形成承接结构、总括结构等。

（2）间接提及的语篇结构。

间接提及性引语在语言形式上与使用性引语相似，但是引语介体出现在主文本话语后，其句法功能和语义关涉关系发生一定程度的改变。使用引语介体的真正意图不在于组构主文本话语，而是通过这种嵌入方式将包括引语介体在内的引语代入当前主文本的叙述语境中来。引语与当前相关

① 钱中文. 巴赫金全集：第一卷 [M]. 晓河，等译. 2 版. 石家庄：河北教育出版社，2009：100.

联的主文本进行对话和语义互动，进而构建互文的语篇关系。引语通过引语介体嵌入主文本后，二者在话题上必须保持一致，否则嵌入后语义无法连贯，无法组合新的语篇结构。

从语言结构上来讲，引语与主文本互动形成的结构关系类型，主要由引语介体的性质决定，如"×什么×""什么×""怎么就×""要说×""说到×"（"×"表示引语的某一成分）等。引语中的某些话语或观点是与当前主文本话语或观点相悖的，在这种相悖的语义关系作用下，相悖的话语内容自然成为语篇嵌入后话语表达的焦点，也就是引语介体中否定性虚词成分搭配的话语内容。因此，这一类格式同时具有较强的组合性，即大部分引语介体是"疑问代词/指示代词＋强调的引语内容"结构，将引语的虚词成分或部分话语介入主文本话语，并用否定或反诘的方式对引语进行否定。这种否定功能主要是由虚词成分完成的，即由虚词介体搭配部分引语话语对始发话语进行否定。因此，引语介体表达的是聚焦引语整体的否定行为，使得引语与主文本之间形成否定性的互文关系。

从话语关系来分析，引语介体使用的虚词成分并非是对在句法结构层面的词语意义的指称，而是对相应的引语话语的指称，并通过带有主观意图性的虚词成分引导，将源文本话语引述到当前话语中。换句话说，这些引述词语并非起语法作用，而更多是起到提示或话语中介的语用作用，如何关联引语整体才是其真正意图。虚词成分的介入，便是实现这种意图的一个重要方面。例如：

㊶钱老爷子端坐在椅子上，说话不冷不热，"你今天该不是来找我这个闲杂人侃大山吧？"

"什么闲杂……半步村哪个敢不尊重您……不过今天我来，是来找小门的。"（陈崇正《半步村叙事》）

需要说明的是，引语介体是引语提及的一种手段，介体否定对象如果是自身所指代的客观对象，而不是引语，那么就不能构成所谓的间接提及的互文关系。原因在于引语介体只是涉及词语本身，而不能涉及始发语，也就不是引语介体了。例如：

㊷跑什么跑！给我站住。

什么清者自清，都是些骗人的话。

例㊷中的"什么"所关涉的对象就是词语本身的意义，而不是关涉不同的话语层次关系，不能指代相关的源文本话语，就不是引语介体，因此也就不能形成间接提及的否定结构。例如：

引语介体的作用在于接引引语语篇，虽然融合在当前语境中，但是并不构成表意单元。引语与主文本话语相互交叉渗透，二者可能是和谐一致的，也可能是完全背反的。当二者的语义关系相悖时，会形成否定结构，当主文本话语与引语相悖，同时主文本叙述者通过一定的形式标记将引述话语与自身观点相区分时，则可能形成反讽结构。例如：

㊸在抗日战争和解放战争时期，什么"人文史观"出来了，"文化形态史观"出来了，都把自己装扮成科学来反对真的历史科学，装扮成发现了一种历史规律的样子来反对客观存在的历史规律。（白寿彝《历史教学上的古与今》）

引语介体将引语嵌入主文本后还可构成承接结构关系。这种承接结构主要表现为承前结构。主文本将引语的相关内容作为话题嵌入，并针对引语介体展开叙述。但是承接关系下的叙述并不再直接针对引语介体，而是以此为中介，将真正的引语整体引入主文本叙述语境中进行否定或反诘，因此这种语篇结构方式具有较强的主观性，会造成主文本语义连贯性的弱化。例如：

㊹"罗世俊，你还狡赖？你说，是不是你叫儿子来害我的？"

"我害你干啥呀？"

"干啥呀，你知道的，你以为你害了我，就不会给你加补定地主了？"（冯积岐《大树底下》）

例㊹通过引语介体成分将引语引入当前主文本中，并搭配具有承接关系的接引词语，"你知道的"等来表示语篇之间的嵌入关系和关联性，以此修补语义连贯性。

五、引语使用与语篇互文结构

1. 引语使用的类型

使用性引语由于融入当前主文本语篇而被赋予新的句法特点与语义特征，体现出作者话语与他人话语的融合。这种融合表现为两个方面：

一是主文本作者将其语调、意义等渗入引语之中，引语融合在主文本语境中并失去了原有的形式标记。这种引语类型多采用暗引使用、模仿使用等方式完成引语嵌入。

二是引语成为主文本语篇的句法结构成分，参与到主文本话语意义的建构中来。引语依然具有自身的形式标记。这种引语类型主要采用将引语直接作为话语成分使用、视角融合以及自隐喻的方式来完成嵌入，进而实现语篇的互文关系。

根据引语使用的形式特点，我们可以将引语的使用分为两种方式：

（1）有标记使用。

A. 直接作为话语结构成分使用。

引语成分直接作为结构成分和表意单元在主文本话语中使用，并在主文本话语中留下可以辨识的形式标记，有助于我们区分主文本与引语。例如：

㊺谭书还进一步探讨了这一美学特征形成的理论基础，他认为"戏"的观念是中国戏剧中虚实论的基础，"戏"含有"不当真"的意思，所以"这种虚实论有着亚里士多德的戏剧是'可能发生的事'，而不是'已经发生的事'这个含义，但又有与其不同之处。亚氏的'可能发生的事'是合情理而给人以真实感的，中国传统戏剧却允许不合生活情理的现象存在，也不以追求生活的真实感为目标"。（范红娟《现代化语境中的 20 世纪传奇戏曲研究》）

㊻有学者认为，当代文学史的研究，比起"锁定"历史来，更重要的是开放。这是让人赞同的观点。当代文学批评和文学史研究，自然也要

"划分时期、厘定等级、分配荣誉、树立典范"，不过更要或更有价值的，不是提供确定的"结论性"的成果，而是"重新敞开了历史问题，抵抗了匆忙的裁决，延续了历史的反思，发现了新的意义空间和阐述空间"。（毕光明、姜岚《虚构的力量——中国当代纯文学研究》，洪子诚序）

例㊺～㊻将引语嵌入主文本话语中，与整个主文本语境融合。一方面显示出引语的内容，另一方面引语充当句法成分。这种叙述方式既能叙述观点，增加语篇的语义含量，又能将主文本话语与引语有效区分开来，厘清话语责任。

B. 融合叙述视角方式使用。

引语一般带有形式标记，语篇界限清晰，就能够有效区分两种话语。但是心理独白等引语以源文本叙述视角为基点，主文本退出当前话语，使阅读者走进引语语境中。内心独白引语会省略引述分句与引号等形式标记，引语被凸显后融为主文本的有机组成部分。独白引语以第三人称称谓人物，以过去时态叙述行为，暗示包含当前作者话语的主文本的存在。因此，视域融合的叙述方式能够获得他人话语与作者当前话语的双重视角。这并没有使语篇失去逻辑性和连贯性，反而使得语篇表现出自由衔接、自由嵌入的优势，有利于自由联想、话语独白的展开。因此，心理独白的嵌入也可以看作引语使用的一种形式。例如：

㊼好大一个芦苇荡啊！

好像全部世界就是一个芦苇荡。

她个子矮，看不到远处，就张开双臂，要求爸爸将她抱起来。爸爸弯腰将她抱起，举得高高的："看看，有边吗？"

一眼望不到边。（曹文轩《青铜葵花》）

㊽岳拓夫眼前一亮，好家伙，荷花开了那么许多，什么时候开的？他怎么不知道？难道是一夜之间突然开的？每天早上他都沿着这个湖边跑步，怎么就没看见呢？（张洁《条件尚未成熟》）

例㊼是作者的叙述视角融入引语的叙述视角，实现了两个层次话语的无缝衔接。"一眼望不到边"既是主文本话语，又融入引语话语，对引语进行应答。例㊽则是通过心理独白的方式将引语展现出来，作者话语与人物话语融合在一起，将阅读者带入叙述语境中。

C. 采用自隐喻方式先提及后使用。

主文本提及引语，一般保留引语的独立性，能够留下可以辨识的标记，有助于我们区分主文本与引语，产生论证、解读等多种结构关系。主文本使用引语，引语多直接作为句法成分充当主文本的句法结构的一部分，引语的使用能够将引语的叙述语境融入主文本叙述语境中来。自隐喻的引语嵌入方式正是利用引语具有使用和提及双重性的特点，将引语先提及后使用，嵌入主文本语境中。例如：

㊾钱锺书评严羽诗就说："这是用《诗经》里的《秦风》《蒹葭》的语意，表示分手之后，盈盈一水，相望相思。"王维的"惆怅新丰树，空余天际禽"，已经是分手以后的"相望相思"了。（陈子谦《论钱锺书》）

主文本在提及引语的同时，其引语内容直接充当句法成分，从而成为语篇结构的一个有机组成部分。如果说引语的使用使得语篇结构紧凑、意义更加连贯，那么引语的提及并使用的形式，在达到语篇结构紧凑、意义连贯的效果之外，还能起到主文本与引语交融、一语双关的作用。这主要是采用自隐喻的方式完成的。例如：

㊿"千里马常有，伯乐不常有。"袁帅响应，"我豁出去加班了，不信挑不出一匹女千里马！"（梁左《编辑部的故事》）

51"正月十五闹元宵。"在疫情影响下，今年元宵节传统舞龙狮、扭秧歌、赏花灯等庆祝活动取消，大家响应号召在家过节。元宵虽不再"闹"，却依然是我们祈愿美好新春的节日，依然是我们积蓄力量再出发的节点。（《京彩好评：元宵节，我们和一线同心战"疫"》，《北京日报》客户端，2020年2月8日）

例㊿先是引入一段源文本，后面将源文本话语"千里马"直接作用于主文本，成为主文本话语意义的一部分，以“千里马”来隐喻自己想找的人才。例(51)借助俗语中的“闹”字，将之前的元宵节习俗和当前的元宵节现状关联起来，指出当前元宵节一样过得有意义。两例的引语成分很好地融入主文本话语中。

（2）无标记使用。

A. 暗引使用。

引语嵌入主文本后，没有留下任何可以辨别的形式标记，源文本与主文本叙述语境重合，这主要采用暗引的嵌入方式，引语的话语内容、意义、结构等可能与引语完全一致，也可能做出某些改变。如王蒙小说中引用的儒道佛用语大多使用这种形式。

暗引不指明所使用的语句出处，反而把引语内容直接与自身话语融为一体。它与抄袭剽窃的根本不同之处在于暗引并非大段引用，且能给人以提示，如引用经典的大家熟知的语句，因此从语篇意图和引用数量上能够将二者进行有效区分。暗引的特点是使人产生联想，将引入的内容和当前主文本联系起来，增强主文本的说服力和感染力。暗引的特点是在没有形式标记指示的情况下，引语直接嵌入主文本，并且融入主文本语境中，成为主文本话语的一部分。讽刺与反语都属于此类范畴。当然如果暗引的话语较为生僻，导致阅读者无法识别引语成分，那么阅读效果就会受到影响。例如：

(52)薄粥稀稀碗底沉，鼻风吹动浪千层。有时一粒浮汤面，野渡无人舟自横。（沈石田《薄粥诗》）

(53)日出江花红胜火，春来江水绿如蓝。这是革命的春天，这是人民的春天，这是科学的春天！让我们张开双臂，热烈地拥抱这个春天吧！（郭沫若《科学的春天》）

(54)在北美的沙漠中，我是一株水土不服的故园里的橘树，我的诗篇不过是些苦涩的果实。（刘庶凝《还乡梦·自序》）

“野渡无人舟自横”是韦应物著名山水诗《滁州西涧》的句子。“日出江花红胜火，春来江水绿如蓝"则是直接引用白居易《忆江南》的诗句。"水土不服的故园里的橘树"是引自《晏子春秋》："橘生淮南则为橘，生于淮北则为枳。"暗引的语篇功能在于采用零标记形式将引语直接嵌入主文本，融入主文本语境，以此增强主文本文气。

B. 模仿使用。

模仿使用是当前主文本使用引语的结构或句式等，形成基于引语而又与引语有所不同的语篇嵌入行为。模仿使用直接将引语成分内化在语篇结构中，引语的内容可以被补出。大众的求异（创新）心理、从众心理，导致模仿他人行为的发生。如网络的"见与不见体""QQ体""甄嬛体"等，都可以被看作引语的嵌入行为。

㊄㊄默默无蚊的奉献（某蚊香品牌广告）

㊄㊅初秋的夜晚，我带儿子在马路上散步，儿子突然仰头看天，不再理我。他走走停停，停停走走，小脸始终朝着天空。然后他站住了，大声告诉我："妈妈，我走，星星也跟我走。"我想起有首歌里唱的是"月亮走我也走"，所以我说："是星星走你也走吧？""不对！我停住，星星也停住了，是星星跟我走。"（斯妤《源自内心》）

例㊄㊄"默默无蚊"是引用了成语"默默无闻"的语音形式，同时又加以改编，进而突出蚊香的效果。例㊄㊅则是由儿子的话联想到歌词"月亮走我也走"，之后模仿产生了"星星走你也走"。话语的交谈始终围绕着一个基本话语结构"谁跟着谁走"展开。

2. 引语使用下的语篇结构

语篇结构研究的主要任务是确定各种语体的结构要素以及由这些要素组合而成的篇章的结构。① 一般来讲，篇章结构的分析有两种思路：一种是将结构要素概括为语义或功能主题，以此为基础描写语篇的结构组成模式。如传统文章写作中对文章起承转合模式的归纳，以及现代语言学研究中从认知结构出发挖掘话语结构的层级性，探索语篇结构的表现形式，将

---

① 廖秋忠. 篇章与语用和句法研究 [J]. 语言教学与研究, 1991 (4): 16–44.

语篇按照结构概括为不同的研究类型，如论证、叙事、说明、描写等结构模式。另一种是以语篇研究的基本单位为起点，通过结构单位之间的组合或嵌入关系来研究语篇的层级性。廖秋忠就认为，篇章的结构是由局部片段按照层次组织起来的。如研究篇章中词句的衔接和语义的连贯，包括西方布拉格学派提出的主位述位结构和信息推进结构①，以及后来一些学者提出的“问题—解决”“一般—具体”等语篇结构。

使用性引语作为主文本的表意单位，参与了句法结构的组建，因此使用性引语的结构分析和传统的语篇分析具有一致性，需要考察话语衔接的一致性与语义的连贯性。但不同之处在于，使用性引语是主文本话语的一部分，同时它又是引语所在的源文本的一部分。引用一方面带有源文本的结构特点，另一方面又要融入主文本语篇中。使用性引语在语篇结构上具有双重性质的特点，即语法结构和语义结构相分离的特性。这种特性对语篇结构的影响主要表现在以下几个方面。

（1）语篇叙述视角转换灵活。

引语划分为提及与使用两大类的一个重要依据，就是引语的叙述语境是否与主文本叙述语境融合。使用性引语既来自源文本语篇，具有源文本的语义特征，同时又嵌入当前主文本语篇中。因此，使用性引语具有将两者联系起来的特性，成为主文本和源文本双重视角的融合接口，主文本的叙述结构变成镶嵌了主文本话语和源文本话语的双层结构。例如：

(57)她甚至说，为什么不在我们的结婚典礼上让他或者她，也伸出小手接受一枚小小的戒指？为什么不让这个孩子来证明我们的自由真诚呢？为什么不让他或者她，亲眼看见自己庄严的由来？当然不可能。这世界不允许。(史铁生《务虚笔记》)

例(57)先是以引语中的人物话语视角进行表述，随后转换到主文本的作者视角，两种视角转换交融，收到文本的“双声”良好表达效果。

（2）打破语篇叙述原有的时空关系。

使用性引语将主文本和引语彼此交叉融合在当前主文本中。从主文本

① 廖秋忠. 篇章中的论证结构［J］. 语言教学与研究，1988（1）：86－101.

视角叙述引语的语言、思想的话语叙述模式，在语言意义上呈现的是对引语的描述，通过主文本阅读唤起的是引语话语的意义，造成引语受到主文本话语干预而形成跨时空现象。例如：

⑤⑧所谓"打通"，一般论者也只知将中西"打通"，将人文科学各学科"打通"，到底怎么个"通"法，谈者多含糊其词，甚而误入"旁通之歧径"。（陈子谦《论钱锺书》）

例⑤⑧将另一时空中的钱锺书先生的话语直接使用在当前话语中，形成主文本话语与引语话语的重合，打破话语的时空关系，将之同现在当前主文本语境中。

（3）能够有效地对源文本进行信息补差。

使用性引语虽然没有将源文本完全引入主文本中来，但是它依然能够较为完整地转述源文本信息，这是源文本的话语语义含量和主文本语义含量相互制约的结果。转述源文本的话语信息不能被任意地删除或压缩。也就是说，不管是提及性引语还是使用性引语都受到原有的源文本的制约，不能有悖于被引述话语，这是引语使用的基本原则。

源文本信息在提及性引语转述过程中，会发生部分丢失。原因在于提及性引语虽然以直观方式明示，但是它的信息是片段性的，无法提供除引语本身之外的更多信息。使用性引语在转述过程中通过主文本话语与源文本话语主体叙述强度的对等，能在一定程度上防止信息因某一方的弱势而丢失。使用性引语不是直接从源文本中抽取语言，而是从主文本视角重新组织源文本语言，因此使用性引语的信息量要更大，进而使得主文本能够对源文本进行总结和归纳，使叙述速度加快，语义更加连贯。

例如⑤⑨中引用俗语之后，直接将俗语使用在主文本话语中，主文本和引语有机融合在一起。

⑤⑨"正月十五闹元宵。"在疫情影响下，今年元宵节传统舞龙狮、扭秧歌、赏花灯等庆祝活动取消，大家响应号召在家过节。元宵虽不再"闹"，却依然是我们祈愿美好新春的节日，依然是我们积蓄力量再出发的

节点。(《京彩好评：元宵节，我们和一线同心战"疫"》,《北京日报》客户端，2020 年 2 月 8 日)

(4) 直接影响主文本语篇结构。

语言对自身的指称，造成了语言的提及。这种提及主要是针对话语本身而言的。语言提及体现在引语中，多表现为人物话语。如果人物话语被提及的同时又被作为主文本话语的组成部分使用，我们可以说引语被提及的同时也被使用了。例如：

⑥ "不光是消除影响的问题吧。"梁副主任深刻地说，"王来顺，你要正视你自己的问题，你看你重用的都是些什么人？你重用地主分子，也就是董淑琴他爹当油坊的保管兼会计，你重用柳直办板报搞宣传，你重用富农子弟外出搞黑包工……"董淑琴的父母虽然年龄较大，但不是地主分子而是地主子弟。(岳中山《来世之约》)

⑥ 为了在社员们下山前赶到，他越走越快，几乎是小跑起来。他越过小溪，跨过沟坎，汗流浃背地疾速前行。树上的鸟儿叽叽喳喳地鸣叫着，像是向他探问道：走这么快干啥呀？走这么快干啥，这还用问吗？梁副主任、黄支部书记他们要把社员们从林场撤回来这件事情，对他来说，无疑是十万火急！(岳中山《来世之约》)

例⑥首先是对引语进行了提及，之后对引语中的"地主分子"进行了使用。引语的部分内容成为主文本句法结构的组成部分与表意单元。并且主文本"不是地主分子而是地主子弟"直接与引语形成对话关系。这样一来引语既被提及又被当下主文本所使用。例⑥主文本以反问句"这还用问吗？"来连接引语话语，主文本在提及引语的同时，直接对引语进行了回答。因此例⑥~⑥都是引语被提及后，直接被使用到主文本中。引语的叙述成分被引入当前主文本语境中，引语的叙述视角和主文本的叙述视角融合起来。这就造成主文本与引语形成一种形式和语义上的衔接继承关系。一方面主文本和引语能够有效区分开来，另一方面引语的话语意义扩散到主文本话语意义中，主文本顺应引语的话语含义展开叙述。两种语义关系采用同一语言表达内容，使得语篇结构更加紧凑，语篇意义更加连贯。

这种提及后的使用，可以出现在主文本与引语之间，也可以出现在引语与引语之间。即：引语被提及后被另一引语使用。例如：

㉒黄占奎看梁副主任气得脸色发青，便大声对王来顺说："王来顺，你太不像话了。……你是向组织摊牌，简直是肆无忌惮地向无产阶级示威……"王来顺气头上毫不相让，脱口而出："示威就示威！"（岳中山《来世之约》）

在引语嵌入主文本语篇的方式中，还有一种嵌入方式值得关注，那就是主文本同时提及和使用引语。也就是说整个主文本语篇是由引语构成的。人物话语就是主文本作者的话语。引语语篇与主文本语篇在人称和时态等叙述语境上完全与主文本重合。例如：

㉓什么？
我叫小优。
哦，名字不错，我以前写过一个故事，女主人公就叫小优，我想起来，那是一个多么蹩脚的故事呵，现在内容还记得。
嗯，我读过。（若非《忧伤开满来时路》）

例㉓通篇都是引语话语，人物语言与作者语言重合起来。引语与主文本话语已经失去了形式边界，在语义上更是错综交织，无法将二者区分开来。主文本以人物的视角展开叙述，主文本作者退居幕后。这种叙述方式摆脱了话语转述带来的信息丢失或冗余的弊端，直接将人物话语呈现在阅读者面前，有助于阅读者迅速融入人物的叙述语境中，起到"身临其境"的阅读效果。

整体来看，语篇结构的研究不乏很多理论，如拉波夫的叙事结构、韩礼德的语类结构理论、范戴克的微观结构和宏观结构理论等。但这些理论都将语篇结构的研究局限在单个语篇之内，因此不能分析出相关语篇对当前语篇结构的影响，也就难以对当前语篇的意义进行深入全面的解读。从本质上讲，语篇互文的过程就是根据作者的表达意图不断进行语篇关联并选择调整的过程。语篇的形成过程受到各种因素的影响，这也是语篇结构复杂化、关联化的根源所在。语篇互文关系发生之后，语篇结构以话题和语义连贯性为主线发展，使得研究者对语篇结构的揭示有了现实的操作性。笔者尝试从语篇互文的角度分析，通过对源文本关联主文本后语篇结构与语篇功能的改变，来发掘语篇之间客观存在的结构功能的改变，进而扩大传统语篇的研究范围，推动语篇研究进一步向前发展。当然，在这个理论探索和语篇分析的过程中，面临的问题都是全新的，因此可能会出现很多疏漏，相信研究者会在日后的具体分析中进一步完善。

这里结合传统引语研究的现状，对引语的语篇结构重新分析。本书将引语放在语篇系统的视角下进行考察，把引语看作一个语篇关联另一个语篇的言语行为，进而发掘语篇之间互文关系的构建过程。为了实现语篇互文的意图，引语的互文存在两种方式：一是主文本维持引语原有的语境条件与独立性；二是主文本与引语的叙述语境融合。在此基础上，本书以语言的提及与使用理论为依据，将引语划分为提及性引语与使用性引语两大类，并分别考察两种类型的引语如何影响语篇互文的结构类型，指出语篇发展的内在动因是引语类别划分的主要依据。在提及性引语中，主文本和引语成分存在相对独立的层次结构，正是这种层次关系形成了提及性引语与主文本的结构关系。而使用性引语则是充当主文本表意单元，直接参与句法结构的塑造。由于使用性引语连接着引语和主文本两个语篇，因此具有语义和结构的双重性特征。研究结论表明，将引语放在语篇互文关联的视角下分析，有利于更好地解释引语的语篇关联与形成机制，从而扩展传统语篇的研究范围，推动语篇研究的发展。

第七章　篇际互文的形式与功能研究

第一节　篇际互文的界定与类型

互文理论的核心观点在于：不论是语篇的镶嵌，还是语篇的转化，或是语篇之间的关联，都是一个语篇在另一个语篇中切实地出现。一个语篇关联着其他语篇，并对语篇的结构产生着影响。互文理论研究的巨大价值正在被不断发现，研究语篇现象不可能仅仅孤立地从某一语篇内部进行研究，因为语篇是在与其他语篇的关联中不断实现其意义延展的，并在这种关联中对语篇结构产生切实的影响。可以说，互文理论在这一点上为语篇语言学打开了一个新的研究领域。特别是在当前网络条件下语篇新现象大量出现，如果缺少互文理论的介入，这些语篇现象就很难得到合理的解释。

假定一个语篇和其他语篇之间不是简单叠加的关系，那么出现在同一阅读现场的多个语篇势必会组合成新的语篇结构。例如，在新闻报道语篇中，对于同一事件或话题，可以形成不同的报道视角，不同的语篇之间共同解读着同一事件；也可以是新闻报道的内容并非同一事件或话题，但是多个新闻语篇能够被某一核心关键词或是某一专栏牢牢统领起来。本书基于上述研究目的，以专栏性新闻语篇为例，分析语篇之间是如何围绕关键词或是话题等建立链接的，从形式和意义两个角度对语篇关系与语篇结构进行探讨。

语篇之间的互文关系，可以表现为一个语篇嵌入另一个语篇中，也可以表现为两个或多个相互独立语篇之间由于共同话题或是形式标记的链接而互相嵌入。如某一新闻专栏的几篇文章，这些语篇之间由于共同话题标签而关联起来。这种互文关联由于专栏的作用，具有一定的稳定性，如例①。

①（新闻1标题）　　北斗产业化依然在路上

　　主要观点：北斗导航系统一方面在不断发展壮大，同时也面临融入
　　　　　　　更多新技术的需求。

（新闻2标题）　　延伸阅读：全球四大导航系统合作升级

　　主要观点：重点介绍美国、俄罗斯、欧洲和中国在导航领域的合作
　　　　　　　进展情况。指出合作空间广阔。

（《中国科学报》，2015年6月2日）

例①中两个新闻语篇共同解读同一话题，同时由于专栏的作用，两个语篇之间形成篇际互文，有利于读者从多个角度理解事件并加深对其认识。

因此我们展开了对最后一种互文形式，即篇际互文关系的研究。

篇际互文：即不同主文本之间如何互相关联，又称超文本结构。

篇际互文在独立语篇之间互相关联。篇际互文与篇外互文、篇内互文有所不同：篇际互文在语篇之间并没有发生实体性的语篇内容的嵌入，而是通过关键词标签或是语义互文的方式来实现，它的明显特征是语篇之间具有相同的主题或话题。语篇之间被同一事件或话题所关联，加上语篇之间的空间紧邻性而建立互文关系。

语篇之间的篇际互文可以是语篇组织者为达到某种目的（如加深理解、介绍背景），将具有一定功能或作用的语篇组合在一起而实现互文关联，也可以是语篇之间遵循一定的语篇结构、固有格式或程序，如科学论文中摘要与正文等各种副文本和主文本的关系。由此篇际互文可以根据是否掺入主观目的性而划分为目的性篇际互文和程序性篇际互文两种类型。

目的性篇际互文：为了实现一定的语篇目的，将相关语篇置于同一时空范围内，阅读者阅读这些语篇时会对语篇进行参照和比对，进一步加深对当前时间或话题的理解。语篇组织者希望通过嵌入相关语篇的方式，对阅读者进行引导。如新闻链接、作者调查、后续报道等。

程序性篇际互文：语篇之间的篇际互文必须遵守一定的语篇组合格式或程序，语篇的篇际互文是有章可循的，不同的独立的语篇之间组合嵌入才能形成完整的跨语篇结构。如科技论文的正文与摘要、目录、序言、后记等副文本的关系。

不管是目的性篇际互文还是程序性篇际互文，语篇的实体内容并没有进入另一个语篇，但是语篇之间建立了切实的互文关系。对此，我们将以专栏性新闻语篇为例，就篇际互文关联的成分和互文的形式标记进行探讨。

第二节　篇际互文涉及的时空关系

我们将当前时空现场中正在阅读的语篇称为主文本。主文本之间是互相独立的关系。据此，我们可以进一步推导出篇际互文的基本语篇关系。

篇际互文的时空关系：主文本和其他主文本之间是互相独立的语篇关系，同时出现在当前阅读者所处的时间范围内。主文本和其他主文本处于同一时空，而且时空范围是具有互文关系的多个主文本共同所在的时空。同时，处于同一时空范围内，具有独立语篇功能的主文本之间，由于一定阅读提示手段的介入，互相独立的语篇之间因此能够被关联起来，服务于同一主题或语义，进而形成对这一主题或语义的系统性认识。主文本之间并没有发生实体内容的关联，而是依靠一些功能标记的链接，与主文本进行互动或关联。

需要说明的是，篇际互文关系是指两个或多个语篇在同一时空现场形成的，服务于同一主题的语篇结构关系。这就需要将其与当下流行的"超文本"的概念区分开来。"超文本"概念有广义和狭义之分，广义"超文本"是指存在嵌入关系的语篇；狭义"超文本"则是指两个或多个存在于同一阅读现场的语篇。因此，本书所讲的篇际互文关系相当于狭义超文本语篇关系。例如，出现在同一栏目或是专栏中的多个语篇，它们共同出现在同一阅读现场，并与阅读者处于同一时空现场中。专栏性语篇出现在报刊或网络新闻的某一专栏中，几篇文章共现。一般来讲，核心报道显示在前排或是中间位置，并辅以醒目字体来说明。

专栏性新闻语篇之间并没有通过实体引用或指称的方式关联，而是通过一定的形式标记或是阅读手段关联起来，共同服务于同一主题。这关联手段首先是将语篇同现在一个空间框架内，空间的紧邻性使得读者能够将不同语篇关联起来，主动寻找语篇之间的意义关联。其次是添加相当于关键词的栏目标题或标签，起到说明或提示作用。

第三节　篇际互文的实现方式与形式标记

篇外互文关系表现为两个或多个独立关系的语篇共同出现在当前的阅读现场，由于某种关联，被阅读者互相参照，共同解读某一事件或话题。

一、篇际互文的实现方式

在篇际互文中，独立的主文本之间不需要借用对方的语篇成分，而是通过语篇间共同的关键词或话题建立意义上的篇际互文。如通过例①我们就可以发现，语篇之间的内容都是相互独立的，不同主文本被同一话题或主题统领起来，当然，这里有明显的形式标记，即共同出现的关键词——"导航"。

语篇互文关系的建立可以借助实体性互文手段，如引语。它引用的内容即他文本，嵌入的语篇为主文本，引语的使用就是把他文本关联到主文本中。同时语篇关联的另一种形式是语义方式的互文。语义嵌入主要是依赖指称等方式实现。例如，"我看了你的那篇文章"，指称成分"你的那篇文章"便与客观存在的一篇文章联系起来。这就是语义指称的方式，而且这种语义指称一定是通过话语指实现的。话语指实现了语篇的一部分或是全部进入了另一语篇。

语义互文也可以像例①一样通过关键词"导航"将不同语篇联系起来，语篇之间并没有实体词语的借用，但利用共同的关键词为阅读者解读同一主题。另外，即使语篇之间没有关键词的链接，如果它们可以被我们概括出相同的核心语义，那么它们之间也存在着语义嵌入的现象。如报纸中介绍"民生发展"的专栏或版面，虽然没有出现明确的关键词标记，但是我们通过语义概括同样可以发现这些语篇都是在介绍"民生发展"的问题。篇际互文多采用语义互文的方式完成。由于主文本之间相互独立，且出现在同一阅读现场，因此其形式标记一般表现为空间的紧邻性，如报纸的某一个专题版面等。

篇际互文主要以语义互文的形式出现，语篇的实在的内容并未进入主文本，而是通过语义实现的方式进入主文本，从而将一个语篇与当前主文本关联起来。

篇外语义的实现方式主要有：

（1）通过指称关联语义，形式标记就是将语篇或语篇外对象引入当前语篇的指称词语。

（2）通过关键词标签链接，形式标记是出现相同语义的关键词标签。

（3）通过核心语义提取，形式标记一般表现为语篇间具有空间紧邻性，如同一专栏或版面。

②（大标题）　　诺曼底登陆加速了法西斯德国崩溃

　（标题1）　　1944年，《新华日报》曾详细报道这场登陆战

　（附图1）　　5月10日，游人从法国巴约市诺曼底战役博物馆前路过

　（标题2）　　战斗最激烈的奥马哈海滩已成为旅游胜地

　（附图2）　　5月12日，3名小女孩在法国诺曼底奥马哈海滩的美军公墓，将鲜花放在一墓碑上

　（标题3）　　巴黎放假庆祝"胜利日"　香榭丽舍大街满是国旗

　（附图3）　　5月9日，法国巴黎社会各界人士来到位于凯旋门脚下的无名战士墓边，纪念"二战"胜利70周年

　（专栏相关报道）　　同期声：亲历诺曼底登陆战的护士口述历史：很痛，但我说服自己说出来

　（附图4）　　已八十岁高龄的玛利亚·凯瑟琳女士在接受专访

　记者手记：那片海滩的名字，叫"诺曼底"

（《新华日报》，2015年5月29日）

例②是新闻语篇中的一个专栏的内容，专栏语篇被关键词标签"诺曼底篇"统领，语篇内容虽然没有实体进入其他语篇，但是语篇之间在意义上相互照应，语篇之间通过专有名词"诺曼底"而链接成一个有机整体，并通过专栏的空间紧邻作用而发生了互文关系。读者在阅读专栏时能够清晰感知到语篇的形式和意义关联性，通过篇际互文关系加深对事件的理解和认识。

二、篇际互文的形式标记

篇际互文关系在语篇形式上表现为，由多个独立语篇构成，一般包括主报道新闻、相关报道新闻以及链接性新闻等报道语篇、关联专栏语篇的功能标签或关键词。

形式标记主要有"专栏名称""背景介绍""专家点评""记者调查""网民声音""案件回放""调查附记""记者手记""新闻链接"等。其中，网络新闻中尤其如此，如《社会热点》《体育》《交友》《汽车》等诸多专栏，在某一专栏下独立的语篇之间共同出现在当前同一时空范围内，供阅读者阅读。

需要指出的是，在篇际互文关系中，空间紧邻性也是篇际互文分析的重要形式标记。将不同的语篇放置在同一栏目内，不同语篇就出现在了阅读者当前所在的同一时空中，能够引起阅读者的关注和联想，进而具有产生互文关系的可能。如在专栏性新闻语篇中还常常伴随一些排版的标记，比如版面的安排、要点的列出、斜体或是较大的字体、引人注目的颜色等。

第四节　关键词指称在篇际互文中的作用

一、篇际互文指称的实现方式

指称在语篇中实现的方式主要有指示代词指称、专有名词指称以及普通名词指称三种形式。指示代词指称多是出现在同一阅读现场的同一语篇内部，因为指示代词本身指向一个事物，必须借助上下文的语境或词语条件才能进行理解，如"这些话""综上所述"等。因此，在不同的独立的主文本语篇构成的篇际互文中，语篇之间的指称关联主要是通过专有名词和普通名词实现的。加上专栏性新闻语篇空间紧邻性的特点，不同的语篇放置在同一个栏目中就会引发读者的联想和想象，就会将专栏内的语篇关联起来。指称是帮助阅读者将语篇关联起来的重要手段。例如：

③(主报道1)　　韩国一名 MERS 疑似患者死亡

　(附图1)　　　1 日，在首尔一家医院的隔离区内，一名 MERS 疑似患
　　　　　　　　者躺在担架上

　(功能标签)　　MERS

　(报道2)　　　韩国　拟禁止 MERS 者出境

　(报道3)　　　中国　不会出现大规模传播

　(附图2)　　　身着隔离服的惠州市人民医院 ICU 医护人员

　(附图3)　　　在韩国首尔，一名戴口罩男子从集市中走过

　(链接报道4)　我省实验室具备检测 MERS 病毒能力

(《新华日报》，2015 年 6 月 2 日)

　　例③《新华日报》第三版专栏中共出现四篇报道：主报道1、报道2、报道3、链接报道4以及三张附图。在所有的报道中都出现了专有名词指称 MERS，这个指称将所有的语篇形式链接起来，成为一个主话题。

　　专有名词能够建立互文关联的原因在于专有名词的指称对象是独一无二的，说出专有名词的同时，指称对象是明确单一的。因此，不同语篇之间由于相同的专有名词的指称作用而更加容易建立互文关联。而通用名词能够建立互文的指称关联的原因在于，叙述者可以增加摹状词成分、限制修饰性定语成分来限定词义、缩小词义的外延进而缩小指称范围。如"七日发表在《商报》第五版上的新闻"等形式，将表述内容具体化、清晰化，通过对词语语义的把握和语境的理解，寻找和落实词语指称的对象。因此，在专有名词和通用名词建立互文关联时二者有着本质的差别：专有名词是通过词义的强制性建立主文本之间的相互链接，而普通名词则需要更多的语境条件限制或说明。当然，有时专有名词比较隐晦或是不为人所熟知时，也可以通过摹状词成分加以限制。而专栏性新闻之间的空间紧邻性，恰好满足了这种将语篇关联起来的需求。温格瑞尔等（2009）认知语言学家指出：在一个经过组织的空间中，紧邻出现的语篇之间会被赋予一种彼此有特殊关系的暗示……如广告语与图片。它们同时呈现，我们就会不自觉地假设，它们出现在一处是有某种原因或目的的，并且促使我们寻找它们之间的某些合理的关系。

二、关键词的指向作用

在篇际互文词语指称实现过程中，不管是普通名词指称还是专有名词指称，指称词语都起到将主文本关联起来的作用，引导读者阅读。

在一个语篇内部，词语的指称是以实体展现或实体嵌入的方式完成的。但是在篇际互文中，语篇之间是相互独立的，彼此并没有实体成分的嵌入，而是通过具有相同指称功能的专有名词或是普通名词建立一种语义的关联，这种关联性是通过概括出独立篇章之间的相同关键词，进而作为引导读者阅读的功能标签的方式实现的。

1. 关键词标签的互文意义

如果说通过关键词指称"振叶以寻根，观澜而索源"来获得语篇的指引作用，那么关键词标签在互文语篇组构中的过程对语篇互文的意义更大。关键词本身是语义现象，不是篇章结构现象，但是把若干篇章靠关键词的语义联系起来之后，关键词就成了篇章互文的枢纽。研究的重点是关键词所包含的语义现象如何渗透在篇章中。如何发掘不同语篇之间形式和意义之间的关联，建立以关键词为支点的互文分析体系是我们要思考的问题。语篇的关键词标签分析不是停留在关键词标签本身，而是在于分析关键词标签的语篇作用。

2. 关键词：篇际互文关系成立的功能标签

具有篇际互文关系的多个语篇会围绕一个话题或事件展开评论。这些相关语篇的标题处，一般都有类似于"背景介绍""专家点评""相关报道""新闻回顾""新闻追踪"等标签词语，直接提示语篇之间的联系。这些语篇都有一个共同特点，就是可以提取出一个适用于每个语篇的通用关键词。这些通用关键词如同标签一样，往往置于当前阅读现场的左上角或右上角。正是这些功能标签的作用，使得专栏性的语篇在语义上相互渗透，相互影响，链接成一个更高层次的关系紧密的语篇。这种通用关键词可以分为两种类型：

（1）显性题名关键词：作为多个语篇的标签，提示语篇之间的结构关系。

（2）隐性语义关键词：作为多个语篇的主题，链接语篇之间的语义相关。

　　单纯研究关键词本身不属于互文理论研究范围，互文视野下的关键词研究需要分析关键词对篇章的作用。关键词在一个语篇内部多是作为话题或核心语义成分存在，但是如果有一个关键词，它存在于多个语篇中，并将多个语篇链接起来，那么就会形成互相嵌入的超语篇。而这个关键词作为一个共有成分和标签，便将多个语篇关联起来，它在语篇分析中的作用就大大增强。以关键词为纽带，我们可以深入发掘主文本之间的内在关联。例如：

　　④社科院专家：延迟退休对中国并无实际意义（中国青年网，2013 年11 月24 日）
　　新闻链接：
　　专家："延迟退休公职人员先行"说法不足为据（中国青年网，2013 年11 月21 日）
　　媒体称延迟退休需考虑六大问题：谁来带孙子（中国青年网，2013 年11 月21 日）
　　消息人士称延迟退休仍处于征求意见阶段（中国青年网，2013 年11 月21 日）

　　例④是一篇新闻报道，后面链接了三个相关报道。我们发现它们之间有一个共同的关键词"延迟退休"，关键词作为一个标签，将四个语篇串联起来，形成一个由不同语篇构成的超文本语篇，读者在阅读时就会联系到先前的语篇、同一话题的语篇或是事件的前因后果的新闻报道，共同解读同一事件。关键词对语篇的枢纽链接作用，主要是通过对语篇核心意义的提取实现的。其主要体现在以下过程：
　　（1）分析语篇主题的相关语义要素，从语篇中提取大量的关键词。
　　（2）比对语篇意义，建立关键词之间的互文关系以及语义相似度。
　　（3）利用相似度选取最相关的、最能描述核心语义的关键词。
　　（4）利用关键词将语篇串联起来，利用超语篇网络对当前主文本进行充分理解。
　　如图 7 - 1 所示：

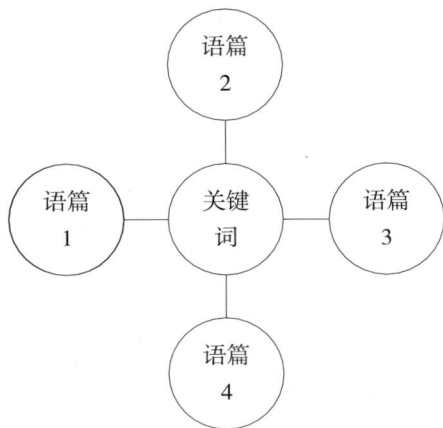

图 7 - 1　关键词链接各语篇

　　四个不同语篇被关键词的语义组织在一个语义网络中，形成一个以关键词为核心的语义关联模型，只要激活了具有互文关系的关键词连接的任何一个节点，就会通过链接的传递而激活相关的信息（桂诗春，2000）。语义思考策略就是首先建立了关键词的语义网络，进而把一些相关的语义信息相对稳定地保存在长时记忆中。这就能够解释为何我们在阅读某一语篇时通过互文关键词的提示可以自然而然地联想到相关语篇，进而加深对当前语篇的理解。

　　除此之外，主文本之间还存在一种关键词，即关键词本身并没有出现在多个主文本中，而是需要对文本比较概括才能得出。如新闻报道的某一栏目中关于"民生发展"话题的两篇文章，虽然两个文本中均没有出现"民生发展"字眼，但是两个语篇的意义能够概括或控制在同一关键词"民生发展"内。加上两篇文章处于同一栏目的空间紧邻性条件的组配，它们便建立起互文关系。请看语例：

　　⑤（新闻1）　　让祖国的花朵在阳光下绽放
　　　　（主要观点：以习近平同志为核心的党中央关心少年儿童和少先队
　　　　　　　工作纪实）
　　　（新闻2）　　顾薛磊，孩子们的"法官爸爸"

（新闻3） 呵护山区孩子上学路——上海大学生环滴水湖接力跑
侧记

（《文汇报》，2015年6月1日）

在《文汇报》的儿童节专栏的三个语篇中，虽然标题都没有直接提到
儿童节，但是通过语义内容我们可以发现这些语篇都是在表现社会各界对
儿童的关爱。语篇包含着隐性的可以被每个语篇共同提取出的关键词——
"关注儿童"。语篇采用平行叙述的组合方式，共同解读这一关键词。

第五节　篇际互文结构类型

传统语篇研究从微观方面主要研究衔接连贯，从中观方面主要研究话
题及话题推进，从宏观方面则主要研究不同的言语行为类型如论证、叙事
等决定的结构框架。语篇结构较为复杂，决定语篇结构的因素有很多，每
一种因素都有可能从某一个方面决定篇章的结构面貌。语篇总是在与其他
语篇的关系中形成和实现它的功能的。

传统语篇结构研究一般局限在一个语篇内部，仅对一个语篇内部的结
构关系进行研究，如论证、解释、叙事等结构关系。如拉波夫（1972）将
一个完整的篇章叙事结构分为点题、指向、进展、评议、结局、回应六个
部分。

专栏性语篇结构关系是由多个独立语篇构成的跨语篇结构，其语篇结
构关系显然与一个语篇的内部结构关系不同。但是，二者保持着语篇结构
分析方法上的一致性。专栏性语篇同样是一般围绕一个关键词或话题展开
叙述或讨论，尽管专栏性语篇的主话题可以下设多个分话题，但是始终服
务于主话题。

在话题推进的过程中，推动专栏性新闻语篇发展的力量就是语篇之间
的语义或话题的连贯性，语篇之间必须有一个统领全篇的主题，有实现主
题的宏观结构，只有这样，这些语篇才能组成一个整体语篇结构。各个
部分在整体语篇结构中都有一定的功能，对整体性结构起构建作用。

一般来讲，一个连贯的语篇只有一个主题，语篇中的其他成分都必须

服务于这个主题，并在主题建构中发挥作用。这些语段成分之间会彼此形成一定的语篇语义关系，这种结构关系既有线性关系，也有层级关系，专栏性跨语篇结构同样如此。独立的主文本语篇之间一般都在一个话题的统摄之下，语篇之间可以是话题的并列关系，也可以是话题的延伸关系，还可以是对话题进行论证、解读、阐释等。因此，根据专栏中各个语篇在组构整体语篇结构上的不同作用和语篇之间的不同层次关系，我们可以将专栏性语篇篇际互文结构分为层级型、并列型、承接型、解读型等。类型虽然不足以覆盖全部类型，但是足以揭示语篇互文结构的内在特征。

一、层级型篇际互文结构

层级型篇际互文结构如图 7 –2 所示。

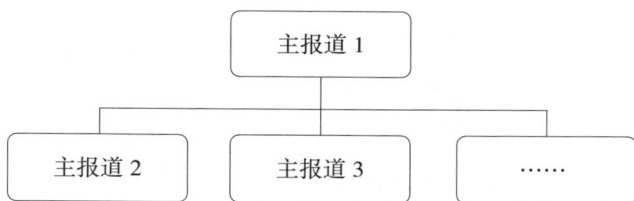

```
            ┌──────────┐
            │  主报道 1 │
            └──────────┘
                 │
     ┌───────────┼───────────┐
┌─────────┐ ┌─────────┐ ┌─────────┐
│ 主报道 2 │ │ 主报道 3 │ │  ……    │
└─────────┘ └─────────┘ └─────────┘
```

图 7 – 2　层级型篇际互文结构

这类篇际互文结构一般是以一个报道为主报道，其他报道作为主报道下辖的次话题报道。但是主报道和次话题报道都拥有同一主题。语篇之间通过同一语义内容链接起来，可以通过显性的关键词标签链接，也可以通过隐性的语义相关的方式链接。阅读者在语篇阅读时，先从具有统摄作用的主报道视角展开阅读，才能更好地理解整个语篇结构。

⑥（头版左上角）　调查：家长，你的爱适宜吗？

（主要观点：从教养方式、兴趣班以及陪伴孩子的时间三个方面展开调查）

（头版左下角）　分析：针对《中国教育报》微信用户的调查显示：家长普遍从高期望转向尊重孩子意愿

（头版正中总标题）　　孩子，我该如何爱你

编者按：今年学前教育宣传月的主题是："给孩子适宜的爱"，希望聚焦并纠正目前幼儿家庭教育中普遍存在的过度保护、过高期待、过分控制、过于放任等问题，在六一国际儿童节即将来临之际，小编邀请知名家庭教育研究者、园长、教师和家长分享儿童育儿理念和故事，引导和帮助读者反思自己的教育行为，理性把握爱的"温度"和"尺度"。

（报道1）　　严厉教育是危险教育

（报道2）　　无条件地爱你的孩子

（报道3）　　规矩更是爱

（《中国教育报》，2015 年 5 月 31 日）

篇际互文的多个语篇对同一话题进行详细报道。在例⑥中，先是呈现了一个网络调查以及调查的分析，指出当前家长在爱护孩子的过程中出现了很多问题。进而以句中大标题的方式显示主报道，同时配有编者按的解读性说明。下辖三篇报道从三个角度对"什么是正确的爱"进行论证说明。

同时，这些语篇大都在一个版面出现，尽管有些专栏性新闻没有空间紧邻作用的辅助，但是借助一定的连接标记，这些语篇也可以关联起来。如：

⑦（主报道）　　六一特别策划：给孩子一个有趣更有爱的节日

导读：

致我们不曾逝去的童年⇨详见第 3 版

致童年：读书周刊六一特别策划⇨详见第 5 ~ 12 版

（《中国教育报》，2015 年 6 月 1 日）

主报道之后的其他相关主题的报道，由于版面安排并没有出现在同一版，但是通过链接标记，如"详见第 3 版"等便将语篇关联起来。由于标题和链接标记的作用，主文本之间仍然出现在同一时空现场。

阅读者的视角从主报道展开，主报道起到提纲挈领的引导作用。在专栏性新闻语篇中，话题的推进表现为某一专栏围绕同一新闻事件或同一新

闻人物展开叙述，对某一主题进行全方位的报道，主题一致且话题多样，从而围绕一个新闻主题给读者不断提供新信息。

二、并列型篇际互文结构

并列型篇际互文结构如图 7 - 3 所示。

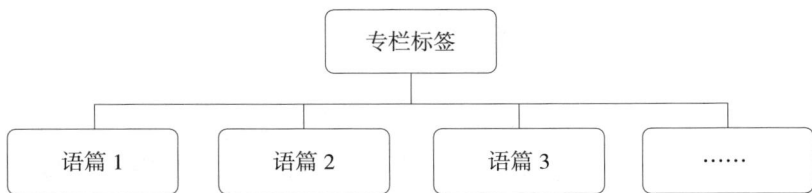

图 7 - 3　并列型篇际互文结构

语篇之间是独立并行的结构关系。二者没有主次和隶属关系，位于同一专栏内，对相关的话题或同一主题进行叙述。多个语篇之间针对一个主题，各自展开论述。阅读者需要结合多个语篇进行阅读，进而得出一个普遍的结论。

⑧（新闻 1 标题）　儿童食品少吃为妙

（主要观点：儿童食品和成人食品是同一套标准，而且儿童食品不一定比普通食品好）

（新闻 2 标题）　食品真相：腐乳之殇

（主要观点：腐乳的制作工艺以及腐乳生产中存在很多问题，希望腐乳不要被不良商家毁坏殆尽）

（《中国科学报》，2015 年 6 月 3 日）

两则语篇材料所谈话题一致，都是关于食品安全问题。二者分别叙述儿童食品问题与腐乳的食品真相，使语篇达到主题集中、报道全面的效果。

三、承接型篇际互文结构

话题承接型是指在主报道之后，后续相关报道利用主报道的话题进一步展开议论，对主话题涉及的内容进一步深化，对一个话题从多角度多方面展开理解（见图 7 - 4）。

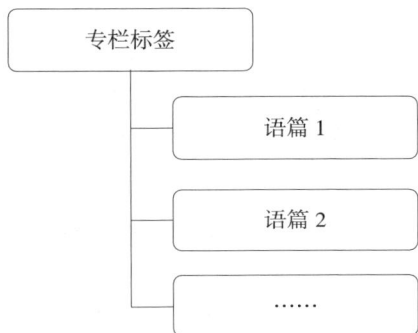

图 7 - 4　承接型篇际互文结构

⑨（新闻 1 标题）　让衰退湿地重获生命力

（主要观点：牛心套湿地从衰退到今天的重现生机，是科研人员不懈努力的结果，是探索湿地与农业共同发展的结晶）

（新闻 2 标题）　记者手记：把论文写在大地上

（主要观点：牛心套湿地建设的成功是科研人员服务地方的结果、崇高精神的体现，科研人员应该以"把科学论文写在祖国大地上"为研究导向）

（《中国科学报》，2015 年 6 月 1 日）

在承接型篇际互文结构中，语篇之间呈现前后承接的关系，新闻报道的话题得以延续。后一个报道语篇以前一个报道语篇为基础，语篇之间呈现旧信息到新信息的转换。这种篇际互文结构使得专栏性语篇之间不断进行信息更新或深入发掘或扩展信息，语篇之间环环相扣，保持一种信息链的形式。如例⑨中，新闻 1 是关于湿地的开发建设，新闻 2 则是针对湿地开发建设的成功，呼吁以服务地方为科学发展的导向。一方面语篇内容和语义得以承接，另一方面语义又得以发展。由于两个语篇同时出现在同一专栏内，因而其最大限度地降低读者的阅读难度，并结合新旧信息的转换，更好地把握信息的实质。这种承接关系的结构也影响到新信息语篇的语言特点，体现在对某一类句式，如判断句式等的反复使用或偏好。在承接语篇的结构安排上也是将新信息焦点置于标题、结尾、段首等突出位置，显示出重要性和理解的可接受性。

四、解读型篇际互文结构

语篇组织者为了让阅读者对主报道或事件本身有更加深刻的认识，往往会嵌入一些专家学者的评价或分析，以此引导大众解读当前语篇。为了突出当前解读文本的作用，一般会以一个关键词标签来标示，如专家解读、新闻链接、学者评价、背景介绍等，让阅读者能够充分了解事件或背景知识。

实际上，阅读者在阅读语篇时，可以根据自身的背景知识对事件形成一定的看法或观点。专栏性语篇的作者为了引导阅读者接受其所希望传达的某种主观意识，往往会通过评论解读性的语篇来实现这种功能。同样，专栏性语篇结构中嵌入的背景信息、新闻链接、相关报道等都是出于此种目的。由此也就形成了专栏性语篇的结构特点：在同一专栏或是版面时空内，众多语篇围绕一篇主报道，组织起若干相关语篇，这些语篇在主题上具有一致性，语义上具有连贯性（见图7-5）。

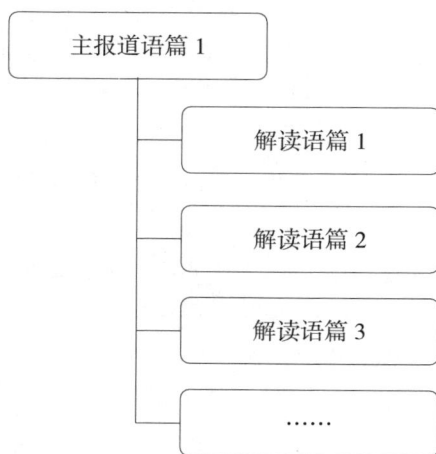

图7-5　解读型篇际互文结构

⑩（主报道）　　出国留学，"走得成"未必"学得成"

　　热门评论：被开除的背后是留学目的的畸变

　　链接：（标题1）　　哪些是被开除的高危人群

　　　　　　（标题2）　　在这五所美国高校最容易被"踢"出门

　　　　　　（标题3）　　绝对想不到：藤校女生竟是高危人群

（资料图片：主要内容介绍一座小桥由资金、知识以及人品三段组成，一个学生行走在人品一段时，桥面断裂，跌下深谷）

（《新华日报》，2015年5月29日）

　　在例⑩中，主报道语篇之后，安排了一个评论语篇，语篇话题得以衔接发展。同时为了论证主报道的观点，又链接了三个语篇分别从三个方面展开论证说明。在语篇组合形式上，也多采用特殊醒目的处理方式，以凸显信息焦点。最后以一个图片的形式形象生动地照应主题："'走得成'未必'学得成'。"

　　结合上述研究发现，篇际互文关系主要是通过关键词标签或是语义链接的方式实现的。专栏下的各个语篇被关联起来，形成一个整体的语篇结构。阅读者根据关键词指称、空间紧邻性提示等方式建立语篇关联，有效加强了阅读内容的理解与整合。

　　当前研究较多关注语篇内部的分析，而较少关注语篇系统的考察。特别是针对当前由于交际媒介（如网络、电视等）和交际理念等的变化而出现的新的互文现象。语篇互文的形式、语义和功能相当复杂，互文形式和意义之间的关联到底如何实现？这些问题的解决，需要在比较互文本材料基础上，寻找与篇章意义相对应的限制条件与形式标志，以做出更有概括性的归纳。

　　我们在对专栏性语篇的篇际互文关系的分析中，借助语篇之间的链接标记及其组合形式，对语篇间的关联进行技术层面操作，从而使语篇分析走出考据批评的范畴，摆脱单纯分析某一篇文本的模式的束缚，进而以跨文本的视域研究语篇意义的动态效果。本书同时采取形式与意义结合的语言学研究方法，让互文理论更加具有操作性。本书以语篇研究中出现的新的语篇现象为研究对象，进一步完善和论证语篇互文分析机制，推动语篇分析进一步走向深入。

第六节　网络新闻评论语篇互文研究

一、网络新闻评论的界定

新闻评论一般有广义和狭义之分。狭义的新闻评论是指报纸杂志和广播电视所发表的社论、短评与专栏评论。而广义的新闻评论则包含一切形式的相关评论，除了社论、短评、专栏评论外，还包括政治漫画、民意调查、读者来信等。传统意义上的新闻评论作为一种文体形式，是对当前重大新闻事件或是社会新闻发表评论。与其他评论一样，新闻评论一般会包括论点、论证过程和论据三个方面，是一种完整的语体写作形式。

而网络新闻评论则是指在当前网络媒体中大量出现的新型的评论形式，网络新闻评论语篇一般针对某一个网络新闻语篇，由众多网友发表评论，并由此构成以网络新闻为主体，由若干评论语篇共同组成的互文语篇系统。网络时代的新闻评论告别了传统纸媒评论的格式化路径，没有字数限制，没有格式要求，而且每一个网友都可以成为评论的作者。网络新闻评论可以是一篇完整文章，也可以是一句话，甚至是一个词语或是符号。话语内容一般都是即兴的，不追求严密的逻辑性。评论的范围不断扩大，评论的对象可以是时政新闻、社会话题，也可以是股票财经、美食、旅游、体育等各方面的信息。网络评论反应及时，传播迅速，受众众多，已经发展成为具有相当影响力的舆论力量。网络评论语篇正在以全民参与的方式改变我们的生活，甚至左右现实事态的发展方向。因此，网络新闻评论语篇对语言研究有着较大的社会价值和意义。

网络新闻评论的发展带来大量新的语篇表现形式。新闻语篇和评论语篇之间可以由各种形式标记链接起来，如例⑪：

⑪正副机长同时睡着致客机偏离航线，印尼交通部将进行专项调查

当地时间3月9日，印尼交通部就印尼巴迪航空（Batik Air）机长和副机长在飞行期间同时陷入熟睡的事件公开发表意见。交通部对巴迪航空给予严厉警告，并将对此案进行专项调查。

…………

最热评论

［湖南网友］这样的飞机驾驶员太可怕了!! 他们根本就没有半点责任心，拿着几百乘客的生命开玩笑啊!!

2024－03－10 20：29　　推荐3/回复/举报

［北京网友］国际海事公约规定：船舶必须安装值班报警器，每15分钟报警一次，由值班驾驶员手动复位消声，目的就是防止船舶驾驶员睡觉失责。航空上可以效仿这个做法。

2024－03－10 20：22　　推荐1/回复/举报

（央视新闻，2024年3月10日）

从技术层面上来讲，网络评论可综合使用多种模态或手段，如文字、声音、图像或动画视频等参与新闻语篇或评论语篇中，但主要以文字手段为主。从评论的发布平台来看主要有留言板、论坛评论区、网评区等。新闻语篇和新闻评论语篇之间通过一些形式标记链接起来，这些形式标记就是功能标签，通过这些功能标签可以显示出语篇之间的互文关联。

网络评论语篇的形式标记主要有：点击查看原文、回复（标记）、支持（标记）、热门评论、精华帖、最新评论、评论专栏等。这些评论虽然一般和主报道语篇处于同一时空，但是报道语篇的具体内容并没有实体嵌入评论语篇中，主要是通过语义嵌入的方式建立互文关系。新闻语篇下方一般会设子栏目如《专家意见》《观点碰撞》等来引导网友进行评论。如凤凰网的《专栏》《思想评论》《自由谈》等评论栏目。评论语篇一般出现在评论专栏的边框内，评论者可以针对新闻语篇进行评论，也可以针对其他评论者的评论进行评论，还可以针对新闻语篇或是评论语篇做出赞同或是反对的选择。

二、互文理论与网络评论语篇

互联网时代的来临拓宽了信息交流和传播的渠道，使得人们在获取知识时更加方便快捷，这是传统知识获得方式难以企及的。网络传播大发展的时代，出现很多新的语篇现象，传统的语篇研究在研究内容、研究方法上面临挑战。特别是在当前多种媒介融合背景下，传递的信息已不再由单一媒介组成，而是文字、数据、图像和声音等融为一体的超文本语篇。与传统语篇相比，网络大发展时代的语篇现象表现出了新的特点和规律，它是多种媒体技术的综合体。语言文字（字体、种类、颜色等）、非语言符号（表情符号、标识等）、图片、视频、音频等，都可以作为意义的载体，执行着信息传递的功能。全方位调动视听符号成为当前叙事语篇的一大亮点。因此，有必要从语言理论高度探讨和解释新的语篇现象，如对超文本语篇研究及网络语篇的分析，对融合语言和图像等多种媒介的广告语篇的互文分析，等等。互文理论能够引导我们对新的语篇现象进行关注，并且对新问题的分析有着强大的解释力。当然，所有的这些分析必须在我们建立的互文理论的语言学化的框架下进行。

我们不仅要将互文概念引入语言学研究，引导学界对语篇系统性的关注，而且要对互文现象做进一步的语言学化的分析，努力将互文理论改造成语言学自身必不可少的理论组成，并结合新时代出现的多样化的语篇形式，构建语篇互文研究新范式，对各类语篇现象特别是网络技术发展条件下新的语篇现象给予透彻的理论分析和充分的结构阐释，推动篇章语言学研究走向深入。

篇际互文式互文是指语篇之间并没有发生实体性的嵌入，而是以语义嵌入的方式（如关键词标签、空间紧邻性等）实现互文关系。具有篇际互文关系的主文本之间是相互独立的，阅读者通过一定形式标记的链接在阅读过程中将一个主文本带入另一个主文本。

热奈特（2001）将评论类文本关系称为"元文本性"，认为"元文本性体现了一种评论关系，联结一部文本与他所谈论的另一部文本，而不一定引用该文（借助原文），最大程度时甚至不必提及该文的名称"①。"元文本性"标题中不一定出现"评论"字眼，对于语篇之间的空间紧邻性也没有强制的要求，二者可以在当前同一时空，也可以具有较远的时空关系。如昨日的一篇报道 A 和今日针对报道 A 的新闻评论之间具有元文本关系，虽然它们不具有相同的时空关系，但是依然建立了互文关系。

而阅读者若想完全理解元文本与评论文本之间的关系，两个文本就必须同时出现在阅读者的头脑中或是对比两个文本，因此即使两个文本不处于同

①   热拉尔·热奈特. 热奈特论文集［M］. 史忠义，译. 天津：百花文艺出版社，2001：9 – 14.

一时空现场，也是处于阅读者虚拟的同一时空现场中。也就是说篇际互文式语篇之间一般出现在同一时空的阅读现场中，

当两种文本真实同现的时候，由于空间紧邻性的作用，评论文本与主文本之间便会留下附属标记。正是这些评论标记使得评论性的元文本实现了热奈特所说的"连接一部文本而不引用该文"。另外，话语被谈论的对象必须在语义上进入谈论话语当中，而实现谈论对象进入话语中的最直接的方式就是指称，也就是元文本中对于主文本的指称，即评论语篇对新闻语篇的指称。二者的语义内容或实体内容都能进入对方语篇，但是二者又是相互独立的主文本。因此，这种交互是双向的，一方面指称词语将主文本引入评论文本而加以评论，另一方面指称将评论文本对主文本的谈论加在主文本上。因此，考察二者关系时离不开指称的接引标记的作用，新闻评论语篇重点研究指称是如何在二者之间运作的。

由此看来，具有篇际互文关系的新闻语篇及其评论语篇，是依赖于一定的语言形式标记而建立关联的。由于语篇之间没有实体成分的嵌入，它们只能通过语义相关的方式并借助于一定的链接标记而建立互文关系。同时，在这些条件的作用下，阅读者的阅读过程将两种语篇关联，将评论语篇带入主文本，从而加深对语篇的理解。因此，从互文理论的角度对新出现的网络新闻评论语篇的互文关系进行研究，能够进一步揭示语篇之间的内在关联。

三、网络新闻评论语篇的语言特征

当前网络新闻发展迅速，针对网络新闻的网络评论大量出现，结合当前出现的新评论形式，我们可以概括出网络新闻评论语篇的基本特征。

1. 评论话语的弱归属性

网络空间的虚拟性使评论者可以采用匿名方式或个性化签名的方式发表评论，导致话语具有随意性。话语内容可以是自身的陈述，也可以是无标记引用他人话语，或者由他处直接复制粘贴而来。新闻评论话语的这种弱归属性使得网络评论语篇具有很强的重复性、随意性的特点。评论话语可以与主报道新闻的主题一致，也有可能产生话题游移。尽管如此，评论语篇还是由于空间边框的作用而与新闻语篇链接起来了。

2. 新闻事件的弱感知性

网络新闻发展迅速，海量新闻铺天盖地，在知识丰富阅历的同时，人们

更希望获取知识的快捷性。阅读者在阅读语篇时，往往倾向于抽取语篇中的部分内容，或是由语篇标题来推导出语篇内容。阅读者有时无法获取全面或客观的语篇意图，更容易断章取义而走向片面或主观。

⑫　　夏雨晒八块腹肌，网友：刘星这么壮了？

7 月 6 日，夏雨通过个人微博晒出了一组照片，并且留言："练起来。"从这组照片的背景来看，夏雨在健身房，后面有很多的健身器材。他的八块腹肌特别地明显，让人感觉十分地强壮。

网友评论：

@ 一山，啥时候长这么壮了

@ 想不到夏雨还有这身材

@ 健身就是有毅力的人才能干的事

@ 这还是当年那个瘦瘦小小的刘星吗

@ 时间真是过得快，转眼间刘星都已经是肌肉男 plus 了

（搜狐新闻·焦点，2015 年 7 月 7 日）

在信息爆炸的时代，公众面临着海量的信息输入。这可能导致他们的注意力被分散，难以对某一新闻事件保持持续的关注和思考。例⑫中有不少网友将影视明星夏雨和张一山（情景喜剧《家有儿女》中刘星的扮演者）混淆了，因此做出了上述评论。

3. 评论语言形式的多模态性

新闻评论话语的多模态性指的是在新闻评论中，除了传统的文字表达外，还结合了图像、声音、颜色、动画等多种模态形式来传达信息和观点。这种多模态的表达方式使新闻评论更加生动、直观，增强了其吸引力和影响力。

通过结合文字、图像、声音等多种模态，新闻评论能够更全面地展示新闻事件的各个方面，使观众或读者能够更深入地了解事件的背景、过程和影响。多模态的新闻评论通过视觉、听觉等多种感官刺激，使观众或读者在阅读过程中获得更丰富的体验，增加了阅读的趣味性和吸引力。

多模态元素可以有效地辅助文字表达，通过图像、声音的配合，可以更直观、生动地传达作者的观点和立场，增强评论的说服力，为新闻报道带来

新的方式和角度，使新闻报道更加多样化和创新化。

不同的人对于信息的接受方式有所差异，有些人更喜欢通过文字获取信息，而有些人则更喜欢通过图像或声音来接收信息。多模态的新闻评论可以满足不同读者的阅读习惯和需求。

需要注意的是，多模态新闻评论在运用时也需要适度，避免过度使用或滥用多模态元素，以免分散读者的注意力或影响信息的准确传达。同时，多模态元素的选择和运用也需要与评论的主题和内容相契合，以达到最佳的表达效果。

4. 评论关系的层级性

评论话语的层级结构，类似于建筑中的楼层叠加，每一层都基于前一层进行构建和扩展。在这种结构中，评论的对象可以是主文本话语，也可以是先前评论的话语。

层级结构使得语言分析能够逐步深入，从表层的话语分析逐渐过渡到深层的意义解读。通过对每一层级的细致剖析，可以更全面地理解评论者的观点、态度和立场。它还能够清晰地展示评论话语之间的逻辑关系，如因果、转折、递进等。这种逻辑关系不仅有助于理解单个评论的意义，还能揭示整个评论体系的内在逻辑和连贯性。

随着评论层级的递进，评论话语往往呈现出从简单到复杂、从表面到深入的发展趋势。这种发展不仅反映了评论者对新闻事件认识的深化，也展示了评论者观点的逐步构建和完善。不同层级的评论可能代表不同的观点或立场。通过对这些观点的分析和比较，可以揭示出新闻事件中各方利益的冲突和平衡，进而加深对事件本质的理解。

层级结构是构成完整新闻评论语篇的重要基础。通过不同层级之间的衔接和连贯，评论话语形成了一个有机的整体，具有高度的内在一致性和完整性。

因此，评论话语的层级结构在语言分析和语篇结构分析方面发挥着重要作用，有助于深入理解评论者的观点、态度和立场，揭示评论话语之间的逻辑关系和发展趋势，以及构建完整的评论互文语篇。

5. 语篇嵌入关系的复杂性

针对同一新闻报道，可以出现成千上万条网友评论，这些网友评论都会和新闻报道产生关联，同时网友评论之间还可以互相评论。网络新闻评论之间的关系一般是主报道语篇对应多个评论语篇。评论语篇之间也可以具有嵌套、平行等多种复杂关系。

网络评论使得不同时空的人群得以交流，可以回复一周前的网友评论，也可以对现在的网友评论即时回复。评论可以被镶嵌在另一个评论中，也可以不镶嵌其他评论而独立评论。当评论之间的互文关系不明确时，就会带来阅读理解上的困难。语篇评论的嵌套关系确实展现了复杂的特性，这种复杂性主要体现在以下几个方面。

层级深度与广度：评论话语的嵌套关系可能包含多个层级，每个层级又可能包含多个子层级。这种层级结构不仅深度深，而且广度也可能很广，形成了复杂的网状结构。这种结构使得评论话语在逻辑上呈现出高度的复杂性和多样性。

交叉与重叠：在嵌套关系中，不同层级的评论话语可能相互交叉、重叠，甚至在某些情况下产生冲突。这种交叉和重叠使得分析者需要仔细辨别和区分不同层级之间的关联和差异，增加了分析的难度。

动态变化性：嵌套关系并非静态不变，而是随着评论的进行和话题的发展而不断变化。新的评论可能加入原有的嵌套结构，或者对原有的评论进行修正、补充或反驳，使得整个嵌套关系呈现出动态变化的特性。

隐含与暗示：在嵌套关系中，一些评论可能采取隐含或暗示的方式表达观点，而不是直接陈述。这种隐含和暗示增加了分析的难度，需要分析者具备较高的敏感性和解读能力。

文化背景与语境依赖：嵌套关系的复杂性还体现在其文化背景和语境依赖性上。不同的文化和社会背景可能导致对同一评论话语的不同解读，而特定的语境也可能影响嵌套关系的形成和变化。

因此，在分析语篇评论的嵌套关系时，需要采用多层次、多角度的分析方法，结合具体的语境和文化背景进行深入解读。同时，也需要具备较高的逻辑思维能力和语言分析能力，以应对嵌套关系所带来的复杂性和挑战性。

四、新闻评论语篇的互文结构

在传统语篇研究中，语篇结构研究的主要任务是确定各种语体的结构要素以及由这些要素组合而成的篇章结构。一般来讲，篇章结构的研究有两种思路：第一种是将结构要素概括为语义或功能主题，以此为基础描写语篇的结构组成模式。如传统文章写作中对文章起承转合模式的归纳，以及现代语言学研究中从认知结构出发挖掘话语结构的层级性，探索语篇结构的表现形式，将语篇按照结构概括为不同的研究类型，如论证、叙事、说明、描写等结构模式。第二种思路是以语篇研究的基本单位为起点，通过结构单位之间的组合或嵌入关系来研究语篇的层级性。

对具备互文关系的语篇之间由于篇际互文而产生的语篇结构的研究与对传统语篇结构的研究不同，它不再单纯研究一个语篇内部结构，而是从语篇之间相互作用的视角出发，研究一个语篇对另一个语篇切实的影响，进而考察互文对语篇结构研究的意义。因此，互文视角下的语篇结构研究扩大了传统语篇研究的范围，有利于发现更多的语篇现象。

网络评论语篇是针对新闻报道语篇产生的，一般是一个新闻语篇附加多个评论语篇进而形成篇际互文结构。根据评论语篇的主题是否与相关新闻语篇主题一致的原则，可以将语篇结构分为两大类型。

1. 树状互文结构

树状互文结构是指形成互文关系的多个语篇的话题一致。评论语篇的意义建构有助于新闻语篇意义的完整性，评论语篇独立性受到主报道语篇的影响（见图 7 - 6）。

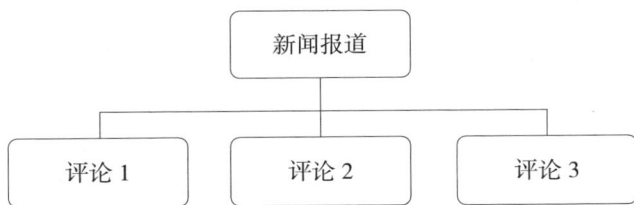

图 7 - 6　树状互文结构

巴赫金（1986）指出："每一个话语都被视为对先前特定话语的回应，它反驳、肯定、补充和依附其他话语。"① 这都说明话语的意义不仅存在于

---

① 钱中文. 巴赫金全集：第三卷 [M]. 白春仁，晓河，译. 石家庄：河北教育出版社，1998：91.

话语自身，还存在于与它相关话语的关系之中。每一语篇与其他语篇、现在的语篇与过去的语篇共同组建起语篇网络系统，每一语篇的意义总是在语篇之间的相互作用中显现。网络评论语篇一般是针对报道语篇而产生的，新闻报道语篇影响了评论语篇的产生，评论语篇的主题一般局限在新闻报道的主题内，对新闻报道语篇起到解释、评论的作用。同时评论语篇又对主文本报道阅读有着积极作用，评论语篇有助于读者更好地解读新闻报道语篇。新闻评论语篇和新闻报道语篇呈现出一种双向互动的互文关系。

2. 层级互文结构

新闻评论语篇之间由于共同指向新闻语篇，它们之间也有着明显的互文关系。评论语篇之间可以组成平行关系，即语篇同时指向新闻语篇，更好地解读新闻语篇。评论语篇之间还可以互相评论，形成评论语篇的层次结构，评论语篇之间构成对话关系。每一个评论语篇都是评论关系链条上的一环。

评论语篇共同指向新闻语篇，但是评论语篇之间是一种异质结构，并不存在结构、内容方面的隶属、依附关系，而是通过一定的形式关联建立一种对话关系。

⑬　　江苏一快递包裹现 11 条活鳄鱼　警方已介入调查

7 月 5 日中午，宿迁市经济技术开发区某快递公司物流中转中心，两个从山东潍坊寄来的包裹里发现 11 条活鳄鱼。《现代快报》记者从宿迁警方了解，这些鳄鱼是当地一名司姓男子网购来的，称"想养几条试试，养活以后就开个养殖场……"国内最新新闻报道，目前，这些鳄鱼已经被宿迁市野生动物救助中心暂时收容，待专家做完物种鉴定后再做安排。

网友评论：

一楼：哥曾经网购过捕鸟蛛，好害怕，是不是要被抓去坐牢啊？

二楼：你好，请 24 小时内到就近派出所自首，否则后果自负。

三楼：哥曾经网购过两只小乌龟。

四楼：不会的，不要瞎担心，麻烦开门收一下快递。

（《现代快报》，2015 年 7 月 7 日）

例⑬中网友的评论可以针对新闻报道进行评论，也可以针对先前的评论再次评论，互文关系较为复杂。评论者会从多个角度和层面进行论证，使观点更加全面、深入。同时在论述过程中，评论者还可能会引入相关的分支话题，进一步丰富和深化评论内容。此外，新闻评论的层级结构还可能受到多种因素的影响，如评论者的个人风格、写作习惯、对新闻事件的理解程度等。如上例中的评论多以幽默诙谐的方式表达自己的观点。

其结构关系可以如图 7 - 7 所示。

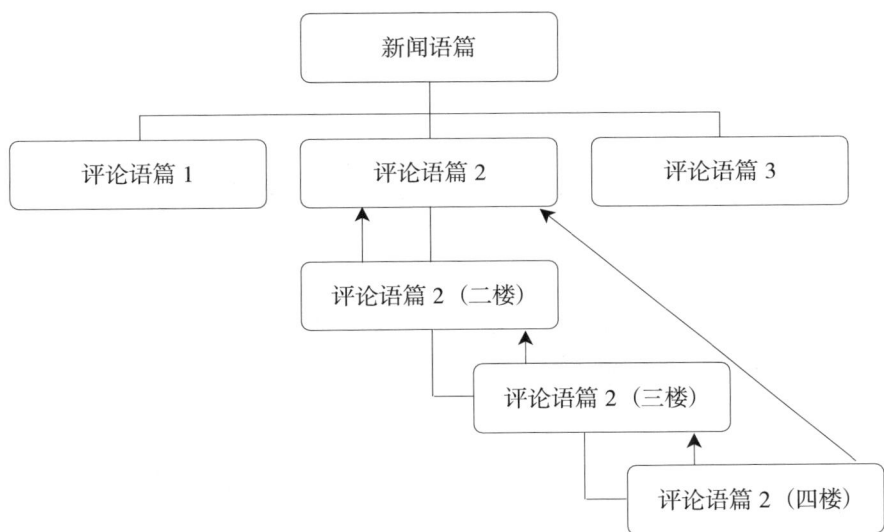

图 7 - 7　新闻评论语篇结构关系

新闻评论之间的层次关系较为复杂，可以是层递关系的评论，下一层评论上一层；也可以是跨层评论，评论不与同一层相邻。它们同时出现在评论栏这一时空现场，又不发生实体嵌入，只是将先前评论作为话语背景材料显示，上一层评论的话语内容没有直接嵌入这一层评论内容中来，而是由边框标记分隔开来，镶嵌在自己的评论上方。因此二者之间并没有实体嵌入，只是语义关系的嵌入。在空间关系上，二者处于同一时空，但是空间紧邻程度有所差别：层递关系的评论语篇紧邻性强，跨层评论关系则稍弱。如果主文本新闻报道之后又附加专家评论之类的语篇，网友还可以针对专家评论发表评论。评论语篇之间对话关系的复杂性决定了评论语篇之间存在两种话语嵌入路径。

（1）扩展性篇际互文关系：评论镶嵌评价其他评论，评论造成新闻语篇主题的发散性扩展，新闻报道语篇的主题延续到评论语篇后，主题有所变化。

（2）聚焦性篇际互文关系：多个评论语篇的主题一致，新闻语篇的主题延续到评论语篇。

五、新闻评论互文结构的实现方式

新闻语篇与评论语篇间的结构关系可以看作一种对话关系，二者根据对话关系建立互文关联。但是这种对话关系的实现不是通过双方实体内容的嵌入，而是通过语义的关联建立起来，同时新闻语篇和评论语篇之间会出现一些形式化的标记来提示二者的互文关系。据此我们可以将评论语篇的嵌入方式分为两种：

1. 语义互文形式

语篇互文关系可以通过语篇之间的语义关系来确立。如不同语篇针对同一话题或事件，在词语上具备同指关系，一个语篇在没有实际进入另一个语篇时能够被另一个语篇在语义上引入。

（1）复现词语、句式或利用语义指称。

在评论语篇中，各个评论之间通过复现词语、复现句式和复现语义的方式实现互文关联，从而构建一个内在连贯、意义丰富的评论体系。这种方式不仅有助于增强评论的连贯性和深度，还能提升读者对新闻事件的理解和认知。

首先，复现词语是新闻评论中实现互文关联的重要手段。通过重复使用相同的词语或词汇，评论者可以在不同的评论之间建立联系，强调共同的主题或观点。这些复现的词语如同线索，引导读者在阅读过程中将不同的评论串联起来，形成对新闻事件的全面理解。

其次，复现句式也是实现互文关联的有效方式。评论者可能会采用相同的句式结构或语法模式来表达相似的观点或情感。这种句式的复现不仅使评论在形式上保持一致，还能在语义上形成呼应和强调，增强评论的表达效果。

此外，复现语义是实现互文关联的更深层次的方式。评论者可能在不同的评论中重复表达相同或相近的意思，通过不同的角度和层面来深化对新闻事件的理解。这种语义的复现不仅有助于强调评论者的核心观点，还能使读者在阅读过程中逐渐领悟到评论者的深层意图和立场。

通过复现词语、复现句式和复现语义的方式，新闻评论中的各个评论之间形成了紧密的互文关联。这种关联不仅增强了评论的连贯性和深度，还使读者能够更好地理解和把握新闻事件的本质和核心问题。

语篇衔接主要有语法衔接和词汇衔接。评论语篇之间的篇际互文关系也可以通过词汇衔接的方式出现，这主要是通过围绕主题词复现的方式实现的。这种词语的复现，可以是相同词语，也可以是相近相关词语。阅读者能够把握词语的关联及其发展脉络。

评论语篇一般会将主报道语篇的语义内容引介到评论语篇中。评论语篇之间也可以互相进行语义嵌入，如"读完这篇报道"等，便将报道语篇与评论语篇的语义连接起来。

新闻报道语篇如果围绕同一新闻事件或同一新闻人物展开话题，进行全方位的报道，主位一致，而述位不同，就可以从不同角度不断地给读者提供新信息，同时能够起到主题集中、报道全面的效果。而新闻评论的主位推进模式更多是以主述位延续式为主，即以上一句的述位（即新信息）作为下一句的主位（即旧信息），又推出更新的信息、更新的述位，新旧信息环环相扣。

语篇链接中逻辑连接词起到了提示功能，使信息链得以持续。通过词语复现或是语义嵌入的方式，语篇之间的语义承续性增强，可以最大限度地减少读者的阅读理解难度，满足读者的信息获取与把握。同时新闻评论的主观随意的言语特点，使得某一些句式或非常规句式被频繁使用，并且倾向于"新信息—旧信息"的表达式结构，在语篇布局上倾向于把焦点信息置于开头、段首、结尾等显要位置，以凸显信息焦点。

（2）使用元话语引导。

元话语在语篇中能够起到引导性和解释性的作用，元话语依照话语功能可以划分为不同类型。但在语篇之间起关联作用的元话语主要有两种：引导式元话语和互动式元话语。

其一，引导式元话语。互文语篇的语言成分指向某一个语篇，主要类型有：

A. 指称性元话语，指称其他语篇与当前语篇的关系，如"上面说到""前面提到""新闻中说到""……说"。

B. 指示性元话语，指示语篇内容的来源，语篇语义之间的嵌入程度，如"据报道""据小编的分析""如……所说""这样说来"。

C. 注释性元话语，帮助阅读者理解语篇关联，如"可以这样理解""也就是说""换种说法""即"。

其二，互动式元话语。建立语篇之间的话语关联或是与其他评论之间的话语互动。主要包括：

A. 态度元话语，如"很高兴""令人心痛的是""大家知道""或许""当然"。相关词语如"支持""点赞""顶"或是其他表情符号。

B. 关系元话语，如"正如……所说""在某种程度上""可能""显然""毫无疑问"。相关词语如"楼主""一楼的""楼下的"。

评论语篇中的引导式元话语和互动式元话语在构建互文结构方面起着至关重要的作用。这些元话语工具不仅帮助读者理解和跟踪评论的逻辑线索，还促进了作者与读者之间的交流和互动，从而增强了评论的说服力和可读性。

引导式元话语，如"前面提到""这样说来"等，在评论中起到了桥梁的作用，它们将先前的论述与当前的观点或论据连接起来，引导读者回顾和理解之前的讨论。这种连接方式有助于构建评论的连贯性和层次性，使读者能够跟随作者的思路，逐步深入理解和接受作者的观点。

互动式元话语，如"大家知道""显然"等，则更多地强调了作者与读者之间的交流和互动。这些元话语工具能够引发读者的共鸣和认同，使作者的观点更加易于被接受。同时，它们也能够激发读者的思考和讨论，促进观点的碰撞和交流，从而丰富和深化评论的内涵。

在互文结构表达中，引导式元话语和互动式元话语的作用是相互补充的。引导式元话语确保了评论的连贯性和层次性，使得整个评论体系有条不紊；而互动式元话语则增强了评论的互动性和说服力，使得作者的观点更加深入人心。

总的来说，这些元话语工具在新闻评论中起到了不可或缺的作用，它们不仅提升了评论的质量和效果，也增强了读者对新闻事件的理解和认知。

2. 形式标记链接

网络评论语篇的发展突破了纸质媒介和页面的限制，充分展现出了语篇的开放性、互文性以及离散性的特点。新闻评论语篇之间组成一个大型的互文本，将众多语篇关联起来并置于一个语篇网络中，通过各种方式与路径使得语篇得以衔接和关联。传统语篇因为线性关系的制约而成为相对独立的语篇，使得我们更多关注语篇内部或语篇自身。评论语篇的篇际互文关系，使得我们将注意力转移到语篇之外，语篇之间有着更为广阔的研究空间，语篇之间的关联又反过来影响了语篇内部的结构。在网络评论语篇中的互文关系主要通过形式标记链接和空间紧邻性提示来实现。

这些链接标记如"我来说两句""最新评论""精华帖"等。新闻评论语篇被明确安置在评论区中。空间紧邻性的作用告诉我们，这些评论都是针对主报道展开的，如新闻评论中的"盖楼"帖。

我们知道，副文本性是指一个文本与挂在其上的序、跋、护封上的介绍，还有包括后记、摘要注释、参考文献等文本间的关系。而元文本性是指一个文本与正在被它谈论的另一个文本的关系。副文本、元文本等篇际互文与引语、模仿、抄袭等篇外互文的根本差别在于篇外互文中互文本切实地进入了主文本，是一种实体嵌入。而篇际互文的主文本之间是相互独立的，主文本出现在其他主文本的实体空间之外，以语义关联的方式实现了语篇内容的相互嵌入，并通过一定的互文标记实现语篇的链接。这种标记是显而易见的，如空间紧邻性便直接将读者从一个语篇接引进另一语篇中。

互文理论将语篇放在语篇系统中考察，扩大了传统语篇研究的范围，并相应衍生出一套新的互文分析的方法，使我们能够在语篇的相互关系中分析和评价语篇结构成分的功能以及整个语篇的意义和价值。互文理论把语篇放在一个更大的语言背景和文化背景中进行考察，从而更加完整而准确地理解语篇的意义。网络评论语篇作为新出现的语篇形式，为传统互文研究提供一个新的研究领域，通过对评论语篇与新闻语篇之间的互文关系的分析，我们发现影响语篇结构的因素复杂多样，只有将语篇放在一个动态的语篇关系中才能更好地发掘语篇现象，推动语篇研究走向深入。

第七节　超链接语篇的互文研究

一、超链接技术与互文理论

"超文本"一词由德特·纳尔逊于 1965 年在美国计算机年会上首先提出。早期的超文本作为一种电子文本，是一种非连续性的文字信息呈现形式。随着信息科技的快速发展，现在的超文本已经成为一种依靠网络和计算机技术形成的可共享的文本，是人类组织语言的一种有效的新方式。超文本链接，简称超链接，在本质上是一个网页的一部分，允许同其他网页或站点之间进行链接。超链接是指从一个网页指向一个目标的链接关系，这个目标可以是另一个网页，也可以是相同网页上的不同位置，链接的语篇内容可以是一个网页、一幅图片、一个视频或文件甚至是一个应用程序。当浏览者单击链接后，链接语篇将显示在屏幕浏览器上，并且根据对象的类型来运行。

所谓"超文本"就是设计成模拟人类思维方式的文本，即在数据中又包含与其他数据的链接。用户单击文本中加以标注的一些关键词或图像，就能打开另一个文本。网络文本多以超文本、超媒体方式组织新闻信息，用户接收新闻内容时可以方便地联想和跳转，更加符合人们的思维和认知规律。

超文本用超链接的方法，将各种不同空间的文字信息组织在一起，形成大型的网状语篇，通过它可以显示语篇及语篇之间相关的内容。一个语篇或文本可以链接到其他位置或者文档，并允许从当前阅读位置直接切换到超文本链接所指向的位置，在网页上这样的超链接随处可见。由此看来，超文本链接就是以特殊编码的形式来实现链接，这个链接标记可以是图像或文字。当我们点击该链接时，浏览器便可移至同一网页内的某个位置，或打开一个新的网页。链接的内容可以是文本、图像、视频、多媒体等各种语言实现形式。链接完成需要链接标记的指引，比如在大学图书馆收录的论文中，论文目录便提供了一种链接，点击目录中的某一章节纲目，对应的语篇内容就会被提取出来。

超文本链接研究主要集中在计算机科学、图书情报学对链接文本的处理和应用方面，目前的超文本概念也扩展到了文学与语言学分析领域，如董剑桥（2003）研究了超文本结构与意义连贯性的关联，陈博（2007）探讨了超文本与网络文学的关系，分别从语言学、文学的角度介绍了超文本概念，进而指出超文本对语言传播方式的变革，但是这些研究大都是从超链接的原有学科出发，对超文本现象背后的语言形式和意义要素的分析并不深入，将超链接理论借用却并没有融入自身的学科研究中。

克里斯蒂娃在《符号学》中对互文概念阐释的时候指出，每个文本不是孤立存在的封闭体，而是对其他文本的转化和吸收，文本之间相互参照，彼此牵连，形成一个无限的开放的动态网络，并且不断衍生出以结点为纽带的文本系统。从这点来看，克里斯蒂娃对文本关系的论述和超文本链接的本质基本一致。超文本之间由于超链接的作用形成明显的互文。超链接体现了一种非线性的时空关系，超文本的互文不仅体现在它链接了多个语篇，也创造了新型的语篇形式和语篇存在空间，而且消除了语篇之间的固有界限，强调了语篇之间的互动关联，从而使语篇的存在具有了新的意义。比如，在科学研究中引用的参考论文或是书目，通过超链接就可以跳转到这些内容，从而利用链接实现互文关系。超链接是一种语篇内容的链接。

二、超链接语篇的语言学分析

1. 超链接语篇之间的结构关系

语言学框架下的互文研究归根到底是研究一个语篇如何嵌入另一个语篇中去的，为了建立起一套行之有效的语篇分析方法，我们必须从形式和意义两个方面着手，一方面深入发掘语篇之间的形式关系和形式标记；另一方面深入考察语篇发生嵌入关系之后给语篇意义和结构带来哪些影响和变化。我们知道他文本最初是完全独立、结构完整的，是处于主文本语言环境之外的某一语篇，主文本是当前正在阅读的语篇。

语篇之间的嵌入关系，主要有以下三种方式：

（1）一个或多个他文本嵌入主文本，构成互文关系，如引语、仿写、改编等形式。

（2）语篇的一部分作为互文本嵌入语篇中，形成互文关系，如通过元话语标记形成语篇内容的迁移等。

（3）两个或多个具有独立关系的主文本互相嵌入，构成互文关系，如专栏性语篇、网络评论语篇等形式。

互文不仅存在于两个或多个语篇之间，一个语篇内部由于话语层次的不同，也可以产生互文关系。二者差别在于，后者将自身话语的一部分变换成互文本后嵌入主文本自身中。因此，这一部分文本的性质既是主文本又是互文本。

2. 超链接语篇的时空关系

我们知道，打开的链接语篇与当前阅读语篇构成互文关系。但是超链接语篇并没有将被链接的语篇内容实体嵌入当前阅读的主文本，而是通过超链接打开另一个语篇，对超链接语篇的解读主要是针对当前语篇或当前语篇的某一个知识点，两个语篇通过这个网络链接点而关联起来。由此我们可以推出：

在语篇时间和空间关系上，互为主文本的若干语篇共处于当前阅读者所在的同一个时空，主文本之间依靠链接标记的接引作用，将另一语篇引入当前阅读现场，但是被引入的主文本并没有实际语篇内容的嵌入，而是对当前阅读主文本或一部分主文本语义的解释或相关信息说明。

3. 超链接的方式及其形式标记

在篇际互文中，独立的主文本之间不需要借用对方的语篇内容，而是通过语篇间共同的关键词或话题建立意上的篇际互文。语篇之间的内容都是相互独立的，不同主文本被同一话题或主题链接起来，

语篇的互文可以是实体性的。如引语，引用的内容即他文本，被关联的语篇为主文本，引语的使用就是把他文本嵌入主文本中。同时这些实体嵌入的过程中还伴随着一定的语言形式。如引语的嵌入可以有引导语，也可以是零标记。如果带有引号即为直接引语，若引用他人话语而没有使用引用标记，我们一般将其看作间接引语。语篇互文的另一种形式是语义互文。语义嵌入主要是依赖指称等方式实现的。例如，"老师看完了那部小说"，指称成分"那部小说"便与客观存在的一部小说联系起来。这就是语义指称的方式，而且这种语义指称一定是通过话语指称实现的。话语指称同样实现了语篇语义内容的互文。

超链接语篇则是通过关键词标签的点击而将另一语篇提取到当前阅读

现场，进而将不同语篇联系起来，语篇之间并没有实体互文，而是在关键词标签下链接了一个相关语篇，为阅读者提供一种相关语义词语或条目的解读。与专栏性语篇互文不同的是，超链接语篇之间必须有关键词标签或是字体颜色改变等链接标记。

超链接语篇以非线性方式依附于链接点上的话语单位，链接语篇一般不与链接点在一个界面中共现，二者主要通过链接标记实现关联。

（1）链接标记。

在超链接语篇中我们可以通过光标变化、点击鼠标来显示链接点与链接成分之间的关系，当然这里有明显的形式标记，即字体颜色的改变或是其他形式的醒目的区别标记。

（2）返回标记。

在超文本链接成分的末尾一般会设计返回标记，点击之后就能够重返链接点。返回标记一方面显示了链接成分的长度，另一方面也意味着链接成分的意义必须被整合到链接点中才能最终体现出来。自然文本中也有性质类似的标记，例如一些话语标记语"废话少说，言归正传""不要跑题了，回到正文"之类，但是，在更多的情况下，阅读者是因为觉察到了链接点的语篇管界终止而返回链接点上去的。

结合前面的分析，我们在此对超链接语篇嵌入方式和可识别的形式标记做一个全面的梳理。

超链接语篇是篇际互文关系的一种语篇形式。超链接语篇之间的嵌入并不是语篇实体内容之间的嵌入，而是通过超链接的形式，将一个语篇链接在当前语篇之下，超链接一开始处于隐含状态，通过点击激活后被提取到当前的时空现场，引入的语篇对当前正在阅读的语篇起着解释、说明等语义作用，二者从而构成互文关系。

4. 超链接对语篇结构的影响

篇章结构的形成是一个由多方面因素共同制约的过程，但是目前对于语篇结构的分析大都是从静态的角度出发的，超链接语篇的研究则是从动态角度出发的。从超文本链接的研究视角来观照语篇分析特别是语篇结构的分析时，我们就会发现语篇结构的发展有着主线，以及在主线上衍生出链接结构。从电子文本到自然文本，都是如此。语篇结构的主线中已经包含了话语过程中所传达的主要信息，但是如何实现信息的传递，传递过程中信息的实现方式则更多地取决于环境因素。语篇中的结构主线一般可以被认为是静态的、一次性表达的，但超文本链接结构则更好地体现了语篇生长的动态过程。

链接结构的出现是对语篇内容不断解释修正的结果，这个解释修正的过程的根本原因在于语篇的表达意图和修辞动因。从语篇的形式出发，找出语篇意义与结构的关联，不仅可以得出一个语篇结构的生长过程，同时可以揭示语篇发展的趋向。我们进行这种理论思考的意图在于通过链接结构来更好地揭示语篇结构，从理论上和方法上将语篇分析的研究空间拓展到更深入的领域中去。

超链接语篇突破了电子文档的页面限制，充分表现出语篇的开放性特点。整个超文本链接语篇形成一个大型的互文本，将多个相关语篇置于语篇网络中，并通过广泛的语篇链接路径与其他相关语篇之间保持关联性。在这种全新的语篇实现方式作用下，超文本链接语篇能给读者提供多重选择的阅读路径，更好迎合了人类思维的发散性特征，使得传统语篇的线性阅读方式变成了超链接性的自由联想式的阅读方式。超链接语篇形式的出现，使语篇之间组合的边界消失，一个语篇相对其他语篇开放，语篇之间呈现互文本关联，超链接语篇借助网络将互文具体化、可操作化，网络本身成为一个典型的超文本链接系统。

传统语篇研究由于线性结构的原因，一个语篇相对独立地存在，阅读者在阅读语篇时更多关注语篇自身或是眼前的语篇，往往容易忽略语篇之外的其他相关语篇。超链接语篇则使得阅读者在专注阅读主文本的同时，将注意力扩展到当前语篇之外，意识到语篇之外还有广阔的阅读理解的空间，这样使得我们重新审视语篇结构。超链接语篇不仅仅是通过链接将一个语篇接引进来，而是切实地对语篇结构产生了影响。

三、超链接结构与语言的线性结构

索绪尔在《普通语言学教程》中指出了语言符号能指的线性特征。其理据在于能指是听觉上的，所以只能在时间上扩展开来，这样它就具有了两个特性：一是它表示一个时间跨度，二是这个跨度只能在一个向度上进行测量，它是一条线，整个语言机制都依赖于它。视觉能指可以同时提供多维类组，但相比之下，听觉能指可自由支配的只有时间上的一条线。这些要素是一个接着一个地呈现，并形成一条链。用文字表示出来之后，线性特征就显而易见了，书写符号的空间线性代替了时间的连续性。

对每种语言来说，都有符号表达序列的线性问题，英语、汉语或其他语言都是如此。语言符号的线性排列，这是由语言的声音媒介性质所决定的，我们只能在说完一个词之后再说下一个词，词与词之间是线性排列的。当然，语言的线性排列带来的局限性是明显的，即它无法进行多维视角的展现。

杨忠、张绍杰的《语言符号的线性特征问题》① 认为：①能指的线性特征不是语言符号的整体特征，它仅仅是就语音或书写符号的组合形式而言的，不涉及能指与所指之间的关系；②线性序列是组合关系的呈现形式，与聚合关系无关；③线性序列是具体的，它所表达的组合关系是抽象的。我们知道，只有将符号能指与符号所指两者结合在一起时，语言实体才存在，二者缺一不可。但是能指和所指并非一一对应关系。线性与非线性的问题实际上涉及能指和所指之间的对应关系。语言的能指相同、所指不同造成了能指和所指关系的复杂性。特别是强调线性凸显功能时，如倒装、省略等语言形式的出现，都是自然文本在一定程度上对线性规约的突破。

1. 索绪尔能指线性理论的出发点和内涵

在《普通语言学教程》中，索绪尔认为既然第一原则任意性是对所指和能指的关系描述，那么第二原则能指的线性也应当如此。但是，如果为了配合语言特征的确定标准或者说一味追求与第一原则表述上的一致，而对线性的前提和条件进行改动是完全没有必要的，更是不科学的。对语言特征的取舍，我们可以参照索绪尔对第一个原则的阐述：所指和能指的关系是任意的。显然，这里讲的是语言最基本的东西。当我们考虑到语言符号特征的第二个原则时，毫无疑问也应该选取同样标准来谈论语言的基本特征。索绪尔指出，话语中的各个词一个挨着一个排列在言语的链条上，彼此也就结成了以语言的线性特征为基础的结构关系。在组合关系中，一切语言单位都处在线性序列上，每一个语言单位的价值就取决于同一语链

---

① 杨忠，张绍杰. 语言符号的线性特征问题［J］. 外语教学与研究，1992（1）：46-51，80.

上在它们前面和后面的要素。①

　　语言符号能指的线性特征实际上反映了语言的整体特征。语言形式通过能指的一条线，囊括着形式和它背后所反映的丰富的意义和内容。当语言以一系列的能指（音响形象），表示同样数量的所指（概念）的时候，只能让语言中的每一个要素在时间的延伸上前后相继地出现，从而构成具有一定长度的语链。

　　2. 语言结构中的非线性关系

　　索绪尔用"能指的线性"来表达，体现出他对语言特征描述的精确性和严谨性。作为语言外壳的音响形式只能是而且必须是线性的，才不会造成表达和认知上的混乱。② 由于在语言表达的线性序列中承载着复杂多重的信息量，能指和结构的线性无法概括复杂的表示概念和意义的所指，因此在语义上就必然出现词与词、语与语、句与句之间连接上的多层次立体交叉关系，或是以语言结构的变化来获得超乎寻常的修辞效果的超常搭配，究其原因，就是因为在语言符号的线性序列中暗藏着非线性的语义和发散性的内涵。

　　我们必须承认，语言符号系统中既有线性又有非线性特征。在聚合（联想）关系里，词语并不是在横向而是在纵向延伸，它们以一个同类型的语言成分为核心，其他所有与之同型匹配的要素围绕中心进行辐射。由此可见，在词语的聚合结构上，语言是非线性的。同样，在一个组合关系的线性序列上，字词之间排列组合的关系（层次关系）也是非线性的。如：

　　⑭驾车的年轻人

　　在上面这个短语中，"驾"和"车"是线性的组合，但是"车"和"年轻人"却是非线性的。即短语中存在两个话语结构层次。"驾"和"车"是组合层次上的动宾性质短语，而"车"和"年轻人"则是在语义层次上的施受关系。

---

① 索绪尔. 普通语言学教程［M］. 高名凯，译. 北京：商务印书馆，1980：101.
② 索绪尔. 普通语言学教程［M］. 高名凯，译. 北京：商务印书馆，1980：106.

对于线性问题，其实索绪尔并没有停留在能指的线性上，而是进一步探讨了句段的线性。他指出"以长度为支柱的结合可以称为句段"，"一个要素在句段中只是由于它跟前一个或后一个，或前后两个要素相对立才取得它的价值"。① 显然句段的线性不仅有"一个挨着一个排列"的外部要求，更重要的是，线性的排列必然导致每一个要素因为与前后要素相对立而建立起一定的结构关系，形成新的线性语言结构。线性结构中任何一个直接成分都必须而且只能与紧邻的要素相对立。线性结构不仅在外部的结构形式上是线性相续的，而且在内部结构关系上也是线性相续的。但是，聚合关系和组合关系显然不属于能指与所指关系范畴内的问题。因此，线性与非线性是我们从其他不同层面观察语言时所要面对的两个特征。我们在谈论语言的线性特征时，是指语言符号的能指，是字词组合关系的呈现形式。线性可以说是语言特征中最基本的特征，而非线性则是语言内部一个深层次的特征。非线性在内部表现出复杂多重的意义关系，但最终统一在能指的线性序列下。

3. 非线性结构与话语超链接结构

能指的线性要求语言要素按照前后顺序依次排列，如果这种顺序并没有被我们利用来显示一定的结构关系，那么它就仅是一种物质的属性而已。句段线性和语段线性也要求语言要素按顺序排列，同时赋予这些顺序以一定的结构关系，线性顺序就成了这些结构关系的外在形式。在这个意义上说，句段线性和语段线性都应该被称为结构的线性。结构的线性必须以能指的线性为前提，能指的线性是语言存在的直接的最终的形式。

但不可否认的是，非线性思维（即发散思维和联想思维）已经成为科学思维的重要特征。语言在经历了结构主义、形式主义、功能主义的解构之后也开始倾向一种非线性特征的建构。通过对非线性语言的分析，我们得以重视对时间和空间、历时与共时的认识。

链接结构是一种利用计算机链接技术原理来分析话语的手段和方法。在电子文本阅读时，因为某种解释或说明的需要，对话语进行一个链接。当然这种超文本链接也是有标记的（比如链接时出现一个图标或是改变字体颜色等方式）。在自然语言的语篇中同样存在这种链接结构。我们以一

① 索绪尔. 普通语言学教程 [M]. 高名凯，译. 北京：商务印书馆，1980：170.

个较为简单的自然语言语篇的链接结构为例：

⑮除此之外，（老夏）就是在开饭时用一个大提盒将饭菜从外院厨房送到里院的饭厅中。那种提盒今天已经不多见了，是竹子编的漆器，上下有三层，饭菜和汤都可以分别放在提盒中，既可以一次提三四样，又起到防尘和保温的作用。摆桌和上菜的事儿老夏干了十来年，年复一年没有任何变化。再有就是扫扫院子，也帮冯奇去买东西、采购食品。……（赵珩《家厨漫忆·老夏》）

如例⑮所示，在话语链接结构中，篇章主体的表达在线性序列上推进，整个语篇线性话语形式就是句中画线部分，通过画线部分保证篇章的表达紧紧围绕主题在线性平面上展开。第二句"那种提盒今天已经不多见了，是竹子编的漆器，上下有三层，饭菜和汤都可以分别放在提盒中，既可以一次提三四样，又起到防尘和保温的作用"，可以看作对前面"大提盒"的解释性链接。这样的文本语料在语篇中随处可见。话语经过链接结构以后，文本呈现出结构性的非线性特征。链接结束后，文本从非线性回归到线性，依然沿着思维的行进路径和表达主题进行线性排列，语言线性保证了语言表述内在结构的统一性和系统性。如果在语篇表达时，从链接的非线性无法回归到线性序列上来，那么语篇就失去了内在的逻辑语义联系，就难以表达成功。我们可以用图7-8来形象展示。

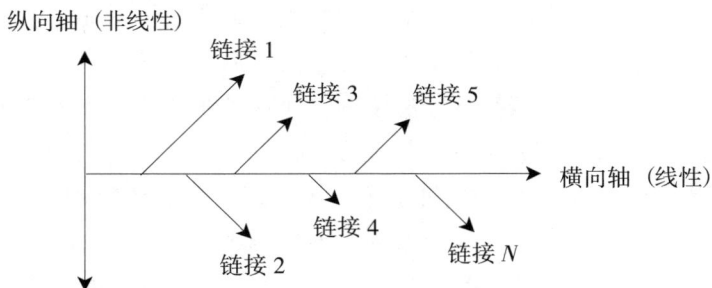

图7-8 语篇逻辑语义联系

语言符号能指的线性，不仅仅是针对能指来说，也同样涉及能指和所指的关系。具体来说，能指是语言表达进行的横向轴，在横向轴上承载所指非线性的丰富意义。但是语言在进行表达时，是以能指的横向轴为基本轴的。也就是说，不管所指是线性的还是非线性的，最终都要归结到能指横向轴的形式上来。

系统论认为，系统在发展过程中，具有自相似和自组织的特点。复杂的形式可以由自相似的简单形式衍生出来。在语言系统中，能指的线性和结构的线性同构，结构的非线性和所指的非线性同构。

在线性系统中，线性的排列使得每一个要素与前后要素相对立而建立起一定的结构关系，这样的结构就是线性结构。线性结构中任何一个直接成分都必须而且只能与紧邻的要素相对立。线性结构不仅在外部的结构形式上是线性相续的，而且在内部结构关系上也是线性相续的。

在非线性系统中，能指所联系的所指摆脱了语言中心的限制，突出语言要素的独立性。在一个语篇内部，所指像话语链接结构一样，通过非线性的表现方式，表达复杂多样的意义世界。但是非线性结构又必须服从能指的线性，最终一个个按顺序排列起来，内部复杂的结构关系从而表现为能指的线性。

索绪尔语言符号的两个基本原则对我们认识和把握语言想象具有重要意义，任意性和线性问题成为当前语言学研究无法绕开的话题。正确认识语言能指的线性，对我们更好地分析语言的内部结构和语篇现象，探讨思维认知的实现路径具有重要的意义。

四、非线性关系下超链接语篇的基本结构

虽然链接的物质形态并不相同，但以界面链接为特征的电子文本与仅靠词语的线性排列而形成的自然文本之间存在链接方式的一致性。就研究方法而言，我们将链接结构视为一种语篇的新型结构，这意味着它是在语篇的基本结构受到了某些表达意图的作用后发生变异而形成的，要研究它，就必须去追寻它背后的表达链接意图是如何起作用的。

1. 语篇主线与语言结构的线性

（1）主线的概念及其特征。

主线的概念往往用来评价一个语篇的整体结构是否清晰完整，主线表现为针对某一主题或事件进行线性序列的表述，主题或事件在这种语言线

性中得以表现。

语篇叙述主线一般具有以下特征：第一，主线表现为相邻的语句之间组成结构关系，进而形成了一个单向度的线性序列；第二，主线在旧信息的基础上不断提供新信息，进而推进主线表述；第三，主线的语序体现了对某主题表述的结构层次关系，主线语句语义高度概括。

（2）主线的维护与链接结构。

主线是整个语篇进程的基础，语篇叙述过程中一直处于维护它的完整性和准确性的语言状态中。主线在表达过程中经常会出现较难理解或是需要进一步解释的词句语段，但现有的语篇空间又存在无法容纳大量的解释性语言材料的情况，这种情况下就需要运用链接结构来解决这些问题。链接结构一般是隐含在主线结构之下的，主要有两种类型。

①目录式主线。

语篇中的每一个话语单位如同目录一般作为一个链接点，而被链接的成分则隐含在其他界面中。通过点击，被链接语篇就被显示在当前阅读现场。绝大多数的链接网页都是按照这种阅读方式设计的。如网页上的各个项目（标题、栏目等）都可以作为链接点。例如：

⑯搜狐教育专栏：中小学教育
　　小学生的"摩斯电码"，家长看得一头雾水，网友翻译后豁然开朗
　　作业督导促成长——香江小学开展寒假作业督导检查纪实行动
　　孩子要不要写有效衔接班的作业？
　　强者恒强，弱者恒弱，中考分流分的谁的流？
　　堂上作文｜"龙行龘龘"大行其道，年轻人怎么看？

（搜狐新闻网，2024 年 3 月 11 日）

②序列式主线。

语篇中的话语单位只在一个向度上组成序列，进而形成语篇，链接点就依托在语篇中的段落语句上而随文发生。链接点是一个词语或是整个语句，被链接成分则在另一个界面中。例如：

⑰此外，市场人士认为，推动跨境电子商务的发展，将直接带动我国

物流配送、电子支付、电子认证、信息内容服务等现代服务业和相关制造业的发展，加快我国产业结构转型升级的步伐。未来政府将不断优化通关服务，逐步完善直购进口、网购保税等新型通关监管模式，打造符合跨境电子商务发展要求的"一带一路"物流体系。跨境电商随着电子商务的发展以及中国不断的改革开放力度，将成为市场持续追捧的热点，可关注拥有电商平台类公司：苏宁云商、生意宝、快乐购、小商品城、腾邦国际、百圆裤业等；物流类公司：怡亚通、瑞茂通、铁龙物流、外运发展等。

当我们点击序列式主线中含有链接语篇的短语"铁龙物流"时，便将有关"铁龙物流"的另一链接语篇呈现在当前阅读现场中。

这两种链接类型在自然文本中也普遍存在。书的目录、标题等都是目录式文本，只不过电子文本中的鼠标点击、页面翻转在自然文本中是通过手工的翻寻甚至阅读者人体的空间移动而得以实现的。在超链接语篇中，对我们的研究更有意义的则是序列式语篇。在自然语言中几乎每一篇文章里都可能存在序列式互文结构，被链接成分就夹杂在线性序列中，文中如果有脚注或尾注、参考文献，这也是一种链接，但必须到线性序列之外去寻找被链接成分。

尽管电子文本和自然文本都利用了链接结构，但电子文本利用链接结构主要是为了解决网上浏览时信息之间的关联问题，并没有一个意图明确的交际任务在制约着阅读者，因而电子文本对链接结构的选择有很大的自主权，同时，被链接语篇和当前阅读语篇分别属于不同的独立语篇，二者只有在点击链接后才会同时出现发生篇际互文式互文关系；而自然文本对链接结构的利用则是为了满足一次语言表达的需要，链接结构是完成这一表达任务的总体安排中的一环，阅读者通常不具有自由选择的权利。正因为是总体安排中的一个环节，自然文本中的链接结构必然会处在一条主线的控制中。这种链接是语篇内部话语内容的链接，被链接话语就是当前文本的一部分内容，它们之间是同一语篇中的不同层次的话语内容的关系。

（3）元认知监控与主线语篇的调整。

为了保证语言表达的顺利进行，并使得语言表达意图能够顺利贴切地体现在语言序列中进而产生最佳的表达效果，语言表达过程往往伴随着作者对语言表达本身的不断调节和控制，这在认知心理学上被称为"元认知"。元认知通过调节和监控话语，实现最优的表达效果。一般来讲，在发话前作者在大脑中如何组织话语无从考察，但是一段话发出之后，如果作者发现有调节的必要，话语调节就会在之后出现。这种意图体现在网络文本上，就表现为本节要研究的链接结构。研究的关键在于元认知监控作用下的主线调整是依据什么原则进行的。比较合理的解释就是在语篇推进过程中，话语调节的根源在于作者希望自身的表达意图能够得到有效的实现。

（4）元认知监控的两个阶段：前调节与后调节。

就认知监控发生的时间顺序而言，可以是宏观的结构安排与话语组织的语篇前调节，语篇前调节发生在语篇生成之前，这种监控很难被我们观察并分析，因此也无法展开其对篇章结构影响的分析。

语篇后调节，就是语篇主线生成之后，根据元认知的监控或是表达意图的需要，对语篇中已经传递过的信息再进行一次处理，可以是补充、细化、概括、评价、修正……甚至可以是衍生出新的信息来，从而使这一语篇的表达更加合乎作者的意图，以达到较好的阅读效果。

我们知道语篇主线在表达时，通常只有一个大致的轮廓与总体设计。主线是对语义内容的高度概括。因此，仅仅依靠主线很难有效地实现作者的表达意图，作者于是采用超链接的方式，将其他语篇附着在当前主文本上。整个超链接的篇际互文式语篇结构正是在语篇主线的基础上生成的。

根据主题或事件，在表达上会形成一条叙事主线，元认知就是在这条主线的作用下进行监控与调节。以语篇主线为着眼点，元认知监控为叙事方式，主线调节方式的语篇结构一般表现为：

①主线的认知结构：阅读者能否最大限度地理解、接受语篇的主线信息。

②主线信息的组织：语篇作者的意图是否在主线中充分表现出来并实现完全的传递。

③链接标记的介入：提供引发关注与实现语篇链接的路径。

④相关信息的解读：相关信息的补充修正对语篇结构与语篇理解的影响。

需要指出的是，语篇后调节过程发生在主线上语篇形成发出之后，只能是将调节语篇通过一定的链接标记附加在主线语篇上，从而形成镶嵌在主线上的链接结构。如将后调节语篇想象成从主线上分叉出来的支线，那么这些支线都是对主线上某些信息的再处理。除了电子语篇，自然语篇中也大量出现语篇后调节。如教师对主干信息进行的解释和说明，或是添加一个例子等。

（5）支线语篇与链接结构。

语篇后调节只是对主线内容的扩展，但是无法改变主线结构本身，即使否定了主线上的信息，也无法改变主线的存在。因此，语篇后调节的结果就只有将调节的内容附着在主线上，也就是形成超链接文本的篇际互文式互文结构，这使得主线语篇与调节语篇成分可以同时出现在同一阅读现场中，作为一个链接结构的两个结构项而被我们同时观察到。这种语篇后调节形成的语篇就是从主线成分上关联出来的支线。

支线语篇与主线语篇是相互独立的不同语篇，但是在层次关系上，主线和支线之间达成一种语义依附关系，支线为主线服务。支线作为具有补充性功能的语篇依附在主线语篇上。但是，作为语篇调节成分的支线语篇并没有实体嵌入主线语篇，也没有参与主线语篇结构的推进，而是迫使主线语篇在结构推进的某一环节上停顿下来，接受调整并向另一个方向发展。阅读者如果想更深入地了解主线语篇语义，就必须发掘支线语篇与主线语篇的关联。

与主线语篇相比，支线语篇具有这样一些特征：

第一，支线语篇的话语内容只能与主线语篇上的某一环节，如部分词语、句子或语段发生关联，而无法与整个主线语篇关联。按照线性关系原则，二者形成的只能是非线性结构，即链接结构。

第二，支线语篇是对主线语篇部分内容的语篇后调节，因而如果没有为主线语篇结构的推进提供新的信息，也就不可能参与主线语篇结构的推进。

第三，支线语篇本身也可以接受语篇后调节而嵌入自己的支线语篇，并且这种嵌入可以无限制地进行下去。

第四，支线语篇分为激活语篇和潜在语篇。阅读者根据阅读的需要来点击激活相应的支线语篇。而不被阅读者关注的支线语篇，则成为潜在语篇，隐藏在主线语篇之下。

主线语篇与支线语篇的关系清楚地显示了语篇后调节的过程，超文本链接结构的出现为语篇结构增加了新的成分，进而影响到了语篇的整体结构，给语篇的结构分析提供了一种新的方法。

链接结构展现了语篇层次的衍生和分化，但是实际的序列语篇中由于能指线性的强制作用，主线语篇只能暂时断开，以容纳支线语篇的嵌入，待支线语篇阅读结束后再进行主线语篇的阅读，主线和支线语篇之间形成了跨越式的衔接。因此一个语篇结构本身，无论链接结构如何发达，直接观察到的仍然只是一个能指线性的序列。

2. 超文本链接下的语篇结构类型

超文本通过若干信息节点和这些节点之间的相关链接，构成具有一定逻辑结构和语义关系的非线性网络。其中主线语篇都是整个语篇系统生成的基础，语篇建构的目的就在于维护它的完整性。支线语篇则是在主线语篇的基础上衍生出来，衍生的方式就是通过添加链接结构对主线语篇加以调整处理。支线语篇可以链接在主线语篇内部，也可以链接在主线语篇之外。我们根据支线语篇和主线语篇之间的链接路径，可以将超链接语篇分为两种类型：内部标记超链接和外部标记超链接，并在此基础上对链接结构分类。

（1）内部标记超链接。

内部标记超链接是指点击一个语篇内部词语或句段的链接标记时，会链接并打开另一个相关语篇的链接。如打开一个语篇时，字体颜色改变或凸显，点击就打开了支线语篇。内部标记超链接注重知识的解释或是扩展，因此主线语篇和支线语篇之间一般主题相同且保证主题的一致性和连续性。支线语篇为主线语篇服务，因此支线语篇的独立性受到主线语篇的制约与影响。支线语篇链接分为激活链接和潜在链接，阅读者根据阅读的需要来激活相应的支线语篇，而并非所有支线语篇链接都被激活，如新闻语篇、百度百科等都采用此种链接形式。

内部标记超链接可以链接多个支线语篇，支线语篇之下还可以再链接多个支线语篇，以至无穷。但是一般需要注意链接的相关性，内部标记超链接不能太过泛滥。对于多次出现的同一关键词，一般只需要做一次链接。这体现在语篇之间的嵌入方式上，表现为一个超链接语篇可以链接多个语篇，但是为了保证阅读过程的进行，一个链接标记只链接一个相关语篇。链接标记和语篇内容之间有着指称的统一性和确定性。支线语篇可以无限链接下去，因此容易产生阅读迷路现象和阅读者负荷高的情况，这就需要增加语篇阅读结构的导航性和优化链接结构，如采用目录式的链接方式等。考察支线语篇与主线语篇之间的互文关系，我们可以发掘出二者相互作用下对语篇结构产生的影响。内部标记超链接的语篇结构主要有以下几种。

A. 解释结构。

支线语篇隐含在主线语篇之下，支线语篇的语义指向主线语篇中带有链接标记的词语或句段，二者通过链接结构关联起来。支线语篇的内容是为了注解说明主线语篇的一部分内容。解释结构往往会把复杂的主线语义分解成若干子系统要素来说明。

B. 引导结构。

支线语篇被链接到当前阅读空间中来，它并不是去解释主线语篇的部分内容，而是引导阅读者对主线语篇进一步思考和反思。支线语篇从当前的主题出发，结合不同角度对主线语篇进行阐释。特别是信息在主线语篇的传递方式没有适切地体现出作者的语篇意图，但是主线语篇已经形成，这样作者就会借助链接结构来引导阅读者进行理解，使之接近自己的语篇意图。引导结构可以通过解释结构或是评价结构等来实现。

C. 发散结构。

一个主线语篇可以链接一个或多个支线语篇，一个支线语篇内容被打开后又可以链接多个下位的支线语篇以至无穷尽。每增加一个支线语篇链接都将话题延续或发散，从而造成语篇内容的不断扩展发散。

发散结构适应了人类发散思维的特点，但是如果支线语篇链接点过多，就会容易失去当前主题，也就是所谓"跑题"，这样会影响到主线语篇的阅读效果，并且加大阅读者的负担。因此，发散结构需要进行优化，以利于主线语篇的阅读。

D. 补充结构。

主线语篇的特点决定了其内容的概括性，主线语篇的空间制约性决定了不可能将潜在话语全部共现在同一语篇之内，因此采用超链接的方式，将主线语篇未表达的内容，纳入支线语篇中，保持主线语篇结构的明晰性。

E. 修正结构。

主线语篇在进行表述后，其结构思路或方法值得商榷或是有需要修正之处时，采用链接支线语篇予以修正的方式，一方面避免主线语篇的内容过于复杂和混乱，另一方面能够保证主线语篇论证的科学性。

（2）外部标记超链接。

外部标记超链接是指支线语篇并没有嵌入主线语篇内部，链接内容和链接标记出现在语篇内容之外的链接。一般来讲，支线语篇链接的内容不是对主线语篇相关词语的解释，而是对主线语篇的整体解读或评价。

支线语篇的内容并没有出现在主线语篇之内，具有链接标记性质的支线语篇标题位于主线语篇周围。只要鼠标轻点标题，相关支线语篇就呈现在屏幕上，就处于阅读者所在的时空现场中，共同解读当前事件或主题。如新闻报道语篇之后有一个"相关新闻"超链接标记，点击它就进入了与当前报道语篇的主题相关的语篇中。

与内部标记超链接有所不同，在篇外链接结构中，主线语篇和支线语篇是一种异质结构，主题或事件不一定相同。支线语篇具有相对独立性，在结构、内容方面与主线语篇不存在隶属、依附关系。支线语篇与主线语篇之间注重信息关系的建立，二者的相互作用对语篇结构产生影响。

A. 解读结构。

以一篇主线语篇为主题，支线语篇不再位于主线语篇之内，但是围绕主线语篇组织起若干支线语篇，支线语篇与主线语篇在语义上都是进一步解读阐释的关系，一般在主线语篇的上方或下方会添加一些解读性链接标签来显示主线语篇与支线语篇的关联。如"背景介绍""记者调查""事件回顾"等。有时这些链接标签可以起到标题的作用，将若干语篇作为支线语篇与主线语篇关联起来。

解读性的支线语篇和主线语篇在语义上彼此渗透、相互影响，形成一个互文关系紧密的语篇系统。语篇系统中至少包含一个主线语篇，辅以多个支线语篇。支线语篇多以标签或标题的形式存在，只有激活链接时，支线语篇的全部内容才会显示。解读性的支线语篇，一般会作为标签或标题被安置在同一个栏目或同一页面中，空间紧邻性特征也能够提示二者之间的互文关系。由此，支线语篇的解读作用便凸显出来，通过"背景知识""新闻分析""最新进展"等支线语篇附加在主线语篇上，形成整体认知。

B. 拓展结构。

在主线语篇的表达完成之后，语篇内容或是作者意图发生变化，可以使用超链接的拓展结构来论证发展的思想或观点。针对同一个表述对象，主线语篇能够提供事件的主要信息，以便阅读者采用最便捷的方式理解当前信息，哪怕是信息的梗概或是只言片语。若阅读者希望接受更多的相关信息，并且把握住信息之间的关联，将所阅读的信息整合成一个有机整体，就需要对语篇语义有更深刻的理解和认识。由此，链接的支线语篇应运而生，它在主线语篇论述的基础上，对主线语篇进行语义和内容的拓展，形成拓展结构。比如，有些新闻事件处于持续发酵和不断变化中，主线语篇报道之后仍然不能及时反映事态发展，或者事件本身存在有待进一步核查与证实等情况，人们就会将注意力集中在被"新闻连连看""最新进展""最新消息""焦点关注""各方反应""热点追踪"等标签联系着的语篇上。显然，只要一个支线语篇所含有的信息与主线语篇之间存在着某些相同的背景内容或观点，并且这些相似关系被阅读者发觉，阅读者便会将二者关联起来，这些支线语篇就这样被纳入主线语篇系统中来了。

⑱（主报道）　六一特别策划：给孩子一个有趣更有爱的节日
　导读：
　致我们不曾逝去的童年 ⇨ 详见第 3 版
　致童年：读书周刊六一特别策划 ⇨ 详见第 5～12 版
　　　　　　　　　　　　　　　　（《中国教育报》，2015 年 6 月 1 日）

C. 评价结构。

主线语篇论述之后，支线语篇对主线语篇做出评价，以助于进一步理解主线语篇。主线语篇被如何解读，或是解读出何种意义取决于我们认知它的角度。支线语篇不能影响主线语篇的内部结构，但是支线语篇可以通过给阅读者提供一种观点或选择来影响阅读者对主线语篇做出分析和评价。这种评价也有助于阅读者从多个角度来解读主线语篇。评论式的支线链接语篇，可以是来自专家学者、特约评论员，也可以是一般网友。链接的形式标记主要有"专家点评""学者访谈""我来说两句""最新快评"等。另外，一些网站或论坛设立的评论区、发帖区，都是以评价结构的支线语篇形式而存在的。

D. 总括结构。

思维的过程一般是依具体到抽象、部分到整体的路径进行。在阅读过程中，我们可以将思维的对象分解成若干部分进行认识，主线语篇对思维对象进行总括，给出一个总体的印象；而支线链接语篇则对每一部分逐次进行论述说明。主线语篇与支线语篇的共同作用促成了一个完整的思维认知与观察的过程，从而使主线语篇和支线语篇之间形成总括结构。

总括结构一般先是从一个专栏性或栏目性的标签开始，打开链接之后呈现出多个主线语篇构成的专栏性新闻，这些专栏新闻语篇，以目录式标题新闻存在。读者可以点击这些目录式新闻标题进而链接到新闻内容本身，同时新闻内容中还可以再嵌套支线语篇。整体上说，所有的支线语篇的语义都可以统摄在当前的标签或标题中来，标签或标题起到一个总括性的作用。

五、递归与超文本语篇互文的复杂化

1. 递归与超文本语篇结构

递归，是指由于重复使用某种结构规则而造成的嵌套现象。某一结构规则的重复使用必然会造就一个新的语言结构，而这个新结构就嵌套在原来的结构中。结构规则多次重复使用，结构的嵌套就会越来越复杂。比如画中画、故事中的故事等都是递归现象比较直观的表现。

而超文本链接也是一种结构规则，无论是在电子语篇还是自然语篇中，它的每一次使用都会导致一个新的语篇镶嵌进原本的语篇中，而且这种嵌套可以是连续发生的，从而形成链接结构的层层嵌入，最终发展成为复杂的语篇结构。从结构形式着眼，递归是对复杂的链接现象最有力的解释，也是造成超链接语篇互文关系的本质原因。

超链接语篇由于受到语篇主线的控制，递归不仅有固定的线路，而且无论发生多少次，最后都必须回归到最早的、主线的链接点上去。因此，关于链接点的信息，链接点与上下文"现场"的关系，就必须保存在语言使用者的心理记忆中。

2. 递归与超文本语篇阅读

超链接语篇中由于对主线的不同需求，造成了链接结构的递归在超链接语篇中的结构差异，而主线的返回与否又影响到阅读者的阅读意图和阅读过程。主要表现为两种阅读类型。

（1）交际任务不明确，主线无制约力。

这一类超链接语篇对链接的利用主要是为了解决互联网浏览时信息之间的关联问题，并没有一个意图明确的交际任务在制约着阅读者，主线的制约力不强。在以网络浏览为目的的电子文本的链接递归中，由于无须对一条主线负责，因此超文本语篇链接并没有固定线路，链接何时发生，在哪一个链接点发生，均取决于阅读者的兴趣或是偶然的点击。由于主线的制约力下降，阅读者无须完成通过链接语篇回归到起点的要求，阅读完全可以在任何一个链接层次上结束。这种递归并不需要一个对于主线的回溯机制，也无须心理堆栈的信息储存。请看一位学者在 20 世纪 90 年代对这一类型递归过程的新鲜感受和生动描述：

⑲有一次，我在上面查阅"小说"这个条目，发现内容相当丰富，本身就是一篇挺长的文章。在这篇文章中，有许多粉红色的关键词，例如"史诗""罗曼司""文艺复兴""薄伽丘"等等，相当于传统书籍中需要加注的术语、人物、事件。……我用鼠标点一点"罗曼司"，发现自己就立刻跳转到了另外一篇文章，而且又有许多粉红色的词散布其间："中世纪""罗曼司语言""亚瑟王""圣杯""贵族之爱"。因为想搞清楚"贵族之爱"到底是怎么回事，更因为鼠标点起来实在又方便又好玩，我来到了"贵族之爱"这篇文章。从"贵族之爱"又跳到了"封建制"。"封建制"里面有一个奇怪的粉红色的词"Samurai"，忍不住又要用鼠标去点一下，于是知道那是"日本武士"的意思。在"Samurai"这篇文章里，又看到一个很有特色的词"Harakiri"，虽然心里已经猜到了八九分，但还是想证实一下，于是又点了一下。不错，正是"切腹自杀"。你看，从"小说"出发，最后却闹了个"切腹自杀"。（严锋《数码复制时代的知识分子命运》）

（2）交际任务明确，主线具有制约力。

除非在漫无目的的聊天式的语篇环境中，大部分超链接语篇对链接结构的利用是为了满足一次语言表达的需要，超文本链接无论怎样发生，最终需要回到语篇主线上去。超文本链接结构可以不断联想和扩展，但最终必须返回到语篇主线上，从而能够继续主线的发展。超链接语篇对阅读者心理能力上的不同要求，主要体现在"堆栈"上。

"堆栈"，在认知心理学中可以说就是以短时记忆为基础的工作记忆。人要对信息进行加工处理，就需要在记忆中将这些信息保存至加工完成。工作记忆究竟需要保留多长时间，要看信息加工任务的复杂程度。链接结构的递归不管连续不断地发生了多少次，都需要有一个起始的信息"堆栈"，也就是工作记忆保存着信息加工所需要的信息材料，并且每一次递归，也都会形成中间加工所需要的工作记忆。

每一个链接点都是一个信息节点，一个信息节点承载着相同关键词标签语义下的另一个主文本语篇。链接结构越复杂，需要整合的信息越多，对阅读者阅读理解能力的要求越高。语言表达过程中如何取得最佳效果，在主线信息已经确定的前提下，就决定于我们建构怎样的链接结构来满足元认知的需要。同时阅读者必须根据语篇主线的要求，在打开超链接的同时，能够及时返回主线，进而更好地阅读。

综合上述分析，我们的研究重点是探讨超文本链接的语篇结构，通过链接结构将互文理论拓展到整个语篇研究领域中去。超文本链接作为一种非线性结构的链接方式，它为互文关系的揭示提供了形式和意义上的验证，突破了传统语篇的研究范围。超链接语篇由存放信息的链接点和描述信息关系的功能标签构成，这些链接标记链接着主线语篇与支线语篇。超链接语篇现象主要是元认知活动的结果，它能够引发链接结构不断地从主线上生成。主线语篇是稳定的，支线语篇链接则是适应作者意图不断衍生的；主线语篇的阅读一般具有强制性，而链接的支线语篇的阅读则受到阅读者、话语环境、话语活动的规律以及阅读者临时愿望的制约，因此大量的未被激活的潜在语篇就没有实现和主线语篇的互文关系。

在超文本链接结构的语篇功能上，链接语篇实现了互文关系，并变革了阅读信息获取的方式，链接有篇内链接和篇外链接两种实现方式，两种方式都分别有两种链接路径：一是扩展链接超文本，对文本内容的发散性扩展；二是聚焦式链接超文本，对文本内容的概括性提取。支线语篇的大量链接很可能会加重阅读者负担或造成阅读迷路现象，由此可能会造成主线语篇信息的缺失和意义混乱，因此需要对链接结构和链接点做出优化，链接结构最终需要转化到线性结构上来。通过对主线语篇和支线语篇及其关系的分析，我们不仅可以得出一个语篇结构，更可以看到语篇发展过程，从而更好地探讨语篇结构形成的各种制约因素。

第八节 副文本语篇互文关系研究

一、副文本及其研究现状

1. 副文本概念的提出与发展

副文本的概念，是由法国文艺理论家热奈特提出的。作为其文本理论体系的一个重要概念，"副文本"概念经历了一个不断修正的过程。1979年，热奈特在《广义文本之导论》中论证"跨文本性"时指出："我还把其他类型的关系包含在跨文本性之中，我想主要是模仿和改造关系，其中仿作和模仿就可以给人以某种理念，或者两种差异很大却经常混淆在一起或者未能准确区别的理念。由于没有更好的术语，我把它们叫作'副文本性'。"[①] 热奈特首次使用副文本概念时，这个概念含混不清，他自己也认为是"权宜之计"。这时的副文本概念相当于作品之间的改写或模仿关系生产的文本，它在理论上也没有被明确下来。

1982年热奈特的《隐迹稿本》开篇就提出了区分五类文本的跨越关系，即互文性、副文本性、元文本性、超文本性和统文本性五种类别，并重新定义了副文本性的概念，认为："副文本性是整体中和只能被称为是类文本之间的维持关系，它对读者接受文本是一种导向和控制作用，诸如标题、副标题、序跋等，前言、后记、告读者、致谢等，包括封面、护封、版权页等。比起整篇文学作品而言，这一类关系比较含蓄和疏远。"[②] 之后，热奈特对副文本又进一步研究。1987年，其在著作《门槛》中将副文本进一步细分为13个类型："出版商的内文本、作者名、标题、插页、献词和题词、题记、序言交流情境、原序、其他序言、内部标题、提示、

---

① 热拉尔·热奈特. 热奈特论文选·批评译文选 [M]. 史忠义，译. 郑州：河南大学出版社，2009：54.

② 蒂费纳·萨莫瓦约. 互文性研究 [M]. 邵炜，译. 天津：天津人民出版社，2003：21.

公众外文本和私人内文本。"在他看来，副文本是进入文本的"门槛"，文本中作者所表述的宗旨、情感等内容都可以通过副文本进行基本的感知。副文本不是要保持文本的美观性，"而是要保证文本命运和作者的宗旨一致"①。热奈特在1991年发表的《副文本入门》中根据副文本在位置、时间、语境等不同层面的特性，提出了更多富有启发性的观念，如"内文本""外文本""前副文本""原创副文本""后副文本""公共副文本""私人副文本""私密副文本"等。1997年，《门槛》这部著作以《副文本：阐释的门槛》为名在英国翻译出版，副文本性的概念便成为文学理论中不断被使用的基本概念并广泛传播开来。

2. 副文本研究的现状与评价

热奈特的副文本理论确立以来，许多学者对其进行阐释和探讨。副文本概念被广泛应用到文学批评、语言研究、翻译研究等各个方面。

文学方面，主要研究思路是吸收借鉴副文本思想来解读文学文本。如朱桃香（2009）深入研究副文本理论的发展路径，指出副文本在阐释复杂文本上的叙事诗学价值，副文本有利于更好解读正文本。龚奎林、刘晓鑫（2011）对副文本中的插图、内容提要、序言、引语等形式对正文本的影响进行了分析，指出副文本和正文本共同构建作品的意义内涵，实现正文本增值，促进文本的教育功能。金宏宇（2012）指出现代文学研究中长期忽视副文本的存在，副文本是正文本周边的辅助文本，与正文本构成互文关系，对现代文学研究具有史料、阐释等多重价值，但同时需要辩证看待，因为它可能使我们形成定式而产生文本解读的负面效应。原小平（2013）对副文本概念的发展做了梳理，指出将图像作为文本因素纳入文学研究的重要意义。

语言学方面，主要用副文本理论来分析具体的语篇现象。如陈莲洁（2014）介绍了互文理论，用副文本理论分析了电影语篇《北京遇上西雅图》，从主题互文链、再语境化和副文本互文三个层面说明副文本的社会价值。陈昕炜（2014）分析了副文本的形成及其特点，试图结合时间、空间和功能三个方面建立副文本体系，从文本关联角度做出了一些有益探索。黄小平（2014）利用修辞结构理论对新闻语篇中的副文本进行了解

---

① 朱桃香. 副文本对阐释复杂文本的叙事诗学价值 [J]. 江西社会科学, 2009 (4)：39 – 46.

读，认为新闻语篇的副文本与正文本之间存在着解说等多种关系，二者体现出作者、读者、编者、文本、世界之间的互动关系，改变了传统的阅读方式，从而发挥新闻传播的价值。

翻译研究方面，主要利用副文本对正文本的关联作用来进行翻译工作。如郑玮（2011）认为副文本是辅助性文本，通过副文本可更多了解作者意图，更好地为翻译工作服务。

通过对相关研究成果的梳理可以发现，当前的研究思路大多是在介绍副文本理论之后，将其应用在文学分析或语篇分析上，讨论副文本对正文本的研究意义与价值：通过副文本发掘作者的意图可更好地理解和阅读正文本。但是我们细细观察就会发现一个普遍的问题：副文本作为一种思想和理论被引入后，直接用于文本或语篇的分析，并没有结合语篇与文本的实际，也没有衍生出一套可以供语篇分析的具体操作方法，文本关系的解读多是作者的主观分析，缺乏合理的形式与意义结合的依据，在这种趋势下，往往仁者见仁，智者见智，副文本理论反而成了一种贴标签的现象，使得副文本的分析走向空泛。

二、语言学视角下的副文本研究

1. 语言学视角下副文本研究的基本原则

（1）热奈特副文本理论的核心与局限。

根据一个文本是出现在另一文本中还是从另一文本中派生出来的情况，热奈特在《隐迹稿本》中将"跨文本性"按照文本类属关系下位划分为互文性、副文本性、元文本性、超文本性和统文本性五种类别，以此界定文本之间的不同关联。这种分类法解决了文本相关概念不清的问题：在互文性中强调文本之间联系的功能，在副文本性里讨论正文本与非正文本的关系，在元文本性中研究文本与相关评论文本的关系，在超文本性里探讨文本转换的动态效果，在统文本性中揭示同一类型文本的关联。这种分析使得互文性、副文本性、元文本性、超文本性和统文本性都成为明确可识别的关系，并极大程度地形式化，使得文本关系更加具体，更加具有可操作性。

热奈特的副文本理论是一个特定的文学批评的理论，是他在研究普鲁斯特和乔伊斯等人作品过程中发展来的。它强调文本的作者意图的可感知性，并将文学图像、标题等作为文本因素纳入文学研究的范畴，这种对作者的意图的强调，可以防止无边的过度阐释，也便于文本研究在更宽阔的视野中进行，推动了文本研究的发展。但遗憾的是，热奈特并没有为副文本建立一套行之有效的分析方法，只是停留在理论阶段。而且由于分类过细，热奈特的互文理论被限定在了一个非常狭窄的范围之内，仅限于引语、抄袭、暗示等形式，以至于不能发现更多互文现象。而热奈特强调的副文本和正文本之间的关联性恰恰是本书所谓的"互文"研究的基本特征。

"互文"是语篇之间嵌入、转化的一种性质或是动态的关系。互文理论的核心观点在于：不论是语篇的镶嵌，还是语篇的转化，或是语篇之间的关联，都是一个语篇在另一个语篇中切实地出现。一个语篇总是关联着其他语篇，并对语篇的结构产生着影响。语篇总是在与其他语篇的关联中不断实现其意义延展的，并在这种关联中对语篇结构产生切实的影响。因此，热奈特的副文本性研究实际上是互文理论研究的一个重要组成部分。

（2）互文框架下副文本的语言学化研究。

热奈特关于互文性、副文本性的界定，主要是从文学鉴赏的角度给出的，强调关联与感知，而语言学需要发现事实依据并在此基础上做出推理判断。语言学视角下的副文本研究，需要从语篇之间的关联性出发，探讨语篇意义和语篇结构的变化。

将副文本理论研究语言学化，具体来说就是坚持语篇结构形式和意义分析相结合，做到语篇形式和语篇意义相互验证，弄清副文本和正文本之间的互文关系是如何形成的，互文在语篇组织和结构上有何作用，将互文理论下副文本研究改造成符合语言学研究特征的对象：副文本如何关联正文本，正文本如何在副文本中得到体现。因此，互文理论下的副文本考察归根结底表现为考察副文本是如何嵌入正文本中去的，探索副文本语篇互文的语义规律和形式表征，进而研究互文对语篇及语篇结构的影响，推动语篇分析走向深入。

2. 副文本、正文本与主文本及其内在关联

（1）副文本、正文本与主文本。

A. 副文本，我们采用热奈特的说法，它是一种对读者阅读具有导向和控制作用的文本，诸如标题、副标题、序跋、前言、后记、告读者、致谢

等。副文本的语篇内容并没有实体嵌入正文本中，而是以语义相关的方式和正文本建立链接，进而构成篇际互文关系。

B. 正文本则是与副文本相对的概念。它是指在语篇中去除了上述副文本部分之外的正文部分。相对于副文本，正文本是语篇的核心部分，也可以将其称作"核心文本"。

C. 主文本就是当前正在阅读的，稳定处于当前同一时空现场的语篇形式。在当前的这次言语活动中，主文本是独立存在的。相互独立的主文本之间可以通过形式标记或是语义话题链接，构成互文关系。副文本和正文本都可以作为主文本。根据语篇的重要程度，主文本还可以进一步划分，如一本书中出现的序、跋、摘要、正文、附录等都作为主文本，但它们之间的地位和作用并不相同。我们一般把正文划分为核心主文本，将其他部分称为非核心主文本或副文本。

（2）三种概念的内在关联。

A. 副文本、正文本统辖于主文本概念之下共同解读语篇。

主文本是当前正在阅读的现场存在的独立的语篇形式，副文本和正文本都是主文本的一种。根据文本层次关系，主文本分为核心主文本即正文本，非核心主文本即副文本。正文本和副文本之间构成篇际互文，共同解读当前阅读语篇。副文本是进出正文本的门槛，二者之间呈现出一种对话和互动关系。副文本引导读者接近创作意图，正文本某种程度上需要副文本的辅助，副文本成为读者与正文本间的衔接手段。

B. 副文本与正文本关系的相对性。

副文本在一定条件下可以转化为正文本。如序言，它原本是副文本的一种形式，在语义上依附于正文本。但是当它脱离正文本而成为阅读主体时，就会演变成正文本。如《兰亭集序》《〈呐喊〉自序》等。事实上，从语篇的整体结构与意义来看，很多副文本都应该被包含于正文本之内，如标题或注释。标题可以看作正文本的一个基本构件，无法省去。注释在正文本中一般携带有数字符号的形式标记，直接解读当前词句语段，更是主文本的一个有机组成。从这点来看，二者属于同一语篇。但是，当标题脱离正文本被印在封面上，当注释被集中以尾注形式呈现时，又可以将其看作副文本。

据此，我们可以对副文本概念做出重新界定：

　　副文本，是相对于正文本而言的，指对正文本具有辅助性作用的语篇形式。主要包括序、跋、摘要、附录（文字或表格）、题词、图像（含封面画、插图等）、注释、版权页等。副文本不仅可以与正文本共同组构成一个主文本，在一定条件下也可以脱离正文本而转化为正文本。

　　3. 副文本与正文本的时空关系

　　时间关系上，副文本可以与正文本同时出现，加上空间紧邻性的作用，共同构成一个较大语篇系统，副文本也可以出现在正文本之前或之后。按照热奈特的观点，以正文本产生时间为参照点，副文本可以分为前副文本、副文本与后副文本。前副文本是指正文本产生之前与之相关的一些语篇材料，如相关信件、材料、草稿、图片等；副文本是与正文本同一时间完成的语篇形式，如注释、参考文献、摘要、目录等；后副文本则是指正文本产生后的语篇形式，如献词、感言等。

　　空间关系上，副文本与正文本常常出现在同一时空现场，共同解读语篇。如序、跋、标题、注释、关键词、参考文献、附图等形式都与主文本出现在同一时空现场。

　　篇际互文是指主文本语篇之间互相嵌入的关系，其显著特征是主文本语篇之间并没有发生实体性的语篇内容的嵌入，而是通过关键词标签或是语义的方式来实现嵌入，它的显著特征是语篇之间具有相同的主题或话题。语篇之间被同一事件或话题所关联，加上语篇之间的空间紧邻性而建立互文关系，如专栏性新闻语篇之间的关系。副文本与正文本都是主文本的一种类型，在阅读者阅读时会出现在同一时空现场。因此，副文本嵌入正文本是一种篇际互文关系。

三、副文本的结构类型及其嵌入方式

　　副文本和正文本具有互文关系，副文本是整个主文本系统的有机组成部分。我们深入考察副文本因素，能够更好地解读和发掘正文本的语篇意义。不同类型的副文本对语篇结构和语篇功能具有不同的作用和价值。如标题、摘要等与正文本在结构关系上要比序跋、题词等副文本形式更为紧密。根据副文本与正文本之间关联的紧密程度，副文本可以分为必要成分（完篇成分）和可选成分（构篇成分）。前者如标题、目录等，后者如致谢、题词等。

　　语篇之间的篇际互文可以是语篇组织者为达到某种目的意图（如加深理解、引导阅读、介绍背景等）而将具有一定功能或作用的语篇组合在一起而实现互文关联，如文学作品中的副文本（序言、献词等）与正文本的关系；也可以是语篇之间遵循一定的语篇结构的固有格式或程序，如科学研究论文中的摘要与正文等各种副文本和正文本的关系。

　　结合上述分析，我们可以依据副文本与正文本结合的紧密程度而将副文本嵌入正文本的类型分为目的性篇际互文和程序性篇际互文两种类型。

　　一是目的性篇际互文。为了实现一定的语篇目的，将相关语篇置于同一时空范围内，阅读者阅读这些语篇时会对语篇进行参照和比对，进一步加深对当前事件或话题的理解。语篇组织者希望通过嵌入相关副文本语篇的方式，对阅读者进行引导。这时副文本附加在正文本之上，但是这种附加的要求不具备强制性，副文本主要是为解读阐释主文本而产生的，如序言、题词、致谢等副文本形式。

　　二是程序性篇际互文。篇际互文必须遵守一定的语篇组合格式或程序，不同的独立的多个主文本语篇按照需要相互组合嵌入，才能形成完整的语篇结构。副文本是附加在正文本之上，但是具有强制性的要求，对于论证材料、格式等都有明确要求。如科技论文或报告中的参考文献、注释、关键词、摘要等副文本形式。

　　不管是目的性篇际互文还是程序性篇际互文，语篇之间建立了切实的互文关系，并影响了语篇结构的形成。对此，我们重点就副文本与主文本的篇际互文造成的语篇结构类型与篇际互文的方式以及形式标记进行探讨。

　　在传统语篇结构研究中，研究方向主要是研究某一语篇内部结构或是进行语篇类型的比较。如范戴克（1977）分别从研究语篇整体结构和语篇内部句子与句子之间构成的结构出发提出的影响较大的宏观结构和微观结构理论。廖秋忠（1991）也指出语篇结构分析的任务是"确定各种语体的结构要素以及由这些要素组合而成的篇章的结构"①。因此，传统语篇结构的研究多是从静态视角孤立地研究一个语篇的内部结构。

　　我们知道，决定语篇结构的因素很多，一个语篇结构不可能忽视相关

---

① 廖秋忠. 篇章与语用和句法研究 [J]. 语言教学与研究, 1991 (4): 16 – 44.

语篇而独立起作用。因此，互文理论关照下的语篇结构研究与传统语篇结构的研究有所不同，它不再单纯研究一个语篇的内部结构，而是从语篇之间相互作用的视角出发，研究一个语篇对另一个语篇的切实影响，进而考察互文对语篇结构研究的意义。这种语篇结构研究的思路，扩大了传统语篇研究的范围，有利于从动态视角更好地研究语篇结构的产生与发展。

副文本与正文本二者构成了一个有机的语篇结构。副文本和正文本都是主文本，二者处于当前阅读者所在的同一时空现场，二者语篇内容并没有实体嵌入对方文本中，而是以语义链接的方式和正文本建立互文关系。一般认为副文本主要包括标题、副标题、告读者、前言、后记、序跋、致谢等，还包括封面、护封、版权页等。这些副文本形式在语篇结构的形成中发挥着不同的功能与作用，并影响了副文本与正文本组合的语篇结构关系。

副文本和正文本构成篇际互文关系时，二者都处于阅读者所在的同一时空现场中，但是副文本和正文本产生的时间可能会有所不同，而且在空间位置上，有的副文本在正文本之前，有的在后。同时副文本对正文本的作用和功能也有所不同，据此我们针对副文本的嵌入目的和嵌入方式，将副文本嵌入主文本的语篇结构类型划分为以下五种，并从形式和意义两个方面发掘二者之间的互文关联。

1. 副文本评价正文本结构

副文本针对正文本进行评价并得出结论，副文本的这种评价作用体现在语篇结构功能上主要有三点：一是通过副文本来表现正文本的观点与主要内容；二是建构阅读者和作者之间交流与互动的桥梁，正确认识作者意图；三是组成特定的语篇结构，发挥副文本在语篇结构中的认知导向作用。拉波夫（1972）认为一个完整的叙事结构需要包括评价在内的六个组成部分，即点题（abstract）、指向（orientation）、进展（complicating action）、评价（evaluation）、解决（resolution）、回应（coda）。而具有评价正文本功能的副文本，如序言、读后感、献词等一般不作为主文本语篇系统的必然组成，因此它们属于构篇成分，属于目的性的语篇结构的嵌入，用于表现作者的目的和意图。如序言可以是自序，也可以是他序，它是对正文本内容进行得失优劣评价的一种语篇形式。特别是自序能够较真实地反映作者的创作目的，展现语篇主旨等，进而引导阅读者对正文本的解读。

在时间关系上，评价性副文本语篇一般产生于正文本语篇之后，在空间组合关系上，则可以作为序言放在正文本之前，也可以作为跋、读后感、献词、专家评价等位于正文本之后。这种评价功能可以是正向评价，也可以是负向评价，评价的实现主要是以语义嵌入的方式完成。

如果我们以 F 命名副文本，以 Z 命名正文本，以 T 表示正文本产生的时间，TB 表示时间在正文本之前，TA 表示时间在正文本之后（像摘要、关键词、附录等是和正文本同时产生的，所以在时间的分类上应该有三种类型），那么副文本与正文本的语篇评价结构如图 7 – 9 所示。

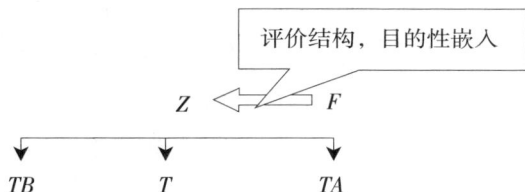

图 7 – 9　副文本评价正文本结构

通过公式可以较为直观地发现，评价关系的副文本在正文本产生之后，副文本的语义指向正文本。可以与正文本构成评价关系的副文本形式主要有读后感、序言、跋、专家评论、留言板留言、网络快评等。

2. 副文本解释正文本结构

在解释结构中，副文本可以产生在正文本之前，如背景介绍、目录等形式；也可以出现在正文本之后，对正文本的语义内容进行解释，如注释或参考文献的副文本形式。副文本为正文本的语义解释服务，前后副文本的语义都指向正文本，构成目的性的语义嵌入关系。可以与正文本构成解释关系的副文本形式主要有注释、参考文献、背景介绍、封面、序言、目录、题记等。副文本解释正文本结构如图 7 – 10 所示。

解释结构，目的性嵌入

$$F \Longrightarrow Z \Longleftarrow F$$

$$TB \qquad T \qquad TA$$

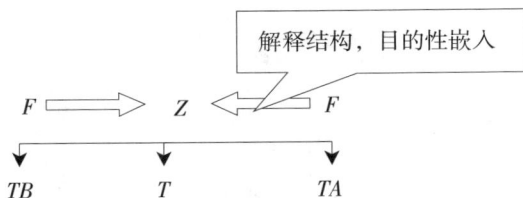

图 7 – 10　副文本解释正文本结构

3. 副文本延展正文本结构

当正文本所要表述的话语内容并不能完整反映作者意图时，可以通过副文本的形式对正文本的语义内容进行延展，进一步引发读者的思考和想象，并结合当前文本，扩散开来，形成更为广阔的观察视野。主文本的语义最终指向副文本，副文本延续了主文本的话题，推动语篇继续发展。可以与正文本构成延展关系的副文本形式主要有话题链接、新闻连连看、背景回顾、事件追踪、后续报道等。副文本延展正文本结构如图 7 – 11 所示。

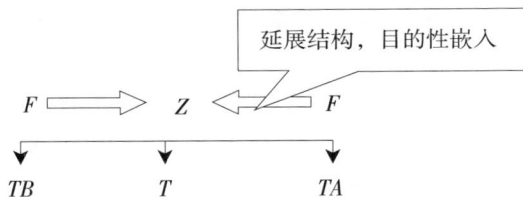

延展结构，目的性嵌入

$$F \Longrightarrow Z \Longleftarrow F$$

$$TB \qquad T \qquad TA$$

图 7 – 11　副文本延展正文本结构

4. 副文本论证正文本结构

在论证结构中，副文本实际上成为正文本的一个有机组成部分，它既是副文本，又可以被归结为正文本，副文本是正文本的完篇成分，缺少了这些副文本成分，正文本就无法表达完整的意义和结构。正文本和副文本在论证结构关系中，二者是处于同一时间关系中的，正文本和副文本相互依存。可以与正文本构成论证关系的副文本形式主要有摘要、题名、关键词、注释、参考文献、附图、附表、附调查表等。在论证结构建构过程中，不同副文本的嵌入方式有所不同，如参考文献、注释等副文本与正文本处于同一时空，作者通过语义概括或引用等方式将其他语篇从其他时空吸纳到当前阅读现场中来，因此属于篇际互文的研究范畴。参考文献是通过语义指称的方式实现嵌入，而注释则是实体嵌入的方式，直接将部分原文或他人话语引入。副文本论证正文本结构如图 7 - 12 所示。

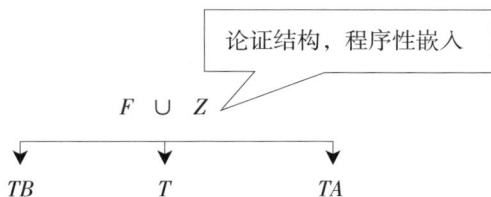

论证结构，程序性嵌入

$$F \cup Z$$

TB　　　　T　　　　TA

图 7 - 12　副文本论证正文本结构

5．副文本总述正文本结构

副文本可以在正文本位置之前或之后对正文本的语义内容进行概括或总述。副文本对主文本的内容或是话题进行提炼进而得出结论性或总括性的话语。总述性的副文本能够很好地对阅读主文本进行引导，进一步明确主文本的内容和意图。可以与正文本构成总述关系的副文本形式主要有摘要、目录、致辞、致谢、开幕词、卷首语、栏目寄语、主持人语、编者按等。副文本总述正文本结构如图 7 - 13 所示。

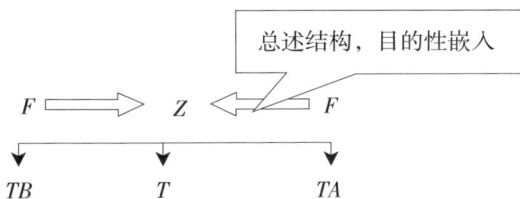

总述结构，目的性嵌入

$$F \Longrightarrow Z \Longleftarrow F$$

TB　　　　T　　　　TA

图 7 - 13　副文本总述正文本结构

如内容提要形式的副文本一般是对正文本内容的萃取，以简练的文字表达语篇的主要内容与写作目的。内容提要可以放在扉页上，也可以作为正文本语篇结构的一个有机组成部分。通过内容提要，阅读者可以快速了解正文本的语篇内容，对正文本有着较强的指引作用，目录的作用也在于此。如果缺乏内容提要或目录，就需要阅读者花费大力气从正文本去提取或概括。

关键词副文本与正文本的关系稍显复杂。多个主文本依靠关键词实现语义的链接，而同一语篇系统中的关键词副文本和正文本则是作为两个实体共同呈现在同一个语篇中，它们都是独立存在的主文本。这种互文关系建立的过程首先需要从正文本材料中提取出关键词，形成关键词主文本，语篇的一部分实体嵌入（直接选取关键词）或语义嵌入（语义概括出关键词）关键词文本。同时关键词文本和正文文本又处于同一时空现场，是相互独立的成分，同为主文本，因此又构成篇际互文，共同解读当前语篇。

副文本有利于阅读者更好地解读正文本。副文本既围绕着正文本，又同时具有独立性，副文本按照与正文本的语义关系可以分为评价、解释、延展、论证、总述等多种结构关系。由于传统语篇主要研究语篇内部结构，因此很少关注到正文本之外的副文本，以及二者之间的互动关系。在互文理论指导下，正文本和副文本共同构成一个语篇系统，相互关联，形成互文关系。正文本和副文本关联呈现出动态性的特点，这主要是由语篇的复杂性所决定的。

副文本理论自创立以来，便为广大学者所接受，并出现了大量的语篇分析的研究成果，推动了文本分析的发展。副文本与正文本之间的互文关系的研究推动了二者之间的对话，副文本不仅有助于引导读者阅读和反思，而且可以更好地理解作者的写作意图与宗旨。这种阅读方式也突破了传统的阅读格局，使阅读成为一个发散性思考的过程。标题、序言、插图、参考文献、注释、附录、后记、献词等副文本形式游离在正文本边缘，但是与正文本关系密切，而且在一定条件下可以转化为正文本，切实影响着整个语篇结构的形成。

副文本在现实生活中被广泛使用，如电影宣传片、宣传海报、剧组的宣传活动等都可以形成广义互文作用下的副文本体系，因此有必要对副文本与正文本之间的互文关系进行系统的考察。副文本应用于语篇语言学的研究需要一个吸收转化的过程，需要结合语篇研究的实际来分析。热奈特的副文本概念实际上体现了语篇之间的篇际互文性互文关系。将副文本理论发展创新，进而建立一套完善的语篇分析的模式，能够更好地推进语篇研究的发展。同时，语篇结构的形成是一个复杂的过程，受到多方面因素的制约，一个语篇必须放在一个语篇系统中进行考察才能更好地理解语篇。语言学视角下的副文本与正文本之间存在诸如解释、评价、论证、总述等多种结构关系。这些副文本结构关系的发掘不仅有助于引导读者阅读和思考，对于我们更深入地了解语篇结构都有着重要意义。将副文本理论放在互文理论的框架下考察，通过语言形式与意义的结合的原则，使得副文本理论的分析更加具有操作性，进而推动语篇分析走向深入。

结　语

　　互文理论从语篇关联的角度出发，有利于我们将一个语篇投放到更大的宏观视野中，对语篇关系及语篇自身进行考察，并且在语言研究方面产生了重要影响。然而互文理论定义的宽泛性为学界不断解读和随意发挥提供了空间，这导致互文概念并没有在语言学理论上明确下来，现有的研究也并没有致力于将互文理论改造成语言学、篇章语言学自身必不可少的理论组成部分。互文理论作为语言学研究的一种方法和理论，其核心研究不仅要发掘语篇关联以及这种语篇关联背后的语篇功能，而且要通过语篇形式标记使这种关联性得到进一步明确和固定。语篇互文的形式与功能研究，就是在互文理论语言学化的基础上，坚持语篇分析的形式与意义相互验证的原则，厘清语篇之间的互文关系，将互文理论改造成符合语言学研究特征的对象。

　　我们不仅要将互文概念引入语言学研究中来，引导学界对语篇系统性的关注，而且要对互文现象做进一步的语言学化的分析，致力于将互文理论改造成语言学自身必不可少的理论组成部分，并结合新时代出现的多样化的语篇形式，构建语篇互文研究新范式，对各类语篇现象以透彻的理论分析和充分的结构阐释，推动篇章语言学研究走向深入。

　　我们首先对语言学、语篇学的研究对象和研究方法进行了论证，指出互文理论适应了现代语言学系统观的发展方向，从形式和功能两个方面来研究交际活动中的语篇。语篇研究关注句子之间的关联，关注语篇的整体结构，关注语言使用者的交际意图以及语境对语篇形式和结构的影响。互文理论适应了语篇研究发展的基本诉求：将语篇置于动态性的语境中，依据语言的表达形式和意义之间的关联，对语言做出较为系统、动态的分析，能够使我们全面和深入了解语篇的结构及其意义。

　　当前互文研究的现状以及出现的大量的新语篇现象，为我们突破传统将互文语言学化提供了发展契机，互文理论的语言学价值已被认识到，关键在于找出一条适合自己发展的语言学化道路，观念的引入需要经过消化整合，并且确立一套语言学的术语与分析框架。在这个意义上讲，互文理论语言学化的研究过程本身就是理论和方法论的创新，能对语言运用，特别是新的语言现象给予更加充分科学的解释。互文理论对语义研究、修辞研究、语法研究都有着较好的推动作用。互文理论的语言学化的最终目的就是在保持互文理论基本含义的基础上，使互文理论成为语篇分析理论的有机组成部分，其语言学化既能涵盖传统互文语篇研究，又能对新的语篇现象进行科学解释，进而从一个方面推动语篇语言学在适应现代语言生活的情况下深入发展。

我们认为语篇互文关系研究的根本在于借助形式和功能来发掘语篇之间客观存在的关联。基于语篇的关联特性，我们演绎出了一组用于语篇互文分析的基本概念。首先对"语篇""文本"的概念进行了区分，并建立了互文理论体系，论证并明确了"主文本""源文本""互文本"各自的概念及其关系，使得互文分析的概念层级体系得以建立；指出指称对于语篇互文关系建立的重要意义，分析了指称建立互文关系的两种情形。同时创新的术语和变量又与研究传统保持了一种衔接承继的关系。

我们还讨论了在不同内涵阐释基础上产生的互文类型，通过比较分析发现，只有语言形式的互文才能反映语言学的基本诉求，符合语言学的研究特征。我们重点论证了语言形式互文的研究内容，对语言形式互文的类型、关联成分、互文方式以及实现互文的形式标记进行了梳理。但是，互文是一个非常复杂的现象，语篇嵌入中实体互文的方式比较容易把握，而对于语义互文的内在机制以及如何发现语篇中隐含的互文形式标记，则需要我们进一步去思考。

互文理论语言学化的核心内容就是如何让这一理论在分析语言现象时更加具有操作性，我们必须从自身的学科精神和学科需要出发，对这一理论重新界定和阐释，进而确立互文理论研究的指导方向与基本原则。在这个角度上讲，互文研究过程本身就是语言学理论和方法论创新的过程。

语篇互文广泛存在于语篇内部和语篇之间，结合语篇互文材料的分析，语篇互文关系的研究归根结底表现为研究一个语篇是如何与其他语篇关联起来的。以语篇的"关联"为基本变量，根据语篇的阅读现场和时空关系，我们就可以推演出语篇之间的所有相关关系。据此，语篇互文主要表现为以下三种结构类型：

篇内互文：指向语篇内部话语的互文形式，具有内部话语调控的功能。

篇外互文：指向语篇外部话语的互文形式，具有吸纳外部语篇的功能。

篇际互文：指向多个语篇话语的互文形式，具有语篇相互指涉的功能。

这也就是"三位一体"的语篇互文形式与功能研究体系，围绕这三种类型得出研究框架，这个框架可以覆盖语篇中所有的互文现象并用语言学的方法进行分析和解释。同时我们必须贯彻一个基本原则，那就是语篇互文研究一定要在语言形式中得到验证。在关注语篇互文的意义功能的同时，必须找到能够控制这些关系或变化的各种各样的语言形式。

互文理论扩大传统语篇研究的视野，从单一语篇的分析扩展到对语篇系统关联性的考察。在此基础上，我们通过对语篇的深入发掘后发现：不仅语篇之间可以形成互文关系，一个语篇内部由于话语层次关系的不同，语篇内部话语之间也可以发生语篇嵌入关系。篇内互文研究将互文理论研究的视角深入语篇的内部，在语篇的组织与调节方式中，篇内互文实现了语言内部结构优化的需求，并且影响着语篇的结构类型和组织关系。在篇内互文实现的过程中，元话语和元指称是两个重要实现手段：元话语的组织与调节功能实现了语篇内部的一部分话语嵌入同一语篇的另一部分，而元指称则实现了语篇内部的一部分或整体嵌入语篇自身。

元话语是对话语的言说和组织，元话语标记的基本作用在于组织和引导基本话语。因此，在语言形式上，元话语标记通常对基本话语进行指称。而篇内互文就是语篇话语嵌入自身，因此元话语作为主文本，基本话语作为源文本，将作为源文本的基本话语嵌入主文本中。篇内互文的实现方式主要有形式篇内互文和语义篇内互文两种类型，并依据内部特点对其进行了下位类型的划分。

元话语是语言内部层次分化的结果，它对语篇进行了组织和调节。而元指称则造成了语篇内部话语对自我指称的实现，在篇内互文关系中，基本话语与元话语处于同一语篇内部，两种话语可以是分离关系，即元话语在基本话语之外，对基本话语进行指称；也可以是重合或嵌套关系，即元话语包含于基本话语之内，元话语在指称和调节基本话语的同时，也在指称和调节自身。我们以指称研究为基点，对篇内互文关系进行了研究。指出当被指称的对象由语言外部转变为语言自身时，被指称对象的性质和它所在的空间位置就成了一个至关重要的问题，指称关系的变化直接影响着语篇内部结构单位之间的关系。同时分析了有关指称的几组概念：指称与实示、外指与内指、他指与自指。这为研究元指称在篇内互文实现中的作用奠定了理论基础。基于元指称特别是语篇内部自指的实现方式，我们将篇内互文分为分离式与同一式两种基本嵌入类型。

本项研究表明，语篇的形成是话语内部层级之间相互关联、指涉的结果，我们在探讨语篇外部条件对语篇的影响之外，还应该深入语篇结构内部，从语言自身出发，来发现和探索语篇内部的组织结构关系，探索语言对自身的组织与调节，进而发现人类的语言活动本身的组织与嵌入规律，更好地为阅读者准确解读和诠释语篇提供便利。

我们结合传统引语研究的现状，对引语的语篇结构重新分析，将引语放在语篇系统的视角下进行考察，把引语看作一个语篇关联另一个语篇的言语行为，进而发掘语篇之间互文关系的构建过程。为了实现语篇互文的意图，引语的互文存在两种方式：一是主文本维持引语原有的语境条件与独立性；二是主文本与引语的叙述语境融合。在此基础上，我们以语言的提及与使用理论为依据，将引语划分为提及性引语与使用性引语两大类，并分别考察两种类型的引语如何影响语篇互文的结构类型，指出语篇发展的内在动因是引语类别划分的主要依据。在提及性引语中，主文本和引语成分存在相对独立的层次结构，正是这种层次关系造就了提及性引语与主文本结构关系的形成。而使用性引语则是充当主文本表意单元，直接参与句法结构的塑造。由于使用性引语连接着引语和主文本两个语篇，因此具有语义和结构的双重性特征。研究结论表明，将引语放在语篇互文的视角下分析，有利于我们更好地解释引语的语篇关联与形成机制，从而扩展传统语篇的研究范围，推动语篇研究的发展。

篇际互文关系主要是通过关键词标签或是语义链接的方式实现的。专栏下的各个语篇被关联起来，形成一个整体的语篇结构。阅读者根据关键词指称、空间紧邻性提示等方式建立语篇关联，能够有效加强对阅读内容的理解与整合。

当前由于交际媒介（如网络、电视等）和交际理念等的变化而出现的新的互文现象。语篇互文的形式、语义和功能相当复杂，互文形式和意义之间的关联到底如何实现？这些问题的解决，需要在比较互文本材料基础上，寻找与篇章意义相对应的限制条件与形式标志，以做出更有概括性的归纳。

我们在对专栏性语篇的篇际互文关系的分析过程中，借助语篇之间的链接标记及其组合形式，对语篇间的关联进行技术层面操作，从而使语篇分析走出考据批评的范畴，摆脱单纯分析某一篇文本模式的束缚，进而以跨文本的视域研究语篇意义的动态效果；同时采取形式与意义结合的语言学研究方法，让互文理论更加具有操作性。以语篇研究中出现的新的语篇现象为研究对象，进一步完善和论证语篇互文分析机制，推动语篇分析进一步走向深入。

在篇际互文关系的研究中，我们还探讨了超文本链接的语篇结构，试图通过链接结构从理论和方法上将互文理论拓展到整个语篇研究领域中去。作为一种非线性结构，超文本链接对互文关系的揭示提供了形式和意义上的验证，它突破了传统语篇的研究范围。超文本语篇由存放信息的链接点和描述信息关系的功能标签构成，这些链接标记连接着主线语篇与支线语篇。超链接语篇现象主要是元认知活动的结果，它能够引发链接结构不断地从主线上生成。主线语篇是稳定的，支线语篇链接则是适应作者意图不断衍生的；主线语篇的阅读一般具有强制性，而链接的支线语篇的阅读则受着阅读者、话语环境、话语活动的规律以及阅读者临时愿望的制约，因此大量的未被激活的潜在语篇就没有实现和主线语篇的互文关系。

在超文本链接结构的语篇功能上，链接语篇实现了互文关系，并变革了阅读信息获取的方式，链接有篇内链接和篇外链接两种实现方式，两种方式都分别有两种链接路径：一是扩展式链接超文本，对文本内容进行发散性扩展；二是聚焦式链接超文本，对文本内容进行概括性提取。支线语篇的大量链接会加大阅读者负担或造成阅读迷路现象，由此可能会造成主线语篇信息的缺失和意义混乱，因此需要对链接结构和链接点做出优化，链接结构最终需要转化到线性结构上来。通过对主线语篇和支线语篇以及它们之间关系的分析，我们不仅可以得出一个语篇结构，还可以看到语篇的发展过程，从而更好地探讨语篇结构形成的各种制约因素。

副文本所形成的篇际关系也是我们考察的主要内容。副文本与正文本之间的互文关系的研究推动了二者之间的对话，副文本不仅有助于引导读者阅读和反思，而且可以帮助读者更好地理解作者的写作意图与宗旨。这种阅读方式也突破了传统的阅读格局，将阅读过程视作一个发散性思考的过程。标题、序言、插图、参考文献、注释、附录、后记、献词等副文本形式游离在正文本边缘，但是与正文本关系密切，而且在一定条件下可以转化为正文本，切实影响着整个语篇结构的形成。

副文本在现实生活中也被广泛使用，如电影宣传片、宣传海报、剧组的宣传活动等都可以形成广义互文作用下的副文本体系。因此，有必要对副文本与正文本之间的互文关系进行系统的考察。副文本应用于语篇语言学的研究需要一个吸收转化的过程，需要结合语篇研究的实际来分析。热奈特的副文本概念实际上体现了语篇之间的篇际互文性互文关系。将副文本理论吸收创新，有利于我们建立一套完善的语篇分析的模式，从而更好地推进语篇研究的发展。同时，语篇结构的形成是一个复杂的过程，受到多方面因素的制约，一个语篇必须放在一个语篇系统中进行考察才能更好地理解语篇本身。语言学视角下的副文本与正文本之间存在诸如解释、评价、论证、总述等多种结构关系，这些副文本结构关系的发掘不仅有助于引导读者阅读和思考，对于我们更深入地了解语篇结构也有着重要意义。将副文本理论放在互文理论的框架下考察，把握语言形式与意义结合的原则，可使副文本理论的分析更加具有操作性，进而推动语篇分析走向深入。

当前语篇研究大部分都将语篇结构的研究局限在单个语篇之内，因此不能分析出相关语篇对当前语篇结构的影响，也就难以对当前语篇的意义进行深入全面的解读。从本质上讲，语篇互文的过程就是根据作者的表达意图不断进行语篇关联并选择调整的过程。语篇的形成过程受到各种因素的影响，这也是语篇结构复杂化、关联化的根源所在。语篇互文关系发生之后，语篇结构以话题和语义连贯性为主线发展，这使得本书对语篇结构的揭示有了现实的操作性。本书尝试从语篇互文的角度分析，通过对源文本关联主文本后语篇结构与语篇功能的改变，来发掘语篇之间客观存在的结构功能的改变，进而扩大传统语篇的研究范围，推动语篇研究进一步向前发展。当然，在这个理论探索和语篇分析的过程中，我们面临的问题都是全新的，因此可能会出现很多疏漏，相信我们会在以后的具体分析中进一步完善。

参考文献

［1］埃米尔·本维尼斯特. 普通语言学问题［M］. 王东亮，译，北京：生活·读书·新知三联书店，2008.

［2］钱中文. 巴赫金全集：第一卷［M］. 晓河，等译. 2 版. 石家庄：河北教育出版社，2009.

［3］钱中文. 巴赫金全集：第五卷［M］. 白春仁，顾亚铃，译. 石家庄：河北教育出版社，1998.

［4］钱中文. 巴赫金全集：第四卷［M］. 白春仁，等译. 石家庄：河北教育出版社，1998.

［5］钱中文. 巴赫金全集：第三卷［M］. 白春仁，晓河，译. 石家庄：河北教育出版社，1998.

［6］陈博. 论数字化时代的超文本文学［J］. 河北工程大学学报（社会科学版），2007（1）.

［7］陈景元，刘银姣. 微博文本中"曼德拉逝世"相关话题的互文解读［J］. 吉首大学学报（社会科学版），2014（5）.

［8］陈莲洁. 从主题互文链和副文本互文解读电影《北京遇上西雅图》［J］. 南京理工大学学报（社会科学版），2014（6）.

［9］陈昕炜. 基于副文本体系的序跋研究［J］. 理论界，2014（1）.

［10］陈永国. 互文性［J］. 外国文学，2003（1）.

［11］程锡麟. 互文理论概述［J］. 外国文学，1996（1）.

［12］邓隽. 解读性新闻中的互文关系——兼论互文概念的语言学化［J］. 当代修辞学，2011（5）.

［13］邓谊，冯德正. 公共卫生危机中企业社会责任的多模态话语建构［J］. 外语教学，2021（5）.

［14］蒂费纳·萨莫瓦约. 互文性研究［M］. 邵炜，译. 天津：天津人民出版社，2003.

［15］董剑桥. 超文本结构与意义连贯性［J］. 南京师大学报（社会科学版），2003（1）.

［16］董秀芳. 词汇化与语篇标记的形成［J］. 世界汉语教学，2007（1）.

［17］董育宁. 新闻评论语篇的语言研究［D］. 上海：复旦大学，2007.

［18］董育宁. 新闻评论语篇的语用标记语［J］. 修辞学习，2007（5）.

［19］方梅，乐耀. 规约化与立场表达［M］. 北京：北京大学出版，2017.

［20］方梅. 认证义谓宾动词的虚化——从谓宾动词到语用标记［J］. 中国语文，2005（6）.

［21］方梅. 自然口语中弱化连词的语篇标记功能［J］. 中国语文，2000（5）.

［22］冯光武. 汉语语用标记语的语义、语用分析［J］. 现代外语，2004（1）.

［23］高迈. 引语的提及与使用［J］. 当代修辞学，2013（2）.

［24］龚奎林，刘晓鑫. "十七年"小说的副文本研究［J］. 井冈山大学学报（社会科学版），2011（2）.

［25］贡帕尼翁. 二手文本或引用工作［M］. 巴黎：塞伊出版社，1979.

［26］管志斌，田银滔，指称与语篇互文——兼论互文概念向语言学的转化［J］. 当代修辞学，2012（4）.

［27］管志斌. 语篇互文形式研究［D］. 上海：复旦大学，2012.

［28］桂诗春. 新编心理语言学［M］. 上海：上海外语教育出版社，2000.

［29］何兆熊. 新编语用学概要［M］. 上海：上海外语教育出版社，2000.

［30］侯建波. 网页新闻漫画的多模态互文功能研究——以凤凰网"大鱼漫画"为例［J］. 外语教学，2019（3）.

［31］胡春阳. 语篇分析：传播研究的新路径［M］. 上海：上海人民出版社，2007.

［32］胡壮麟. 语篇的衔接与连贯［M］. 上海：上海外语教育出版社，1994.

［33］黄国文. 语篇分析概要［M］. 长沙：湖南教育出版社，1988.

［34］黄国文. 功能语言学与语篇分析研究：第一辑［M］. 北京：高等教育出版社，2009.

［35］黄国文. 语篇分析的理论与实践——广告语篇研究［M］. 上海：上海外语教育出版社，2001.

［36］黄小平. 新闻副文本的修辞结构研究——以《人民日报》为例［J］. 贵州大学学报（社会科学版），2014（4）.

［37］姜望琪. 语篇语言学研究［M］. 北京：北京大学出版社，2011.

［38］金宏宇. 中国现代文学的副文本［J］. 中国社会科学，2012（6）.

［39］赖彦. 新闻标题的话语互文性解读——批评话语分析视角［J］. 四川外语学院学报，2009（S1）.

［40］雷－拉·培罗恩－莫瓦赛斯. 批评互文［J］. 美文，1976（27）.

［41］李发根，龚玲芬. 元语篇与基本语篇鉴别论［J］. 中国外语，2014（6）.

［42］李明洁. 元认知和语篇的链接结构［M］. 上海：华东师范大学出版社，2008.

［43］李秀明. 汉语元语篇标记语研究［M］. 北京：中国社会科学出版社，2011.

［44］廖秋忠. 篇章中的论证结构［J］. 语言教学与研究，1988（1）.

［45］廖秋忠. 篇章与语用和句法研究［J］. 语言教学与研究，1991（4）.

［46］林鸿. 在突发事件报道中新闻媒体责任的反思［J］. 现代传播，2009（2）.

［47］林晶，多模态批评话语分析：理论探索、方法思考与前景展望［J］. 解放军外国语学院学报，2019（5）.

［48］刘辰诞. 教学篇章语言学［M］. 上海：上海外语教育出版社，1999.

［49］刘辰诞，赵秀凤. 什么是篇章语言学［M］. 上海：上海外语教育出版社，2011（4）.

［50］刘承宇. 英汉语篇互文性对比研究［J］. 天津外国语学院学报，2002（3）.

［51］刘大为. 言语行为与言说动词句［J］. 汉语学习，1991（6）.

［52］刘大为. 意向动词、言说动词与语篇的视域［J］. 修辞学习，2004（4）.

［53］刘大为. 语言对自身的指称［C］//复旦大学汉语言文字学科《语言研究集刊》编委会. 语言研究集刊：第二辑. 上海：上海辞书出版社，2005.

［54］刘大为. 自然语言中的链接结构及其修辞动因［J］. 望道修辞论坛会议论文，2012.

［55］柳淑芬. 中美新闻评论语篇中的元语篇比较研究［J］. 当代修辞学，2013（2）.

［56］娄开阳，徐赳赳. 新闻语体中连续报道的互文分析［J］. 当代修辞学，2010（3）.

［57］罗伯特·斯塔姆. 电影理论解读［M］. 陈儒修，郭幼龙，译. 北京：北京大学出版社，2017.

［58］罗兰·巴尔特. 罗兰·巴尔特文集［M］. 李幼蒸，译. 北京：中国人民大学出版社，2008.

［59］罗兰·巴特. 罗兰·巴特随笔选［M］. 怀宇，译. 天津：百花文艺出版社，2005.

［60］马丁·布伯. 我与你［M］. 陈维纲，译. 北京：生活·读书·新知三联书店，1999.

［61］马国彦. 引语介体与语篇的互文建构［J］. 当代修辞学，2015（4）.

［62］马国彦. 元语篇标记与文本自互文——互文视角中的篇章结构［J］. 当代修辞学，2010（5）.

［63］M. 麦考姆斯，T. 贝尔. 大众传播的议程设置作用［J］. 郭镇之，译. 新闻大学，1999（2）.

［64］毛浩然，徐赳赳. 单一媒体与多元媒体语篇互文分析［J］. 当代修辞学，2010（5）.

［65］毛浩然，徐赳赳. 互文的应用研究［J］. 当代语言学，2015（1）.

［66］聂绛雯. 图像化变量与新闻播报的语体变化——从纸媒新闻到电视新闻［J］. 当代修辞学，2014（3）.

［67］诺曼·费尔克拉夫. 话语与社会变迁［M］. 殷晓蓉，译. 北京：华夏出版社，2003.

［68］秦海鹰. 互文性理念的缘起与流变［J］. 外国文学评论，2004（3）.

［69］热拉尔·热奈特. 热奈特论文集［M］. 史忠义，译. 天津：百花文艺出版社，2001.

［70］约翰·R. 塞尔. 心、脑与科学［M］. 杨音莱，译. 上海：上海译文出版社，1991.

［71］约翰·R. 塞尔. 心灵、语言与社会［M］. 李步楼，译. 上海：上海译文出版社，2001.

［72］约翰·R. 塞尔. 意向性——论心灵哲学［M］. 刘叶涛，译. 上海：上海人民出版社，2007.

［73］邵长超. 互文性理论的发展阶段、现状与问题分析［J］. 理论界，2015（11）.

［74］邵长超. 论引语的生成机制及其语篇适应性［J］. 语言文字应用，2023（2）.

［75］邵长超. 引语的"提及"与"使用"及其语篇差异考察［J］. 华文教学与研究，2022（3）.

［76］邵长超. 语篇嵌套结构研究［D］. 上海：复旦大学，2017.

［77］邵长超. 元话语的语篇调节机制与功能研究［J］. 当代修辞学，2020（1）.

［78］索绪尔. 普通语言学教程［M］. 高明凯，译. 北京：商务印书馆，1980.

［79］田海龙. 语篇功能性与当代中国新语篇［J］. 广东外语外贸大学学报，2012（6）.

［80］王瑾. 互文性［M］. 桂林：广西师范大学出版社，2005.

［81］王海峰，郑琪. 多模态建筑术语翻译的互文性研究——以《图像中国建筑史》为例［J］. 中国科技翻译，2024（1）.

［82］王洪君，李娟．现代汉语语篇的结构和范畴研究［M］．北京：商务印书馆，2016.

［83］王希杰．显性语言与潜性语言［M］．北京：商务印书馆，2013.

［84］王莹，辛斌．多模态图文语篇的互文性分析——以德国《明镜》周刊的封面语篇为例［J］．外语教学，2016（6）.

［85］王宗炎主编．英汉应用语言学词典［Z］．长沙：湖南教育出版社，1988.

［86］吴世文．新媒体事件的框架建构与语篇分析［M］．济南：山东教育出版社，2014.

［87］武建国，秦秀白．互嵌结构的顺应性分析［J］．外语学刊，2006（5）.

［88］夏家驷，时汶．从互文性角度看翻译的文本解构和重构过程［J］．华南农业大学学报（社会科学版），2003（1）.

［89］辛斌，赖彦．语篇互文分析的理论与方法［J］．当代修辞学，2010（3）.

［90］辛斌，李文艳．社交平台新闻语篇的互文分析——以 Facebook 上有关南海问题的新闻为例［J］．当代修辞学，2019（5）.

［91］辛斌．引语研究：理论与问题［J］．外语与外语教学，2009.

［92］辛斌．语篇互文的语用分析［J］．外语研究，2001（3）.

［93］辛斌．语篇研究中的互文分析［J］．外语与外语教学，2008（1）.

［94］徐海铭，潘海燕．元语篇的理论和实证研究综述［J］．外国语，2005（6）.

［95］徐赳赳．关于元语篇的范围和分类［J］．当代语言学，2006（4）.

［96］徐赳赳．篇章中的段落分析［J］．中国语文，1996（2）.

［97］徐赳赳．现代汉语篇章语言学［M］．北京：商务印书馆，2010.

［98］徐赳赳．语篇分析在中国［M］．外语教学与研究，1997（4）.

［99］徐盛桓．意向性的认识论意义——从语言运用的视角看［J］．外语教学与研究，2013（2）.

［100］许钟宁. 二元修辞学［M］. 上海：复旦大学出版社，2012.

［101］杨忠，张绍杰. 语言符号的线性特征问题［J］. 外语教学与研究，1992（1）.

［102］姚远. 在线异步教学语篇的互动关系与功能特征［J］. 当代修辞学，2023（4）.

［103］殷企平. 谈"互文"［M］. 外国文学评论，1994（2）.

［104］原小平. 副文本的理论内涵及文学意义［J］. 宝鸡文理学院学报（社会科学版），2013（3）.

［105］曾军. 文本意义的"多源共生"［J］. 社会科学战线，2017（10）.

［106］张德禄，刘汝山. 语篇连贯与衔接理论的发展及应用［M］. 上海：上海外语教育出版社，2003.

［107］张德禄，张珂. 多模态批评（积极）话语分析综合框架探索［M］. 外语教学，2022（1）.

［108］张德禄. 语言的功能与文体［M］. 北京：高等教育出版社，2005.

［109］张朋. 新闻评论的互文研究——以中国新闻奖获奖评论为例［D］. 西安：西北大学，2018.

［110］郑贵友. 汉语篇章语言学［M］. 北京：外文出版社，2002.

［111］郑庆君. 互文性理论与汉语修辞格的关系探析——以汉语仿拟修辞格为例［J］. 当代修辞学，2011（3）.

［112］郑玮. 副文本研究——翻译研究中不可忽视的一环［J］. 杭州电子科技大学学报（社会科学版），2011（2）.

［113］中华人民共和国教育部. 语文课程标准［S］. 北京：北京师范大学出版社，2018.

［114］周毅，王建华. 政务新媒体多模态话语的"图—语"互文［J］. 中国广播电视学刊，2016（6）.

［115］朱莉娅·克里斯蒂娃. 符号学：符义分析探索集［M］. 上海：复旦大学出版社，2015.

［116］朱全国. 语—图互文分析［J］. 九江学院学报（哲学社会科学版），2013（1）.

［117］朱桃香. 副文本对阐释复杂文本的叙事诗学价值［J］. 江西社会科学，2009（4）.

［118］朱永生. 系统功能语言学多维思考［M］. 上海：上海外语教育出版社，2001.

［119］朱永生. 语境动态研究［M］. 北京：北京大学出版社，2005.

［120］祝克懿. 互文：语篇研究的新论域［J］. 当代修辞学，2010（5）.

［121］Barthes, Roland. *Camera Lucida：Reflections on Photography*［M］. Trans. Richard Howard. New York：Hill & Wang, 1981.

［122］Chandler, D. *Semiotics：The Basics*［M］. London：Routledge, 2003.

［123］De Beaugrander, R. & Dressler, W. *Introduction to Text Linguistics*［M］. London：Longman, 1981.

［124］Fairclough, N. *Analyzing Discourse：Textual Analysis for Social Research*［M］. New York：Routledge, 2003.

［125］Fairclough, N. *Critical Discourse Analysis：The Critical Study of Language*［M］. New York：Long-man, 1995.

［126］Fairclough. *Discourse and Social Change*［M］. Cambridge：Polity Press, 1992.

［127］Fillmore, C. An Alternative to Checklist Theories of Meaning［J］. In. Proceedings of the First Annual Meeting of the Berkeley Linguistics Society, 1975：pp. 123 – 131.

［128］Gerald Genette. Introduction to the pretext［J］. Trans. Marie MacLean. *New Literary History*, 1991（2）.

［129］Gerard Genette. *Pretexts：Thresholds of Interpretation*［M］. Trans. Jane E. Lewin. New York：Cambridge University Press, 1997.

［130］Gerard Genette. The Proustian Pretext［J］. Trans. Amy McIntosh. *Substance*, 1988（2）.

［131］Halliday, M. A. K. & Hasan, R. Language. *Context and Text：Aspects of Language in a Social-Semiotic Perspective*［M］. Oxford：Oxford University Press, 1989.

［132］ Halliday, M. A. K. "Systematic Background". In W. S. Greaves &J. D. Benson (ed). *Systemic Perspectives in Discourse*, 1985 (1).

［133］ Halliday, M. A. K. *Introduction to Functional Grammar* ［M］. London: Edward Arnold, 1994.

［134］ Halliday, M. A. K. & R. Hasan. *Language, Context and Text: Aspects of Language in a Social-semiotic Perspective* ［M］. Oxford: OUP, 1985.

［135］ Harris Z. Discourse Analysis, language ［J］. *Language*, 1952 (28).

［136］ Hyland, K. & P. Tse Meta-discourse in Academic Writing: A Reappraisal ［J］. *Applied Linguistics*, 2004 (2).

［137］ Julia Kristeva. "*Word, Dialogue and Novel*". Oxford: Blackwell Publisher Ltd. , 1966.

［138］ Kristeva, Julia. Word, Dialogue and Novel ［A］. In Toril Moi-ed. *The Kristeva Reader* ［C］. Oxford: Blackwell Publisher Ltd. , 1981.

［139］ Kristeva, Julia. Word, Dialogue and Novel ［A］. In Toril Moi-ed. *The Kristeva Reader* ［C］. Oxford: Blackwell Publisher Ltd. , 1986.

［140］ Labov, W. *Language in the Inner City* ［M］. Philadelphia: University of Pennsylvania Press, 1972.

［141］ Langacker, R. W. *Foundations of Cognitive Grammar*, Vol. 1: *Theoretical Prerequisites* ［M］. Beijing: Peking University Press/ Stanford: Stanford University Press, 2004.

［142］ Laurent Jenny. "The Strategy of Forms". In Tzvetan Todorov (eds.). *French Literary Theory Today: A Reader* ［M］. Cambridge: Cambridge University Press, 1982.

［143］ Levinson, J. S. *Pragmatics* ［M］. Cambridge: Cambidge University Press, 1983.

［144］ Lyons J. *Semantics* ［M］. Cambridge: Cambridge University Press, 1977.

［145］ Mann W. & S. Thompson. Rhetorical Structure Theory: A theory of Text Organization ［J］. Technical Report RS – 87 – 190, Information Science Institute, 1987.

［146］ Quine, Willard Van Orman. *Mathematical Logic* ［M］. Cambridge: Harvard University Press, 1940.

［147］ Roland Barthes, Richard Miller. *The Pleasure of the Text* ［M］. Oxford: Blackwell, 1990.

［148］ Tarski, Alfred. The Concept of Truth in Formalized Languages ［A］. In Tarski, Alfred. *Logic, Semantics, Metamathematics* ［C］. Oxford: Oxford University Press, 1933.

［149］ Van Dijk, A. *Text and Context Explorations in the Semantics and Pragmatics of Discourse* ［M］. London: Longman, 1977.

［150］ Vande Kopple, W. Some Exploratory Discourse on Meta-discourse ［J］. *College Composition and Communication*, 1985 (3).

［151］ Williams, J. M. *Style: Ten Lessons in Clarity and Grace* ［M］. Glenview, IL: Scott Foresman, 1981.